Gregor Gatscher-Riedl
Frà Ludwig Call

WEISSES KREUZ AUF ROTEM GRUND

Gregor Gatscher-Riedl | Frà Ludwig Call

WEISSES KREUZ AUF ROTEM GRUND

Der Malteserorden zwischen Mittelmeer und Mitteleuropa

Herausgegeben anlässlich des neunhundertsten Todesjahres des seligen Gerhard und des fünfzigjährigen Bestehens des Bereiches Tirol-Vorarlberg des Malteser-Hospitaldienstes Austria

Tyrolia-Verlag · Innsbruck-Wien

INHALT

GRUSSWORT DES PROKURATORS DES GROSSPRIORATES VON ÖSTERREICH

Vielleicht haben die MALTESER auch Sie schon einmal in ihrem Rettungsauto transportiert, Ihnen Erste Hilfe nähergebracht oder eine Pflegedienstleistung für einen Ihrer Angehörigen organisiert? Vielleicht waren Sie mit uns auf einer Wallfahrt, haben einen Ausflug mitgemacht, eine Benefizveranstaltung der MALTESER besucht oder gar unsere Arbeit großherzig unterstützt?

Wer mit offenen Augen durch das Leben geht, wird immer wieder auf das weiße, achtspitzige Kreuz auf rotem Grund, das Malteserkreuz, treffen, das als Zeichen dieses ältesten, katholischen Laienordens für tausend Jahre Menschlichkeit steht.

Um 1048 als Hospitalbruderschaft in Jerusalem gegründet, hat sich der Orden der Ritter des Hl. Johannes von Jerusalem in weiterer Folge rasch ausgebreitet und dabei wesentlich die Geschichte des christlichen Europas mitgeprägt. Die Johannes-Ritter, Johanniter - wie damals die Malteser noch genannt wurden - versorgten Kranke und Hilfsbedürftige und verteidigten auch das Land und seine Bewohner gegen Einfälle und Eroberungsfeldzüge. Seine Ordenssitze in Jerusalem, Margat, Akkon, auf Zypern, Rhodos und Malta, in St. Petersburg, Messina und Catania bis zum heutigen Sitz in Rom geben davon Zeugnis, aber auch die zahlreichen Spitäler, Kirchen und Kommenden entlang der alten Pilgerrouten in das Heilige Land.

Die Jahrhunderte, kriegerische Zeiten und manche wirtschaftliche Veränderungen gingen nicht spurlos am Orden vorüber, der natürlich immer auch das Schicksal der Bewohner des jeweiligen Landes teilte. Trotz erheblicher Rückschläge ist es dem Souveränen Malteser-Ritter-Orden aber dank des aufopfernden Einsatzes seiner Ordensmitglieder und der zahlreichen Helfer in seinen Werken gelungen, die aktive Hilfe unter dem Malteserkreuz als Zeugnis und Zeichen des Glaubens bis heute sichtbar zu machen.

Getreu seinem Charisma „*tuitio fidei et obsequium pauperum*“ kümmert sich der Malteserorden weltweit um rund 15 Millionen sozial benachteiligte, bedürftige, heimatlose, arme und kranke Menschen, unabhängig von deren Glauben, Alter oder Herkunft. Er unterhält als Völkerrechtssubjekt mit 109 Ländern volle diplomatische Beziehungen und besitzt Vertretungen bei den Vereinten Nationen sowie bei allen wichtigen internationalen Organisationen.

Mag. Dr. Gregor Gatscher-Riedl, MPA PhD und Frà Dr. Ludwig Call haben es sich im vorliegenden Werk zur Aufgabe gemacht, dem Leser die Geschichte und Entwicklung des Malteserordens leicht und verständlich darzulegen und zu erschließen. Dass ihnen dies gelungen ist, davon wird sich jeder Leser selbst überzeugen können.

Verena von Trentini, Delegat von Tirol und Vorarlberg, hatte die gute Idee dazu und ursprünglich sollte dieses Buch anlässlich des 50-jährigen Bestehens des Bereichs Tirol und Vorarlberg des Malteser Hospitaldienstes im Juni 2020 erscheinen. Auf Grund der anhaltenden COVID-19-Pandemie musste die Präsentation leider verschoben werden. Nun ist es aber soweit und ich danke den Autoren für ihre große Arbeit, ihre Ausdauer und die Akribie, mit der sie dem weißen Kreuz auf rotem Grund, dem Malteserkreuz, durch die Geschichte bis zur Jetztzeit gefolgt sind.

Bailli Norbert Salburg-Falkenstein
Prokurator des Großpriorates von Österreich

EINLEITUNG

Die Kärntner Straße ist eine der belebtesten Einkaufsstraßen Wiens. Tagtäglich schiebt sich eine Masse von Menschen, Einheimische wie Wien-Besucher aus aller Herren Länder, durch die von Kaufhäusern und Luxusboutiquen gesäumte Fußgängerzone zwischen dem Stephansdom und der Staatsoper. In den geschäftigen Trubel mischen sich die Klänge von Straßenmusikanten. Aus der Abfolge von spiegelnden Glaswänden, flackernden Leuchtreklamen und dem kalten Stolz der Gründerzeitornamente tritt aus der bündigen Straßenfront jäh eine klassizistische Tempelfassade hervor.

Über dem schweren Giebelgebälk und den korinthischen Kapitellen ragt ein Turmreiter auf, aus dem eine lange Fahne herabrollt. Das kräftige Rot hat alle Mühe, in der optischen Reizüberflutung der Shoppingmeile unter den achtlos Vorübergehenden Beachtung zu finden. Das Ensemble mutet an wie ein Versatzstück aus einer anderen Welt und tatsächlich macht es inmitten des oberflächlichen Schaulaufs der Konsum- und Freizeitgesellschaft auf eine tiefere Dimension aufmerksam.

Das weiße Kreuz auf rotem Grund steht für den Malteserorden, der mit einer Geschichte von fast 1000 Jahren einerseits als ein religiöser Laienorden im Sinne des Kirchenrechts und andererseits als die älteste heute weltweit tätige humanitäre Organisation bekannt ist. In dieser Zeitspanne ist aus einer frommen Bruderschaft in Jerusalem der nach den Benediktinern und den Zisterziensern drittälteste, durchgehend bestehende monastische Orden der katholischen Kirche hervorgegangen. Die überaus wechselhafte Geschichte des Malteserordens verdichtet sich in seinem offiziellen Namen „Souveräner Ritter- und Hospitalorden vom Hl. Johannes zu Jerusalem, genannt von Rhodos, genannt von Malta“.

Unter dem Einfluss der Begegnung mit dem Islam und parallel zur Entstehung des Ritterideals des Mittelalters hat sich die johannitische Gemeinschaft aus einer Hospitalbruderschaft entwickelt, Krankenpflege betrieben und in weiterer Folge zu einer furchteinflößenden Streitmacht gewandelt, die zuerst zu Lande und später zur See die Verteidigung des Christentums auf sich genommen hat. Entlang dieser Geschichte werden wesentliche Stationen der Begegnung des christlichen Europa mit dem arabischen und kleinasiatischen Raum sichtbar. Begleiter dieses Weges der Ritter, die ein Leben nach den drei evangelischen Räten der Armut, des Gehorsams und der Keuschheit gelobt haben, waren militärische Kühnheit, weltliche Macht und Adelsstolz ebenso wie aufopfernde Pflege der Kranken und Bedürftigen.

Das Modell des Malteserordens bewies auch nach dem Wegfall seiner militärischen Mission und dem Verlust seiner namensgebenden Insel genug Spannkraft, um in einem veränderten Umfeld neue Aufgaben zu übernehmen. Zu einer Zeit, als der Ausdruck „Change Management" noch nicht existierte, erfand sich die johannitische Gemeinschaft vollkommen neu, indem sie sich ihrer Kernkompetenz besann. Mehr als 100.000 Menschen rund um den Erdball sind heute für den Malteserorden und seine Werke tätig, in spektakulären Großeinsätzen ebenso wie in der Stille des Krankenzimmers. Der Orden ist damit wieder zu seinen Wurzeln zurückgekehrt und hat zugleich eine der großen Erfolgsgeschichten der katholischen Kirche geschrieben.

Die Zeugnisse der Ordensgeschichte sind über mehr als neunhundert Jahre und drei Kontinente verstreut. Es handelt sich dabei um ein Erbe, das vielfältige Bestandteile enthält, die zur Begegnung mit einer faszinierenden und inspirierenden Gemeinschaft einladen.

Dieses Buch hat eine Vorgeschichte, die bis 2012 zurückreicht und sich in zahlreichen Begegnungen mit Menschen, die dem Orden in vielfältiger Weise verbunden sind, wie auch durch Aufenthalte auf Malta selbst immer wieder aufgeladen hat. Mit dem „Mittelmeer" und „Mitteleuropa" führt es die beiden räumlichen Brennpunkte der Ordensgeschichte im Titel: Den Mittelmeerraum, dem der Orden seine Entstehung verdankt und wo er bis ins 18. Jahrhundert territorial verankert war, und Mitteleuropa, wo die Gemeinschaft im Zeichen des weißen Kreuzes im 19. Jahrhundert ihre Kontinuität bewahren und neue Kräfte sammeln konnte, die bis ins Heute hineinwirken.

Dank für das Zustandekommen in vorliegender Form ist in vielfältiger Weise abzustatten: Der Prokurator, Norbert Graf von Salburg-Falkenstein, und der Kanzler, Dipl.-Ing. Richard Freiherr von Steeb, haben seitens des Großpriorates von Österreich die im Kreis der Delegation Tirol und Vorarlberg entstandene Publikationsidee aufgegriffen und mit großem Engagement begleitet. Der Delegat Verena von Trentini und die Familie unseres Freundes, Priv.-Doz. Dr. Johannes Holfeld, haben hierfür einen besonders fruchtbaren Nährboden geboten. Posthum zu nennen ist hier in besonderer Weise Prof. Robert L. von Dauber als bester Kenner der Geschichte der Ordensmarine. Dr. Michael Czytko hat mit seinem Modell einer Ordensgaleere die Beistellung exzellenten Bildmaterials ebenso ermöglicht wie Mario Volpe mit seinen anschaulichen Tafeln der heute im Orden üblichen Dekorationen.

Gregor Gatscher-Riedl | Frà Ludwig Call

1. DAS XENODOCHIUM IN JERUSALEM

Keine Stadt wird in der Bibel so oft genannt wie Jerusalem. An keinem Ort der Welt wird der Name Gottes in so vielen Sprachen gepriesen, und nirgendwo sonst kommen einander Spirituelles und Weltliches so nahe wie in den Hügeln Judäas. Nachdem sich die letzte biblische Prophezeiung erfüllt haben wird, soll sich das weltliche Endgeschehen ebenfalls in Jerusalem ausrollen.

Jerusalem ist die geographische Schnittmenge der drei abrahamitischen Weltreligionen. Für die Juden ist sie als Stadt des Tempels von zentraler Bedeutung und stets das Ziel religiöser Sehnsucht geblieben. Deutlich kommt dies etwa im Psalm 87 zum Ausdruck: „Der Herr liebt Zion / seine Gründung auf heiligen Bergen / Mehr als all seine Stätten in Jakob liebt er die Tore Zions. Herrliches sagt man von dir, / du Stadt unseres Gottes".

Die Muslime stehen ebenfalls in der Kontinuität jenes Bundes, den Gott mit seinem Volk Israel geschlossen hat. Für sie ist Jerusalem schlicht „die Heilige" und neben Mekka und Medina die dritte Stätte islamischer Verehrung. Der Gott Abrahams, Isaaks und Jakobs ist auch der Herr jener, die an Jesus als den Messias glauben. Für die Christen vertieft sich die Bedeutung im österlichen Geschehen der Leidensgeschichte und Auferstehung des leibhaftigen Gottessohnes. Der Heilige Geist wurde zu Pfingsten über Jerusalem ausgegossen und die Stadt ist für die „Parusie", Christi Wiederkunft am Ende der Zeiten, ausersehen.

Das Faktum der „Konstantinischen Wende" in der Spätphase des römischen Kaiserreichs markiert das Ende der Christenverfolgungen. Der Epochenbruch erfolgte im Jahr 313, als Kaiser Konstantin mit der „Mailänder Vereinbarung" das Christentum im Imperium organisatorisch verankerte und der Glaube frei und ohne Einschränkungen praktiziert werden konnte. Nunmehr war Gläubigen der Besuch der Wirkungsstätten Christi möglich.

Zu den ersten Menschen, die sich auf die lange, unsichere und beschwerliche Reise machten, zählte Helena, die Mutter Konstantins. Nach einer im 4. Jahrhundert entstandenen Legende, die erstmals 395 von Ambrosius von Mailand aufgezeichnet wurde, sei ihr – wie zuvor ihrem Sohn – eine Vision erschienen, die ihr die Auffindung des Kreuzes Christi aufgetragen habe. Helena sei daraufhin um 325 nach Judäa aufgebrochen und habe im Zusammenwirken mit Ortsbischof Makarios in Jerusalem Grabungsarbeiten unter einem Venustempel durchführen lassen, bei denen drei Kreuze zum Vorschein gekommen sein sollen, wobei das „wahre Kreuz" Jesu nach Ambrosius durch den Titulus, die Schrifttafel mit den Buchstaben INRI, identifiziert worden sei. Einen Teil der Kreuzreliquien habe Helena nach diesen Berichten mit nach Konstantinopel an den Hof ihres Sohnes genommen, der Rest soll in Jerusalem verblieben sein. Am Ort der Auffindung beauftragte Konstantin bald nach 326 den Architekten Zenobius mit dem Bau einer Basilika, die am 13. September 335 geweiht wurde und bauliche Bestandteile des römischen Tempels einbezog. Nach katholischer Überlieferung markiert die Kreuzauffindungskapelle in der Grabeskirche den Ort der Ausgrabungen.

Eine wichtige Quelle zum frühchristlichen Pilgergeschehen bietet der Bericht der Egeria, einer Ordensfrau aus Spanien oder Gallien. Dieses Itinerar beruht auf einer vermutlich zwischen 381 und 384 durchgeführten Pilgerfahrt und wurde 1898 in Wien ediert. Besonders ausführlich berichtet sie über Jerusalem, das sie mehrmals und für längere Zeit aufsuchte. Ihre Eindrücke, aber auch die Überlieferung sowie das noch ältere, allerdings anonyme „*Itinerarium Burgdigalense*" aus der Zeit 333/334 nährten die Sehnsucht nach dem Heiligen Land und die Sicherung dessen, was dort an Überbleibseln, Relikten und Erinnerungsgegenständen zu finden war, die mit dem historischen und authentischen Leben und Wirken Jesu Christi in Verbindung stehen.

Die Reiseroute der Pilger erfolgte auf dem Landweg entlang der römischen Straßenverbindungen mit stets 30 bis 40 Kilometer voneinander entfernten Pferdewechselstationen und Herbergen. Diese waren freilich unterschiedlich komfortabel und mitunter von lichtscheuen Gestalten bevölkert. Beziehungen zu römischen Würdenträgern, aber auch deren Bestechung ermöglichten die Benützung des „*cursus publicus*", der staatlichen Postkutsche.

Die Kreuzesauffindungskapelle und die darüber errichtete Grabeskirche in Jerusalem wurden ab dem 4. Jahrhundert zum Ziel von Pilgern aus Europa. Holzstich, um 1870.

Dennoch war die Pilgerfahrt materiellen Eliten vorbehalten und eigentlich von vornherein ein Minderheitenprogramm, das jedes Jahr höchstens einige hundert Personen auf sich nahmen. Die Hin- und Rückreise dauerte mindestens ein halbes Jahr, der Aufenthalt in Palästina meist nicht länger als zwei bis drei Wochen. Viele Gläubige erreichten die Heiligen Stätten jedoch in schlechtem Gesundheitszustand, manche sogar, um dort zu sterben und sich in Jerusalem bestatten zu lassen.

Den durch die ungewohnte Hitze, die veränderten Lebensumstände und Ernährungsgewohnheiten geplagten Europäern, die noch dazu der Landessprache nicht mächtig waren, standen als Infrastruktur zunächst Klöster zur Verfügung, die später außerhalb des Mönchsbezirks eigene Gästehäuser für Nachtquartier und Verköstigung errichteten. Aus dem Aspekt der „*Caritas*", der gelebten Nächstenliebe, leitete sich eine besondere Betonung der Gastfreundschaft ab. Auf den „*hospes*" nehmen noch heute die Begriffe Hospital und Hotel Bezug. Eine erste Pilgerherberge vor den Toren Jerusalems geht vermutlich auf die Zeit vor 430 zurück, eine weitere ist 491 für das Mar Saba (Sabbas)-Kloster bei Bethlehembezeugt, das ab 494 auch in Jerusalem eine Unterkunft betrieb.

Im Lateinischen wurde – aus dem Griechischen abgeleitet – eine derartige Einrichtung als „*Xenodochium*" (Fremdenheim) bezeichnet. Der Neologismus wurde von Kaiser Julian Apostata um die Mitte des 4. Jahrhunderts erstmalig verwendet und bezeichnete auch außerhalb des klösterlichen Kontexts entstandene Einrichtungen für christliche Glaubensgenossen, die der Aufnahme bedurften, erkrankt oder in finanzielle Probleme geraten waren. Die Unterkunft und die Pflege in derartigen Häusern waren unentgeltlich, und es wurden neben Fremden mitunter auch Einheimische behandelt. In den Beherbergungsgebäuden, die Bischof Johannes Chrysostomus von Konstantinopel an seine Residenz anbauen ließ, wurden angeblich bis zu dreitausend Kranke, Fremde und Witwen versorgt.

Über das Byzantinische Reich gelangte die Idee eines Kranken- und Armenhauses nach Westeuropa. Erste Belege für *Xenodochia* finden sich um das Jahr 400 in Bezug auf Rom bzw. den Stadthafen Ostia, rund anderthalb Jahrhunderte später hatte sich das Modell nach Süditalien und Noricum ausgebreitet. Gegen 580 gründete der Bischof Masona eine solche Einrichtung an seiner Kathedrale im spanischen Mérida. Der langobardische Geschichtsschreiber Paulus Diaconus widmete dem Siechenhaus und den dort verab-

Ansicht Jerusalems aus einer Handschrift von Conrad Grünenberg, 1487. Das Pilgerhospiz mit dem Titel „der bilgram spittal" befindet sich am oberen Bildrand rechts neben dem Wappen. Badische Landesbibliothek, Karlsruhe.

reichten medizinischen Behandlungen eine ausführliche Darstellung.

Die Pflege am Kranken und Schwachen wurde als Dienst an Christus interpretiert und durch die Ordensregel des Hl. Benedikt grundlegend für das europäische Mönchstum. Mit der klösterlichen Bewegung verbreitete sich eben auch das Modell des *Xenodochiums*, entweder eingebettet in Klosteranlagen oder als „Hospize" bereits abgelöst von den Konventen, wie die Frühmediävistin Annette Niederhellmann schreibt, „an Alpenpässen, Pilgerpfaden, an schwierigen Flussübergängen und in oder nahe bei Wallfahrtsorten [...], die für Reisende und Pilger, Gesunde wie Kranke, Sorge trugen."

Über den Umweg Europa kehrte das Institut des *Xenodochiums* wieder in den Nahen Osten zurück. Am Beginn dieser Rückverpflanzung steht der hagiographischen Überlieferung nach Papst Gregor der Große, der 603 den Abt Probus, seinen Vertrauten und Gesandten am langobardischen Hof, mit der Gründung eines Hospizes an den Heiligen Stätten in Jerusalem beauftragt haben soll, „dem die Unterstützung armer Pilger durch Almosen aufgetragen

Blick von Südosten vom Bereich des im 9. Jahrhundert beschriebenen Pilgerhospitals zur Grabeskirche. Foto Luigi Fiorillo, um 1890.

war", wie Hans Prutz 1908 schrieb. Das Schicksal dieses in den *Acta Sanctorum* als „*venerabile xenodochium*" bezeichneten Hauses ist nur bruchstückhaft überliefert, da es mit großer Wahrscheinlichkeit durch die persische Invasion 614 – ebenso wie die konstantinische Grabeskirche – in Mitleidenschaft gezogen wurde. Der Bamberger katholische Theologe Klaus Bieberstein geht allerdings davon aus, dass die Pilgerstiftungen die islamische Übernahme Jerusalems zwischen 635 und 638 überstanden haben.

Mit dem Vordringen des Islam in der Levante waren die christlichen Fremdenhäuser in ein neues Umfeld gestellt, mit dem erst ein Auskommen gefunden werden musste. Trotz der muslimischen Eroberung war die Bevölkerung Jerusalems bis in die Zeit nach der Jahrtausendwende mehrheitlich christlich, wobei es den islamischen Machthabern um Koexistenz ging. Dieser Ansatz schloss durchaus belastbare Beziehungen zum karolingischen Hof ein, in deren Rahmen auch die Situation der Christen im Heiligen Land ein Thema war. Der fränkische Gelehrte und Chronist Einhard hatte sogar in seiner „*Vita Karoli Magni*" die These in die Welt gesetzt, der abbasidische

Eine zeitgenössische Aufnahme von annähernd demselben Standpunkt. Rechts hinten die über den Resten der Benediktinerkirche S. Maria Latina ab 1893 errichtete evangelische Erlöserkirche. Foto Ievgenii Fesenko.

Kalif Hārūn ar-Raschīd habe Karl anlässlich der Kaiserkrönung 800 Teile der Altstadt und das Gebiet um das Heilige Grab in Jerusalem zum Geschenk gemacht.

Diese sehr kritisch zu lesende Behauptung spiegelt sich in einem Bericht des Pilgers Bernardus Monachus wider, der zwischen 865 und 869 die Levante bereiste und im Bereich südöstlich der Grabeskirche unter dem Namen S. Maria Latina eine „[…] Herberge des ruhmreichsten Kaisers Karl" vorfand, „in der alle aufgenommen werden, die jenen Ort um der Verehrung willen besuchen und Latein sprechen. Bei ihr liegt die Kirche zu Ehren der Heiligen Maria." Vermutlich seit dem 5. Jahrhundert hatte hier ein Kirchenbau bestanden, der ab dem 7. Jahrhundert das Patrozinium des Hl. Johannes des Almosengebers, Patriarch von Alexandria und Verfasser einer Vita des Jerusalemer Patriarchen Sophronius führte, später aber profaniert wurde.

Unter den sächsisch-salischen Kaisern intensivierte sich der Austausch im mediterranen Kräftedreieck mit dem oströmischen Reich und dem arabisch-muslimischen Raum, wobei damit ein Anstieg der Pilgerzahlen in der

Der Zugang in den Hospitalkomplex im Stadtteil „Muristan“, der um 1900 neu bebaut wurde. Fotos Sergeant J. McDonald, um 1880.

zweiten Hälfte des 11. Jahrhunderts Hand in Hand ging. Der Warenverkehr und die Schifffahrt knüpften an die antike Intensität an, wobei sich als bedeutende Hafenstädte auf der Apenninhalbinsel Venedig, Salerno, Ancona, Pisa und Amalfi südlich Neapels herauskristallisierten. Letztere Stadt in Kampanien hatte sehr früh zur Staatsform einer patrizischen Republik gefunden, die ihre Unabhängigkeit vom Byzantinischen Reich einer starken Seemacht verdankte.

Die geschickten See- und Kaufleute konnten im 10. Jahrhundert weite Teile des Warenaustauschs mit dem Orient monopolisieren, wobei eigene Handelsmissionen im gesamten Mittelmeerraum unterhalten wurden. „Die Wiederherstellung der Kontakte zwischen den Ländern des östlichen und westlichen Mittelmeerraums wie auch zwischen den nördlichen und südlichen Küsten des Mittelmeeres sollten dann auf die Aktivitäten von Kaufmannsgruppen zurückgehen, denen es möglich war, das Mittelmeer ungehindert zu befahren", heißt es in David Abulfias monumentaler Geschichte des Mittelmeeres, die Amalfi „zu den wichtigsten Zentren des beschränkten Verkehrs zwischen Ost und West" zählt. Besonders glanzvoll gestaltete sich die amalfitanische Niederlassung in Konstantinopel – dem Konsul der Seerepublik war sogar das seltene Privileg des Zugangs zum Kaiserhof von Byzanz gewährt worden. Wesentliche Ansprechpartner auf muslimischer Seite waren die fatimidischen Kalifen, die ihr Herrschaftsgebiet auf das seit der Mitte des 9. Jahrhunderts arabische Sizilien ausdehnten. Die besonders intensiven Beziehungen hat Berthold Waldstein-Wartenberg ausgeleuchtet.

In Jerusalem hatten die Süditaliener am Areal von S. Maria Latina Gefallen gefunden. Inwieweit das Gelände am südwestlichen Eck der antiken Aelia Capitolina, an dem der lokalen Tradition nach Maria während der Kreuzigung stand, brach lag oder eine Kontinuität der karolingischen Stiftung vorlag, muss ebenso offen bleiben wie der exakte Zeitpunkt der amalfitanischen Aktivitäten, die auch für Antiochia fassbar sind. Eine wesentliche Rolle spielten dabei die Beziehungen zum ägyptischen Kalifen Al-Mostanser-Billah, der vermutlich zwischen 1048 und 1063 seine Einwilligung zur Errichtung bzw. dem Betrieb einer Kirche und eines Hospizes gab. Innerhalb der amalfitanischen Gruppe nahmen Mauro di Pantaleone und dessen Sohn Pantaleone die Führungsrolle ein. Die ab dem 9. Jahrhundert dokumentierte Familie zählte zu den einflussreichsten Geschlechtern der Handelsstadt, die im syrisch-palästinensischen Raum bestens vernetzt war.

Blick über Amalfi vom Kapuzinerkloster. Aufnahme aus den ersten Jahren des 20. Jahrhunderts.

Das Familienoberhaupt Mauro ist mit dem Erzbischof von Amalfi als Teilnehmer der Weihe der neuen Basilika von Montecassino im Jahre 1071 bezeugt, wo er mit Papst Alexander II. zusammentraf. Für dieses Gotteshaus hatte Mauro 1066 zwei Bronzetüren gestiftet, die in Werkstätten in Konstantinopel angefertigt worden waren. Zwei Jahre später, mit der Eroberung Amalfis durch die Normannen, endet der Quellennachweis für Mauro. Der deutsch-maltesische Historiker Thomas Freller hat aber Zweifel angemeldet, dass die amalfitanische Stiftung in Jerusalem nach der Eroberung der Stadt durch die Seldschuken 1070 weiter bestanden haben könnte, während David Abulafia die Rolle der Amalfitaner als Brücke zwischen der Benediktinerabtei Montecassino und den Ordensbrüdern in S. Maria Latina bewertet.

Der auf die Kreuzzugszeit spezialisierte Cambridger Kirchenhistoriker und Johanniter Jonathan Riley-Smith hat eine anonyme, Ende des 11. Jahrhunderts entstandene Chronik ausgewertet, der zufolge Erzbischof Johannes von Amalfi bei seiner Pilgerfahrt in Jerusalem zwei Hospize, eines für Männer und eines für Frauen, vorgefunden habe, die in der Obhut seiner Mitbrüder standen. Auf der Rückreise nach Italien ist Johannes 1082 verstorben.

Mit Gewissheit lässt sich für den Zeitraum um 1080 ein Männerkloster S. Maria Latina und ein Frauenkonvent S. Maria Magdalena annehmen, die sich in der Pilgerbetreuung engagierten. Alain Beltjens hat in seiner 1995 erschienenen Studie zur Frühzeit die Vermutung geäußert, dass die Besiedlung mit Benediktinern aus Montecassino erfolgt wäre, wobei hier wieder die mit der Erzabtei verbundene Familie Mauro ins Treffen zu führen sei.

Zu einem heute nicht mehr genau feststellbaren Zeitpunkt setzte die organisatorische Verselbständigung des durch den Zustrom der Pilger immer aufwändigeren Hospizbetriebs von den monastischen Gemeinschaften ein.

Man wird diese Abkopplung als schrittweisen Prozess zu begreifen haben, der sich über einen längeren Zeitraum hinzog. Damit waren Fragen des Personals und der seelsorglichen Betreuung verbunden, die nicht ohne weiteres zu lösen waren. Nicht übersehen werden darf die räumliche Dimension rund um die alte, 2010 und 2011 archäologisch untersuchte Johannes-Kapelle, die erneuert und baulich erweitert wurde. Vermutlich im Zuge der Neubestiftung wurde ihr ursprüngliches Patrozinium – sei es durch eine sprachliche Verwechslung oder mit Absicht – durch die prestigeträchtigere Widmung an Johannes den Täufer ersetzt. Die historische Figur Johannes des Almosengebers blieb aber weiter sichtbar: der Hl. Patriarch von Alexandria war der

Nachzeichnung des vom Meister der Hospitalbruderschaft im 12. Jahrhundert benützten Siegels mit der Umschrift +HOSPITALIS:IHERUSALEM und der Darstellung eines liegenden Kranken, dessen Bettstatt sich unter einer Kuppel und einer Darstellung des ewigen Lichts befindet.

erste, der laut dem benediktinischen Kirchenhistoriker Otto Bitschnau die Armen und Kranken als „meine Herren" apostrophierte.

Zur Datierung können (allerdings nicht völlig unproblematische) Urkundenfunde aus den Jahren 1083, 1084 und 1085 herangezogen werden, die Schenkungen an das Hospiz in Albigeois in Südfrankreich betreffen und für Klaus Bieberstein als Beweis für die zumindest materielle Emanzipation des *Xenodochiums* vom Mutterkloster dienen.

Personell untrennbar verknüpft ist diese Phase mit Gerhard Sasso (de Saxo). Seine Herkunft liegt im Dunklen, wird aber mit ziemlicher Wahrscheinlichkeit in der Umgebung von Amalfi zu suchen sein, wobei im Ort Scala ein angeblicher Familienpalast gezeigt wird. Sein Nachname wurde auf Grund eines 1885 aufgedeckten Übersetzungsfehlers lange mit „Tenque", „Tonque" oder „Thom" in verschiedensten Schreibungen angegeben. Vermutlich war er als Oblate der benediktinischen Kommunität von S. Maria Latina verbunden. Die von ihm organisierte Spitalsbruderschaft verfügte als Laiengemeinschaft über keinen festen, den Ordensregeln ähnlichen Normenkatalog, ebenso wie Fragen der inneren Struktur und Hierarchie möglicherweise kein allzu großer Raum gewidmet wurde. Denkbar ist zudem, dass bestimmte Passagen der benediktinischen Ordensregel, vor allem jene, die die Beherbergung von Gästen und die Pflege von Kranken thematisieren, als Richtschnur herangezogen wurden.

Der selige Gerhard, der die Spitalsbruderschaft bei der Benediktinerabtei S. Maria Latina neu organisierte. Kupferstich von Laurent Cars.

Die zweite Hälfte des 11. Jahrhunderts war für die abendländische Christenheit eine sehr bewegte Zeit, in der sich Vieles von nachhaltiger Wirkung ereignete. Im Jahr 1054 kam es auf Grund einer schon seit Langem schwelenden Rivalität und der zunehmenden Entfremdung zwischen dem Patriarchen der orthodoxen Kirche in Konstantinopel und dem Papst in Rom dazu, dass sich der Gesandte des Papstes Leo IX., Humbert de Silva Candida, und der Patriarch Michael I. in Konstantinopel am 16. Juli 1054 gegenseitig mit dem Kirchenbann belegten, also exkommunizierten. Zu den – allerdings nur vorgeschobenen – theologischen Differenzen gehörte unter anderem auch die Frage der Wesensnatur Jesu Christi, nämlich, ob Christus mit seiner Gott-Mensch-Natur gottgleich oder „nur“ gottähnlich sei. Im Griechischen – damals eine der Hauptsprachen beider Kirchen – wird dafür dasselbe Wort ὁμοούσιος (homoūsios) verwendet, in dem aber mit der Bedeutung „ähnlich“ unter das zweite Omikron „o“ ein *„Jota subscriptum“* daruntergesetzt wird. Dieser feine Unterschied hat dann Johann Wolfgang von Goethe 750

Jahre später veranlasst, den als Faust verkleideten Mephisto bei der Charakterisierung der Theologie als Wissenschaft zum Schüler vom Lande sagen zu lassen: „An Worte lässt sich trefflich glauben, von einem Wort lässt sich kein Jota rauben …“. Erst am 7. Dezember 1965, also gut neunhundert Jahre später, hoben Papst Paul VI. und der Patriarch Athinagoras die gegenseitige Exkommunikation auf.

Ins 11./12. Jahrhundert fällt auch der „Investiturstreit“, nämlich die seit dem fränkischen Reich umstrittene Frage, ob es dem Papst oder einem weltlichen Herrscher zustehe, Bischöfe in ihr Amt einzusetzen. Ein für diese Auseinandersetzung wesentlicher Grund war die Praxis der Simonie, des Kaufes kirchlicher Ämter. Seinen Höhepunkt erreichte der Investiturstreit, als Papst Gregor VII. – gestärkt durch die Fastensynode 1076 in Rom – den deutschen König Heinrich IV. – der sich am 24. Jänner 1074 beim Hoftag in Worms der Loyalität des deutschen Episkopats versichert hatte – Ende Jänner in die der Markgräfin Mathilde von Tuszien gehörende, im Apennin südwestlich von Bologna gelegene Burg Canossa lud. Der Papst, so die Darstellung des zeitgenössischen Chronisten Lampert von Hersfeld, habe den König bei bitterer Kälte im härenen Bußgewand und barfuß drei Tage vor der Burg warten lassen, bis er am 28. Jänner 1077 den Kirchenbann des vor ihm knienden Königs Heinrich löste. Gut 700 Jahre später soll der römisch-deutsche Kaiser Joseph II. beim Anblick eines diese Szene darstellenden Gemäldes den Ausspruch „Tempi passati“ getan haben. Der angesehene Mediävist Johannes Fried hat jedoch kürzlich eine radikale Neudeutung dieses wortmächtig gewordenen „Ganges nach Canossa“ vorgelegt. Endgültig beigelegt wurde der Investiturstreit erst im Jahr 1122 durch das Wormser Konkordat.

Am 14. Oktober 1066 konnte der Normannenführer Wilhelm der Eroberer – der sich zuvor mit der Behauptung, dass der Einsatz des zu dieser Zeit in England herrschenden, ursprünglich norwegischen Königs Harald III. Hardråde für die römisch-katholische Kirche mangelhaft sei, der Unterstützung durch Papst Alexander II. versichert hatte – in der Schlacht bei Hastings König Harald, der auch in dieser Schlacht fiel, vernichtend schlagen.

Und schließlich gab es den schon lange gehegten, aber immer wieder verschobenen Wunsch der römisch-katholischen Kirche, mittels eines christlichen Kriegszuges die Stadt Jerusalem zurückzugewinnen, die seit der den Arabern 637 gelungenen Eroberung zum Oströmischen Reich gehörte. Nach mehreren Anläufen berief Papst Urban II. für den 18. November 1095 in der

Blick in die Überreste der Benediktinerabtei S. Maria Latina in Jerusalem.
Foto Félix Bonfils, um 1875. Victoria & Albert Museum, London.

Ansicht der südlichen Begrenzungsmauer des Hospitals der Johanniterbruderschaft. Nach dem Fall Jerusalems 1187 wurde das Hospital in eine Moschee und Medresse umgewandelt. Dem Umstand, dass Kaiser Friedrich II. während des Fünften Kreuzzugs hier abgestiegen war, verdankte sich die Existenz eines bis ins 16. Jahrhundert bestehenden christlichen Pilgerhauses. Foto August Salzmann, um 1880.

im französischen Zentralmassiv gelegenen Stadt Clermont eine Synode ein, an der 182 Kardinäle, Bischöfe wie Äbte und damit ein großer Teil des führenden Klerus der römisch-katholischen Kirche teilnahmen.

Im selben Jahr wurde der nach dem Eremiten Antonius dem Großen (251–356) benannte Antoniusorden gegründet und sogleich von Papst Urban II. bestätigt. Er war eine Laienbruderschaft mit der Aufgabe, die vom Antoniusfeuer, einer damals weit verbreiteten Krankheit, Befallenen zu pflegen – eine bemerkenswerte Parallele zu der vier Jahre später in Jerusalem offiziell gegründeten, aber schon an die 50 Jahre bestehenden johannitischen Spitalsbruderschaft. Das Antoniusfeuer (Mutterkornbrand) wird durch einen erhöhten Gehalt an Alkaloiden des Mutterkornpilzes *Claviceps purpurea* wie Ergotamin im Getreide hervorgerufen. Das wurde allerdings erst durch den Franzosen Tuillier im Jahre 1630 erkannt. In großem Maßstab trat dieses

Phänomen letztmals 1879/1880 in Preußen im Kreis Frankenberg bei Kassel auf. Durch diese Vergiftung kommt es zu einer massiven Verengung der Blutgefäße und in weiterer Folge zu Durchblutungsstörungen des Herzmuskels, der Nieren und der Gliedmaßen bis hin zu einem Gangrän. Diese Krankheit war natürlich damals – und ist auch heute noch – nur schwer behandelbar und eigentlich nicht heilbar, kann aber verhindert werden, indem der Anteil dieser Inhaltsstoffe im Getreide sehr niedrig gehalten wird. Die meisten Mutterkornalkaloiden leiten sich von der Lysergsäure als Grundstruktur ab. Eines ihrer Derivate ist das vom Schweizer Chemiker Albert Hofmann 1938 synthetisierte LSD (Lysergsäurediethylamid), die nach wie vor am weitesten verbreitete Droge mit halluzinogener Wirkung.

Der Papst hielt am 27. November 1096 eine die Lage stark dramatisierende Rede und rief unter dem Motto „*Deus lo vult*" („Gott will es") zu einem Kreuzzug zur Befreiung der Heiligen Stätten auf. Dieser Appell fand sowohl beim einfachen Volk, auch Bauern, als auch beim hohen Adel großen Anklang. Im Frühjahr 1096 setzten sich eine unorganisierte Masse, der „Volkskreuzzug", und ein deutlich besser organisiertes, für damalige Verhältnisse sehr großes Kreuzfahrerheer von Adeligen in Bewegung, das vornehmlich aus Franzosen, Normannen, Flamen und Lothringern bestand. Nach einem dreijährigen, entbehrungs- und verlustreichen Zug durch den Balkan, die heutige Türkei sowie Syrien und der zermürbenden Belagerung von Antiochia und der Stadt Maarat erreichte das durch die Entbehrungen, aber auch durch Seuchen und den Mangel an fast Allem stark dezimierte und geschwächte Heer Anfang Juni 1099 Jerusalem.

Als dieses europäische Kreuzfahrerheer unter dem Kommando Gottfried von Bouillons am Nachmittag des 15. Juli 1099 nach einwöchiger Belagerung trotzdem die Mauern Jerusalems überwand, war der Verselbständigungsprozess des Hospitals bereits sehr weit fortgeschritten. Herwig Ebner spricht davon, dass es mit der Einnahme der Stadt durch die Christen „weder einen Wechsel in der inneren Struktur, noch in der Lebensform und auch nicht beim Patrozinium" gegeben habe. Mit der Eroberung der heiligen Stätten der Christenheit und der Verankerung weltlicher Herrschaft trieben Kreuzfahrerheere einen Keil zwischen den asiatischen und afrikanischen Bereich des Islam, der in einer Zeit innerer Konflikte lebte und daher in seiner atemberaubenden Angriffskraft der vorhergehenden Jahrhunderte gelähmt war.

Die Überreste des Pilgerhospizes, das als räumliche Keimzelle der heutigen johannitischen Ordensfamilie angesehen werden kann. Der Innenhof ist erhalten geblieben und in den Komplex der evangelischen Erlöserkirche integriert worden. Foto Ievgenii Fesenko.

Die Aufrichtung des christlichen Staatswesens im „Outremer“ („jenseits des Meeres“, Übersee; hier: Kreuzfahrerstaaten) hatte einen Zufluss an Schenkungen zur Folge, die nicht mehr dem Verbund Kloster und *Xenodochium*, sondern ausschließlich dem 1110 in einer Schenkungsurkunde Balduins I. so genannten *„Hospitale Hierosolimitanum et pauperes Christi“* zu Gute kommen sollten. Der Anstieg der Pilgerzahlen machte sich auch in der Inanspruchnahme des Pilgerhauses bemerkbar, wobei von bis zu 2.000 täglich zu versorgenden Personen zu lesen ist. In die Gegenrichtung setzte ein Fluss an Informationen ein, der das päpstliche Interesse an den Vorgängen rund um die Hospitalbruderschaft hervorrief. Die in der Folge ausgestellten Urkunden für S. Maria Latina im Juli 1112 und ein halbes Jahr darauf für die Hospitalbruderschaft verschriftlichten den Status der beiden Einrichtungen zueinander und sind eher von deskriptiver Bedeutung als Standortbestimmung einer Entwicklung, als dass sie eigenständige Rechtsakte setzen.

Im Diplom Papst Paschalis II. *„Pie Postulatio Voluntatis“* für die Benediktinerkommunität wird deren Besitzstand bestätigt, diese aus dem Diözesanverband herausgelöst, vom Gastungsrecht befreit und festgelegt, dass der Abt nur noch vom Patriarchen in Vertretung des Papstes geweiht werden dürfe. Allerdings schlägt Rudolf Hiestand als führender Kenner der päpstlichen Diplomatik vor, die Urkunde für die Hospitalbruderschaft vom 15. Februar 1113 als Ergänzung bzw. Konkretisierung der Privilegierung für die Latina zu lesen. Konkret ginge es dabei um die Abgrenzung von Ansprüchen im laufenden Separationsprozess.

Dem oben erwähnten Privileg Paschalis II. lässt sich eine Vielzahl bedeutender Informationen entnehmen. Zunächst schreibt sie der Spitalsbruderschaft päpstlichen Schutz und die freie Wahl des Vorstehers zu. Gerhard Sasso wird dabei als *„institutor“* bezeichnet, worunter im Sinne des damaligen kirchenrechtlichen Verständnisses nicht die Person des Gründers oder Stifters, sondern synonym mit dem Ausdruck *„rector“* jene des Leiters bezeichnet wird. Im Unterschied zur Latina wurde für die Bruderschaft mit Ausnahme der Befreiung von der Zehentpflicht keine Exemtion ausgesprochen, sie verblieb weiter in der Jurisdiktion des lateinischen Patriarchen von Jerusalem.

In der Ordensliteratur wird *„Pie Postulatio“* als das Gründungsdokument des späteren Ordens interpretiert. Dieser Deutung folgt auch der Souveräne Malteserorden, der Gerhard als ersten (Groß)meister ansieht und das 900-Jahr-Jubiläum der Urkunde zum Anlass für großangelegte Feierlichkei-

Die auf dem Areal des Spitals für die Bruderschaft über byzantinischen Fundamenten errichtete Johanneskirche, die zunächst das Patrozinium Johannes des Almosengebers führte, das zu einem unbekannten Zeitpunkt durch jenes des Täufers ersetzt wurde. Foto Dimitry Bajurin.

ten genommen hat. Freilich findet sich die später für einen (Groß)meister verwendete Bezeichnung „*Magister*" in keiner zeitgenössischen Urkunde. Für Rudolf Hiestand stehen andere Eigenschaften im Vordergrund: „ [...] Charakteristikum ist bei näherem Hinsehen gerade die Gewöhnlichkeit, sozusagen der Aspekt einer ‚Dutzendware', die das Hospital neben eine Vielzahl anderer kirchlicher Institutionen des ausgehenden 11. und beginnenden 12. Jahrhunderts stellt, ein Schutzprivileg, wie es die Kurie fast jedem gab und das keine Exemtion und keine Sonderrechte begründete".

Für die Bedeutung der Spitalsbruderschaft spricht allerdings der Umstand, dass das päpstliche Dokument vom Jerusalemer Hospiz abhängige Pilgerherbergen in Asti, Bari, Pisa, Otranto und Tarent auf der Apenninhalbinsel, Messina auf Sizilien und in St. Gilles bei Arles in der Provence nennt. Der Zeitpunkt des Erwerbs dieser Häuser muss offenbleiben; sie könnten bereits in amalfitanischer Zeit zum Spital gekommen sein oder erst nach der Errichtung des lateinischen Königreichs. Auffällig ist jedoch, dass sie in den wichtigsten Ausschiffungshäfen in den palästinensischen Raum lagen.

Gerhard verstarb als Vorsteher des Spitals am 3. September 1120. Er ist die erste Person, die quellensicher mit dem Hospiz in Verbindung gebracht werden kann, und er stellt zugleich die Brücke in die Vergangenheit der Einrichtung dar. Ihm war es gelungen, sein Haus aus dem Verband der Benediktinerabtei herauszulösen und die päpstliche Aufmerksamkeit auf die von ihm geleitete Laienbruderschaft zu lenken, die sich zum Zeitpunkt seines Todes als breit aufgestellte Organisation präsentiert, deren umfangreichen Besitz er sich zuletzt 1119 von König Balduin II. bestätigen ließ. Als Vermächtnis gab er seinem Hospital die von Foulques von Chartres aufgezeichneten Worte mit auf den Weg: „Unsere Bruderschaft wird unvergänglich sein, weil der Boden, auf dem diese Pflanze wurzelt, das Elend der Welt ist – und weil, so Gott es will, es immer Menschen geben wird, die daran arbeiten wollen, dieses Leid geringer, dieses Leben erträglicher zu machen."

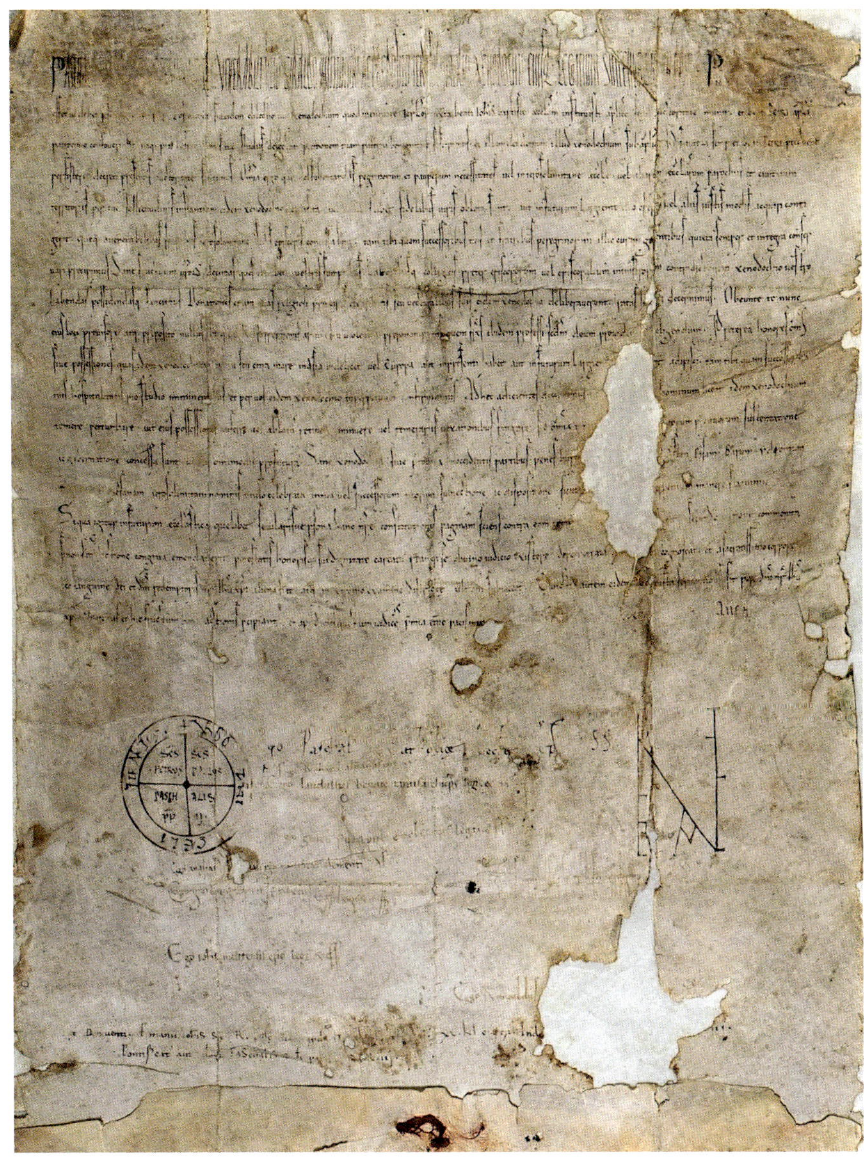

Das mit 15. Februar 1113 ausgefertigte Diplom „Pie Postulation Voluntatis“ von Papst Paschalis II. wird heute in der National Library of Malta in Valletta aufbewahrt.
Foto Souveräner Malteser-Ritterorden.

2.
DIE MILITARISIERUNG DER HOSPITALBRUDERSCHAFT

Die Herkunft und der Hintergrund von Gerhards Nachfolger liegen ebenfalls im Dunklen. Raymond du Puy stammte mit gewisser Wahrscheinlichkeit aus der Provence, wo die Bruderschaft bereits ein Pilgerhaus betrieb. Er muss sich bereits in Jerusalem aufgehalten und im Hospiz engagiert haben, da er gemäß den Bestimmungen von „*Pie Postulatio*“ durch Wahl an die Spitze der Bruderschaft trat. Er ist in dieser Funktion erstmals im Dezember 1123 genannt, was manche Autoren damit erklären, dass die Gemeinschaft nach Gerhards Tod durch einen oder mehrere interimistische Verwalter geführt worden sein könnte.

Die Amtszeit Raymonds ist mit mehreren Weichenstellungen verknüpft, die für den weiteren Bestand und die Natur der Bruderschaft von sehr großer Bedeutung sind. Zunächst wurde eine Regel kodifiziert, was auf Grund der Komplexität der Aufgaben und des zahlenmäßigen Umfanges der Bruderschaft mittlerweile unumgänglich geworden war. Die Benediktusregel vermittelte einerseits ein gewisses – durch die Geschichte der Einrichtung bedingtes – Vorbild, andererseits war sie ungeeignet, da sie von einem abgeschlossenen, durch Religiosen gebildeteren Personenkreis als Substrat ausgeht. Die Augustinerregel bot hier mehr Spielraum in Bezug auf das Zusammenleben mit Laien, war in ihrer Reichweite allerdings eingeschränkt, da die erstmals 1126 genannten Priester und Kleriker der Bruderschaft mit ziemlicher Sicherheit Benediktiner aus S. Maria Latina waren.

Hatte Gerhard die Loslösung des Pilgerhauses von der Abtei zum Ziel, so setzte sein Nachfolger den Weg der Verselbständigung fort. Mit dem päpstlichen Privileg „*Ad hoc nos*“ vom 16. Juni 1135 war es gelungen, die Brüder des Hospitals aus der diözesanen Struktur herauszulösen. Das diesbezüg-

Raymond du Puy trat die Nachfolge des seligen Gerhard an der Spitze der Hospitalbruderschaft an.
Kupferstich von Laurent Cars.

liche Dokument von Papst Innozenz II. stellte die vollständige Unabhängigkeit der Bruderschaft von der bischöflichen Einflusssphäre her und ist eher geeignet als „*Pie Postulatio*", den Rang eines tatsächlichen Gründungsdokuments des Ordens einzunehmen. Die Bruderschaft wird nun in rascher Folge zum Gegenstand päpstlicher Rechtsschöpfung, wobei besonders das Diplom von Papst Anastasius IV. „*Christianae fidei religio*" vom 21. Oktober 1154 hervorzuheben ist, weil es eine kompakte Zusammenfassung der bisherigen Urkunden beinhaltet und dem Hospital das Recht zur Bestellung eines eigenen Klerus einräumt, der in den augustinischen Regelkomplex eingegliedert werden konnte. Weitere Bestimmungen befassten sich mit der Weihe eigener Kirchen, Altäre und Geistlicher sowie dem Eintritt, dem Verbot des Austritts und des Übertritts zu anderen Gemeinschaften, womit die johannitische Bruderschaft in die Umrisse des Begriffs „Orden" hineingestellt wurde.

Durch den umfangreichen Komplex an Vorschriften schimmert das Vorbild der Templer durch, die sich zwischen 1118 und 1121 gebildet hatten und 1128 auf dem Konzil von Troyes die kirchliche Approbation erhielten. Die

Der Most Venerable Order of St. John errichtete 1972 auf dem ursprünglichen Spitalsgelände diesen Gedenkstein. Foto Alex Postovski.

vom Hl. Bernhard von Clairvaux unterstützte Gründung versuchte, die monastische Tradition mit jener des Rittertums zu verbinden, und erhielt 1139 ein päpstliches Privileg, das als Blaupause für die der Hospitalbruderschaft gewährten Rechte diente.

Die Templer waren letztlich auch für eine weitere Entwicklung ausschlaggebend, die als „Militarisierung“ umschrieben wird. Nach wie vor war das Hauptaugenmerk auf das Netz an Pilgerhäusern und Hospizen gerichtet, doch machte es die im Hinblick auf die Bestandsdauer prekäre Situation des Königreichs Jerusalem und der übrigen unter lateinischer Kontrolle stehenden Gebiete notwendig, die vorhandenen Kapazitäten der Hospitalbruderschaft und der einzelnen Hospitaliter in die Abwehr der militärischen Bedrohungen durch muslimische Angreifer einzubringen. Dies geschah zunächst durch die Aufnahme von Söldnern, die als „*Servientes*“ in der bewaffneten Eskortierung von Pilgergruppen auf der Strecke zwischen Jaffa und Jerusalem zum Einsatz kamen. Zu diesem Zeitpunkt hatte sich das Hospital mit dem achtspitzigen weißen Kreuz bereits ein einprägsames Signet gegeben. Dieses Symbol, das später theologisch interpretiert wurde, findet sich auf Siegeln und Münzen der Seerepublik Amalfi seit dem 11. Jahrhundert und verschränkt das Erscheinungsbild mit der Geschichte der Bruderschaft.

Als geistiger Überbau der Transformation diente die Ideenwelt des Reformbenediktiners Odilo von Cluny, der erstmals den Begriff des *„miles Christi"* als eines für Kirche, Papsttum und Christenheit tätigen Kämpfers formulierte. Weiterdekliniert wurden diese Impulse ein gutes Jahrhundert später durch den Zisterzienser Bernhard von Clairvaux, der das geistige Gerüst des Templerordens entworfen hatte. Zwischen 1141 und 1144 soll der erste Ritterbruder ernannt worden sein, und langsam erhielt der Orden neben den bisherigen karitativen Pflichten ein neues Aufgabenfeld als „militärisch-polizeiliche Hilfstruppe", das sich zur Jahrhundertmitte in einer aufgabenspezifischen Ausdifferenzierung der Mitgliedschaft niederschlug. Zu den in der Pilgerbetreuung und -pflege tätigen Brüdern traten solche des geistlichen Wirkungskreises und schließlich jene, die militärische Aufgaben wahrnahmen. Unklar bleibt die Art des Verhältnisses dieser Kämpfer zum nunmehrigen Orden bzw. das Gewicht, das dem neuen Tätigkeitsfeld von der Ordensleitung beigemessen wurde.

Die österreichische Rechtshistorikerin Katja Klement hat mit einem spektakulären Quellenfund in der Vatikanischen Bibliothek zur Klärung dieser Frage wesentliche Erkenntnisse geliefert. Die von ihr edierte, vermutlich im frühen 13. Jahrhundert entstandene Handschrift enthält die ältesten Statuten des Ordens, aber auch bislang von der Forschung übersehene Bestimmungen zur Krankenpflege und Organisation des Hospitals. Nach Einschätzung Klements basieren die im Zeitraum von 1181 bis 1183 unter dem 8. (Groß)meister, Roger de Moulins, erlassenen Vorschriften auf älterem Gewohnheitsrecht und der Zeitpunkt der Kodifikation lasse erkennen, „mit welcher Ernsthaftigkeit die Johanniter neben ihren militärischen Aktivitäten ihrer ursprünglichen Krankenpflegetätigkeit nachgingen", und dass die beiden Handlungsfelder einander nicht ausschlössen, sondern parallel nebeneinander liefen. Die Spitalsordnung macht ein plastisches Bild vom Umgang der Gemeinschaft mit den *„pauperes et infirmi"* möglich, worunter Leidende und Bedürftige im weitesten Sinne zu verstehen sind, und ergänzt die bisher überlieferten Schilderungen durch Pilger und außerhalb des Ordens angesiedelte Personen. Laut Klement werde aus den Bestimmungen eine Faszination und Spiritualität deutlich, die der Menschlichkeit und dem Mitgefühl, die im johannitischen Hospital gelebt worden seien, ein „berührendes und zeitloses Denkmal“ setzen.

Den Rahmen, in dem sich diese Wirksamkeit entfalten konnte, steckte die Augustinusregel ab, die ab dem 11. Jahrhundert zur Regelgrundlage zahlreicher Ordensfamilien wurde. Der überaus konzentrierte Text beschränkt sich auf einige Grundlagen und bietet daher genug Spielraum für individuelle Normensetzung. Als Eckpunkte sind das gemeinsame Leben der Gemeinschaft mit wechselseitiger Ermahnung und Beaufsichtigung, das Fehlen privaten Eigentums, die Keuschheit, der Gehorsam dem Oberen gegenüber und die Beachtung des Stundengebets definiert. Die Hospitaliter ergänzten diesen Katalog um eine karitative Dimension, die in der Pflege und Hingabe an „Les Seignors malades“, die „Herren Kranken“ bestand. Die Ordensregel gestaltete das Miteinander der verschiedenen Gruppen innerhalb der Hausgemeinschaft wie Bediensteten, darunter auch medizinisches Personal und Ärzte, Laien und Priestern und natürlich der Betreuten und Kranken. Die Regelformulierung ergänzte die Aufgaben um die Betreuung von Waisenkindern.

Der Spitalsbruderschaft gehörten Männer und Frauen an, wie dies aus der Gründungsgeschichte mit der Übernahme der Hospizaufgaben der beiden Konvente S. Maria Latina und S. Magdalena zwangsläufig folgt. Pflegerinnen kümmerten sich um die weiblichen Spitalsinsassen. Ein erster johannitischer Frauenkonvent findet sich 1170 in Buckland auf den Britischen Inseln.

Eine Idee vom Aussehen und der räumlichen Ausdehnung des Hospizes vermitteln die Ende des 19. Jahrhunderts vom autodidakten Archäologen und Missionar Conrad Schick durchgeführten Ausgrabungen, die zwei Säle nördlich und östlich der Johanneskirche zu Tage gefördert haben. Der nördliche Saal wird mit achtzig Metern Länge und vierzig Metern Breite angegeben, der durch Säulenreihen in vier Schiffe geteilt und vermutlich sechs Meter hoch war. Daran angeschlossen war ein kleinerer Raum, in dem Katja Klement eine Art „Intensivstation“ für die in ihrem Handschriftenfund beschriebenen „febles“ vermutet. Damit wäre dieses Raumkonzept, das mit einem eigenen ärztlichen Personal einherging, und das Anthony Luttrell erstmals im 1187 errichteten Spital in Akkon realisiert sieht, bereits in Jerusalem umgesetzt worden.

Eine Szene aus dem Bruderschaftshospital.
Kupferstich von Friedrich Rosmäsler d. J, datiert 1828.

Auf der schwarzen Ordenstracht der Johanniter war das weiße Kreuz das dominierende Element. Freie Nachbildung der Ordensbekleidung und der Rüstung aus dem späten 19. Jahrhundert.

Ein archäologischer Befund liegt für einen weiteren, 120 mal 140 Meter messenden saalartigen Baukörper vor, der direkt mit der Johanneskirche verbunden war und somit die Teilnahme der hier Behandelten an gottesdienstlichen Handlungen ermöglicht hätte. Ein verzweigtes Kanalsystem und insgesamt zehn Zisternen stellten die für die Krankenpflege unabdingbare Wasserversorgung sicher. Die Nutzung des gewaltigen Areals als christliches Pilgerhaus ist bis ins späte 15. Jahrhundert nachweisbar und gab dem Viertel seinen ursprünglich persischen Namen „Muristan". Hier bildete sich die spezifische Heilkunst der Johanniter aus, die christlich grundiertes Ethos mit den wissenschaftlichen Erkenntnissen der jahrhundertealten islamischen Medizin zusammenführte.

Der militärische Ast der Ordenstätigkeit wuchs vor allem durch den Umweg von Gebietsschenkungen. 1136 hatte König Fulko von Jerusalem das Gebiet von Bet Dschibrin (später Ibelin de l'Hospital) an der Straße von Askalon nach Jerusalem den Hospitalitern übertragen und ihnen damit grundherrschaftliche Rechte eingeräumt, die neben der wirtschaftlichen eben auch eine militärische Komponente beinhalteten. Noch akzentuierter wird dies bei Schenkungen in der Grafschaft Tripolis sichtbar, wo Städte und Burgen in den Besitz des Ordens gelangten, darunter 1147 die berühmte, im heutigen Syrien gelegene Festung Krak des Chevaliers. An einer militärischen Kampagne sind die Johanniter 1153 bei der Eroberung Askalons beteiligt, vermutlich durch Stellung eines eigenen Aufgebots. Eine erste gesicherte Nennung bewaffneter Brüder findet sich in den von Roger de Moulins erlassenen Ordensstatuten, doch nicht vor 1206 erscheinen die Ritterbrüder als eigene Mitgliederkategorie der „*Fratres*" des Hospitals. Die Militarisierung der Hospitalitergemeinschaft veränderte ihre Zusammensetzung von Grund auf.

Das bürgerlich-städtische, an der karitativen Arbeit orientierte Profil wich einem militärisch-feudalen Charakter, in dem die „*Servientes*" oder „Sergeants" als im europäischen Rittertum verwurzelte Kämpfer zumeist (klein-)adeliger Herkunft in den Orden integriert wurden. Damit wurde nach dem Vorbild der Templer eine stehende militärische Truppe geschaffen. Deren Erscheinungsbild wurde durch ein päpstliches Privileg definiert, das der 21. Großmeister, Nicolas de Lorgue, Ende des 13. Jahrhunderts erwirkt hatte. Für den Kampfeinsatz wurden die Brustpanzer mit einem roten Überwurf (Sopraweste) bedeckt, der das weiße Balkenkreuz auf rotem Grund

Johanniterritter vor der Mitte des 13. Jahrhunderts im Gefecht vor den Mauern Jerusalems. Aquarell des italienischen Militärmalers Italo Cenni, 1908, in freier Nachschöpfung.
Sammlung Vinkhuizen, New York Public Library.

zeigt. Dieses einprägsame Motiv fand bald Eingang in die Ordensheraldik. Bis heute ist das rotgrundige weiße Kreuz auf Schilden und Wappen sowie am Beginn offizieller Dokumente des Ordens das Erkennungszeichen des Souveränen Malteser-Ritterordens. Wesentlich häufiger zu sehen ist jedoch das amalfitanische, achtspitzige Kreuz (rot auf weißem Grund oder weiß auf schwarzem Grund), und zwar sowohl beim Orden und seinen Mitgliedern als auch bei den Ordenswerken und -gliederungen. Auch die heutigen, evangelischen Johanniter führen dieses Emblem – in diesem Falle aber völlig zu Recht. Da das achtspitzige Kreuz als solches rechtlich nicht vor missbräuchlicher Verwendung geschützt werden kann, benützen es – in oft kaum erkennbar modifizierter Form – leider auch völlig andere Organisationen wie z. B.

Das Banner des Ordens zeigt das weiße Balkenkreuz auf rotem Grund und ist erstmals 1181 verankert. Auf diesem aus verschiedenen historischen Versatzstücken recht freizügig komponierten Aquarell Italo Cennis von 1908 reitet hinter der Fahne der 2. (Groß)meister, Raymond du Puy, gefolgt von den Bannern der Ordenszungen vor dem Damaskustor in Jerusalem. Sammlung Vinkhuizen, New York Public Library.

der St.-Georgs-Orden (Habsburg-Lothringen) bei der von den Herren in das Knopfloch des linken Sakkorevers zu steckenden Rosette.

Der Charakter der johannitischen Gemeinschaft wurde damit – gegen alle innere Kritik – in den eines aristokratisch-militärischen Institutes transformiert, wobei die kämpferischen Aufgaben gegenüber dem sozial-karitativen Engagement bald in den Vordergrund traten. Sicherlich geht es zu weit, die organisatorische Verdichtung der Hospitalbruderschaft zum Orden dem Zuwachs der militärischen Komponente zuzuschreiben. Dennoch ist die Korrelation zwischen der Nennung ritterlicher Aktivitäten, der Intensität der Privilegierungen und – davon abgeleitet – der adeligen Zustiftungen augenfällig. Alain Beltjens betont, dass die Wandlung von äußeren Faktoren beeinflusst

Der Krak des Chevaliers an der Straße zwischen dem heute libanesischen Tripoli und Homs in Syrien gelangte 1142 an die Johanniter, die die ursprüngliche Anlage nach der Zerstörung durch ein Erdbeben 1170 ausbauen ließen. Foto Anton Ivanov.

Blick von der Hochburg zum Südbollwerk. Im Vordergrund rechts der große Palassaal, der durch Spitzbogenfenster belichtet wird, dahinter der durch eine Freitreppe erschlossene obere Innenhof. Diese Aufnahme ist vor den Zerstörungen im Syrischen Bürgerkrieg entstanden.

Akkon war nicht nur für Tausende Pilger die erste oder letzte Station im Heiligen Land. Mit der Eroberung der Stadt 1291 als letztem lateinischen Vorposten endete für Jahrhunderte die Präsenz der Johanniter im Nahen Osten. Foto Ievgenii Fesenko.

Dieser kreuzrippengewölbte Innenraum der johannitischen Bauten in Akkon wird auf Grund von Keramikfunden als Refektorium interpretiert. Der bedeutendste Hafen der Kreuzfahrerstaaten war 1229 dem Johanniterorden übertragen worden, auf den die Stadtbezeichnung St. Jean d' Acre zurückgeht. Foto Vojtech Vlk.

wurde, und benennt vor allem eine Rivalität zum Templerorden, dem von der Gründung an ein militärisches Element eingeschrieben war. Wie bereits angerissen, spielte das ständige Bedrohungsszenario im „Outremer" dabei eine weitere Rolle.

Das Überhandnehmen unterschiedlicher ritterlicher Ordensstiftungen im 12. Jahrhundert führte zum Verbot weiterer derartiger Gründungen durch das IV. Laterankonzil 1215 bzw. zu einem Beschluss des allgemeinen Konzils von Lyon 1274, nach dem die Konstituierung eines Ritterordens von der vorherigen Approbation durch den Papst abhängig gemacht wurde.

Festzustellen bleibt im Licht des aktuellen Forschungsstandes jedenfalls, dass 1113 keinesfalls als Gründungsdatum des Ordens der Johanniter als solcher anzusehen ist. Dieses Jahr stellt lediglich die Wegmarke einer bereits länger andauernden Transformationsphase von der (zunächst einmal auf ihre eigene Autonomie bedachten) Bruderschaft zu einem Orden dar, die erst 1154 mit der von Papst Anastasius IV. erlassenen Bulle „*Christiane fidei religio*" einen Abschluss findet. Damit einher geht die stärkere Akzentuierung militärisch-ritterlicher Aufgaben, während das karitative Apostolat und dessen Träger in den Hintergrund treten.

Der Zuwachs an Landbesitz durch Pilger- und Adelsschenkungen im Heiligen Land verbreiterte die materielle Basis und involvierte den Johanniterorden abseits seiner Kampfkraft zusehends in die politischen Vorgänge im „Outremer". Auf dem Höhepunkt seines Besitzes sollen mehr als 430 Ortschaften zur Grundherrschaft der Johanniter gezählt haben. Hinzu kamen ab 1160 fünfundzwanzig Burgen, davon zehn im Königreich Jerusalem. Besonders der autokratisch regierende 5. (Groß)meister, Gilbert de Aissailly, zeigte profane Ambitionen und ließ sich von König Amalrich I. von Jerusalem in eine militärische Kampagne gegen Ägypten treiben, die scheiterte und den Orden finanziell stark belastete, weshalb er 1169 als (Groß)meister abgesetzt wurde, aber erst 1183 starb. In Amalrichs Vertrautem, dem Erzbischof, Chronisten und späteren Kanzler Wilhelm von Tyrus, hatten die Johanniter einen erbitterten Widersacher, dem die Militarisierung der Hospitalbruderschaft ein Dorn im Auge war.

Letztlich aber war der militärische Druck stärker. Das Königreich Jerusalem war im 13. Jahrhundert auf einen Bruchteil seiner Fläche zusammengeschmolzen. Vernichtende Niederlagen erlitten die Kreuzritter gegen Saladin in der Schlacht von Cresson am 1. Mai 1187, bei der der 8. (Groß)meister, Ro-

Wappenreihe der (Groß)meister vom 6. (Groß)meister, Gaston de Murols (1169), bis zum 25. Großmeister, Foulques de Villaret (1305–1319). Die Kampfszenen stellen den von Papst Alexander IV. 1259 eingeführten roten Überwurf mit dem weißen Balkenkreuz der bisherigen Kriegstracht gegenüber. Dieser Überwurf hat sich bis heute in der Sopraweste der Professritter erhalten, die diese allerdings nur bei der Ablegung der Ewigen Gelübde tragen. Aquarell von Italo Cenni, 1909. Sammlung Vinkhuizen, New York Public Library.

ger de Moulins, fiel, sowie am 1. Juli 1187 bei den Hörnern von Hattin. Jerusalem war bereits 1244 in die Hände der Muslime gefallen. Die Ritterorden waren die einzigen Organisationen, die mit Panzerreitern und den Turkopolen, berittenen Bogenschützen, ein ständiges und einsatzbereites Truppenkontingent unterhielten. Allerdings agierten die Kreuzfahrerstaaten mittlerweile ausschließlich aus der Defensive, woran die 1267 für den Ordensoberen eingeführte Bezeichnung „Großmeister" nichts änderte.

Trotz der bedrohlichen Situation im Heiligen Land verfing die kirchliche Kreuzzugspropaganda an den europäischen Höfen immer weniger, und es blieb – wie beim zweiten Konzil von Lyon 1274, in dessen Rahmen auch mehrfach Kritik an den Ritterorden geübt wurde – bei leeren Ankündigungen. In Akkon stellten sich die mittlerweile vier Orden – die Johanniter, die Templer (1312 von Papst Clemens V. auf dem Konzil von Vienne aufgelöst; das Emblem ist ein rotes Tatzenkreuz auf weißem Grund), der 1190 in der Stadt von hanseatischen Kaufleuten gegründete Deutsche Orden (seit 1929 ein rein klerikaler Orden; das Emblem ist ein schwarzes Balkenkreuz auf weißem Schild) und die aus einem Leprahospital vor den Toren Jerusalems hervorgegangenen Lazarusritter (1830 als Orden aufgelöst, in neuerer Zeit auf Vereinsbasis restauriert; das Emblem ist ein grünes achtspitziges Kreuz auf weißem Grund) – einer Übermacht der Mamelucken. Mit dem Fall dieses letzten christlichen Außenpostens in den Abendstunden des 18. Mai 1291 ist die Kreuzzugsidee endgültig als gescheitert anzusehen.

3.
DIE JOHANNITER AUF ZYPERN UND RHODOS

Unter dem Ordensbesitz, der in Akkon zugrundeging, hatte sich auch das Originalpergament der Bulle Papst Lucius' III. „*Quanto per Dei gratiam*" von 1185 befunden, mit der die päpstliche Bestätigung der Ordensregel der Johanniter ausgesprochen worden war. Während Papst Bonifaz VIII. 1300 eine neuerliche Bestätigung beurkundete, erwies sich der Blutzoll unter den Rittern Ende des 12. Jahrhunderts als dramatisch. Hinzu kam der erhebliche wirtschaftliche Schaden, der durch den Verlust der Besitzungen im Heiligen Land entstanden war.

Aufnahme fand der versprengte Haufen unter Führung des „vom Schmerz überwältigten" 22. Großmeisters, Jean de Villiers, in Limassol im Kreuzfahrerkönigreich auf Zypern, dessen Monarchen aus dem Haus Lusignan nach dem Fall Akkons den Anspruchstitel eines Königs von Jerusalem weiterführten. Schon bislang war die Insel vor der levantinischen Küste eine wichtige Station auf dem Weg ins Heilige Land gewesen, und die Johanniter waren zudem auf der Insel begütert. Dennoch gestaltete sich der Neubeginn überaus schwierig, zumal mit dem Wegfall des Heiligen Landes in gewisser Weise die Existenzberechtigung der Orden und ihrer ausgedehnten europaweiten Vermögenskomplexe weggefallen war.

In Limassol, dem neuen Hauptsitz, wurde ein Hospital eingerichtet, an dem zunächst vierzig Brüder tätig waren. Hier wurde auch nach langen und teilweise ergebnislosen Verhandlungen eine Ordensreform auf den Weg gebracht. 1303 beschloss das Ordenskapitel, auf der Insel ständig achtzig Ritter zur Verfügung zu halten. Mit einem kleinen Flottenkontingent griffen die Johanniter in die Verteidigung des Königreichs Armenien in Kleinasien ein, womit der Grundstein für die später viel breiter angelegten maritimen

Auf Zypern verfügten die Johanniter mit Kolossi vor den Toren Limassols seit dem frühen 13. Jahrhundert über eine bedeutende Kommende. Der Wohnturm der Burg entstand im 15. Jahrhundert unter Kommandeur Louis de Magnac.

Aktivitäten gelegt war. Hier fand ein Paradigmenwechsel statt: An die Stelle des Pilgerschutzes wie im Heiligen Land war nun die Herausforderung des Schutzes der christlichen Seefahrt im östlichen Mittelmeer getreten. In der karitativen Arbeit, die 1297 wiederaufgenommen worden war, wechselte der Orden seine Strategie und setzte auf dezentrale und kleinere Einheiten, die mit den außerhalb Palästinas gelegenen Besitzungen und Kommenden verknüpft wurden.

Diese Flexibilität, sich rasch auf neue Situationen einstellen zu können, sicherte den Fortbestand der johannitischen Gemeinschaft, der das Schicksal des 1312 aufgehobenen Templerordens erspart blieb. Vielmehr profitierten die Johanniter vom Wegfall der Konkurrenzorganisation und erhielten mit der Bulle „*Ad providam*" Papst Clemens V. vom 2. Mai 1312 wesentliche Teile des über ganz Europa verstreuten Templerbesitzes übertragen, womit der Wegfall der im Heiligen Land gelegenen Besitzungen mehr als kompensiert wurde. Auf der Insel der Aphrodite bildete die ehemalige Templerburg Kolossi ab 1312 das Zentrum des johannitischen Besitzkomplexes. Freilich stand der Orden auf Zypern in Abhängigkeit von Inselkönig Heinrich II., was die

Zu den ersten Bauten in der neuen Ritterstadt zählte ein ab 1314 errichtetes, unter dem 29. Großmeister, Roger de Pins, Mitte des 14. Jahrhunderts fertiggestelltes Hospital, das später als Apotheke diente. Unter dem zinnengekrönten Bauteil tritt die Apsis der ehemaligen Spitalskapelle hervor, in die in osmanischer Zeit eine Tür gebrochen wurde. Der links sichtbare Arkadenbau ist eine Zutat des 20. Jahrhunderts. Foto Marek Kačír.

Ritter als wenig befriedigende Situation erlebten – zumal der weitaus später gegründete Deutsche Orden im Ostseeraum seinen Ordensstaat zu etablieren begann. In spiritueller Hinsicht bildete das im Heiligen Land ausgebildete Selbstverständnis der Ritter als „Vasallen Christi" ein nicht aufzulösendes Problem: Kein weltlicher Herr war der Lehensgeber, sondern ihr Gehorsam fokussierte sich ausschließlich auf Jesus Christus. Die Investitur in das Großmeisteramt konnte daher symbolisch nur vom Ordenspatron Johannes dem Täufer empfangen werden.

Es wurde daher nach Alternativen gesucht, die in der Insel Rhodos bald gefunden waren. Die in der Antike bedeutende Insel vor der kleinasiatischen Küste war seit Ende des 4. Jahrhunderts Teil des Oströmischen Reichs und zur Peripherie herabgesunken. Venezianische Kaufleute errichteten 1082 eine Handelsbasis, die im Ersten Kreuzzug (1096–1099) von den europäischen Kreuzfahrern als Zwischenstopp und Flottenstützpunkt auf dem Weg ins Heilige Land genutzt wurde. 1271 gelangten die Genuesen in den Besitz der Insel. Ein erster militärischer Angriff 1305 schlug allerdings fehl und kostete den 24. Großmeister, Guillaume de Villaret, die Führung des Ordens.

Zeitgenössische Darstellung des Spitalsbetriebs. Holzschnitt aus Guillaume Caoursins „Die Belagerung von Rhodos durch die Türken“, Ulm 1496.

Zur Umsetzung dieses Ziels ging dessen Bruder und Nachfolger, Foulques de Villaret, eine ungewöhnliche Allianz ein. Er wandte sich an den genuesischen Seefahrer und Abenteurer Vignolo de Vignoli, der im Dodekanes über mehrere Besitzungen verfügte. Die am 27. Mai 1306 abgeschlossene Vereinbarung sah vor, dass Vignoli nach der Eroberung von Rhodos ein Drittel der Insel samt der Einkünfte daraus für sich behalten dürfe, während der Orden den Rest der Insel sowie die Insel Leros und ein Drittel der Insel Kos in Besitz nehmen sollte. Wenige Wochen später landeten Foulques und die Ritter auf Rhodos und nahmen den Byzantinern mit Feraklos und Filerimos zwei wichtige Stützpunkte ab. Am 5. September 1307 bestätigte Papst Clemens V. den Besitzübergang (allerdings ohne zuständig zu sein), während der oströmische Kaiser Andronikos II. das Ansinnen der Ritter um Belehnung entrüstet zurückgewiesen hatte. Die endgültige Eroberung der Insel erfolgte nach dreijährigem Kampf am 15. August 1309 mit der Einnahme der an der Nordspitze gelegenen Stadt Rhodos. Hinkünftig wurden die Ordensritter auch als „Rhodier“ bezeichnet. Im Folgejahr wurde der

Nicht einmal ein Jahrhundert nach Fertigstellung konnte das Hospital die Auslastung nicht mehr bewältigen. Der 36. Großmeister, Jean Bompar de Lastic, legte 1439 den Grundstein zu einem Neubau in der Ritterstraße. Blick zur Einfahrt und dem darüberliegenden Chorerker der Kapelle.

Ordenssitz von Limassol nach Rhodos übertragen und 1311 „L'Hospital des Seigneurs Malades" in vorhandenen Gebäuden neben dem Arsenal des Ordens eröffnet.

Ab 1314 wurde ein Budget von 30.000 Goldbyzantinern für Neubauten bereitgestellt, die unter dem 29. Großmeister, Roger de Pins, eröffnet wurden und bis 1489 in Verwendung blieben. Dieses Jahr markiert auch den Erlass des umfangreichen Statutenwerks „*Stabilimenta Rhodiorum militum Sacri Ordinis Hospitalis Sancti Joannis Hierosolymitani*", das die Verschmelzung mit dem Orden der Ritter vom Heiligen Grab bedeutete. Diese Gemeinschaft ist im Unterschied zum heutigen Malteserorden kein Orden im Sinne des Kirchenrechts, sondern ein päpstlicher Orden, dessen Mitglieder keine Gelübde ablegen. Seine Anfänge reichen zwar tatsächlich in das 15. Jahrhundert, doch geht seine heutige Form einer die Heiligen Stätten ideell und vor allem finanziell unterstützenden Bruderschaft auf das 19. Jahrhundert zurück. Ihr Emblem ist das auf einen weißen Umhang gestickte, rote Jerusalemkreuz.

Der 1489 in Rhodos eröffnete Spitalsneubau war unter dem 36. Großmeister, Jean Bompar de Lastic, 1439 oder 1440 begonnen worden. Es handelte sich hierbei um ein Krankenhaus im modernen Sinne, das durchreisenden Pilgern und Besuchern nicht zugänglich war. Diese wurden im Hospiz St. Catherina in der Stadt versorgt. Die „Infermeria" war um einen Innenhof mit Arkadengängen angeordnet und umfasste im Obergeschoss des Hauptgebäudes einen Saal mit 51 Metern Länge und 12 Metern Breite, der durch eine Reihe achteckiger Pfeiler in zwei Schiffe geteilt wurde. Die Kapitelle trugen abwechselnd das Kreuz des Ordens und das Wappen des 40. Großmeisters, Pierre d'Aubusson, des Bauherrn zum Zeitpunkt der Fertigstellung. Der nach Osten orientierte Saal war an seinen Längsseiten mit Bettgestellen bestückt, die mit Vorhängen verschlossen werden konnten. Die Belegung betrug in Friedenszeiten sechsundzwanzig Patienten, während im Belagerungs- und Kriegsfall oft mehr als zweihundert Kranke und Verwundete stationär behandelt werden mussten. In die Wände waren Nischen eingelassen, in denen die Pfleger schliefen. Die Betten waren mit Bettwäsche aus weißem Leinen bezogen und standen je einem Kranken zur Verfügung, während sich etwa im Pariser „Hôtel-Dieu" zur selben Zeit noch mehrere Personen eine Bettstatt teilen mussten. Für stete Frischluftzufuhr sorgten in die Wände eingelassene Kanäle. Um einen weiteren, abgesonderten Innenhof waren elf weitere Krankenzimmer angeordnet, die als Isolationsräume gedient haben dürften.

Den spirituellen Mittelpunkt bildete die über der Einfahrt situierte Erkerapsis, in der täglich die Heilige Messe gelesen wurde. An den Krankensaal schloss sich südlich das Refektorium an. Hier wurden die Mahlzeiten von silbernem Geschirr gereicht, weniger wegen der Zurschaustellung der materiellen Möglichkeiten des Ordens als hauptsächlich auf Grund der antibakteriellen Eigenschaften dieses Metalls. An der Nordseite des Innenhofs befanden sich abgetrennte Isolationsräume. Die Erdgeschossräume dienten als Lager- und Arbeitsräume und beherbergten auch die Apotheke. Die Behandlung war kostenlos und band auch die Ritter mit ein: So wurde von Pilgern bemerkt, dass selbst der Ordensobere im Selbstverständnis eines *„pauperum Christi custos"* etwa an der Speisenausgabe mitwirkte.

Der militärische lateinische Vorposten nur wenige Kilometer vor der Küste Kleinasiens ließ am Bosporus Erinnerungen wach werden, etwa an die Einnahme und Plünderung der Stadt durch ein Kreuzfahrerheer 1204 und an die folgende Errichtung eines bis 1261 bestehenden Lateinischen Kaiserreichs.

Blick durch die kreuzrippengewölbte Einfahrt zu den massiven Bündelrippen des Bogenganges. Der Zugang war auf tatsächlich erkrankte Menschen beschränkt, Pilger wurden im Katharinenhospiz außerhalb des Ritterviertels untergebracht. Foto 1928.

Der Kaiser hatte bereits das Ersuchen um Ausstellung eines Besitztitels für Rhodos scharf zurückgewiesen. Die Tatsache, dass die Johanniter ab 1344 mit der Einnahme der Stadt Smyrna (heute Izmir) auf dem anatolischen Festland einen Brückenkopf errichtet hatten, ließ am Kaiserhof die Alarmglocken schrillen und die Byzantiner eine temporäre Allianz mit sarazenischen Freibeutern eingehen, um sich – freilich vergeblich – der johannitischen Ausdehnung zu widersetzen. Der Orden seinerseits hatte 1187/88 erstmals eigene Schiffe zur Verteidigung von Tyrus (Tyros im heutigen Libanon) eingesetzt und baute sein seefahrerisches Engagement auf Rhodos aus, um einerseits Pilgerfahrer mit bewaffneten Schiffen begleiten zu können, und andererseits christliche Handelsschiffe vor lokaler Seeräuberei zu beschützen.

Der Standort Rhodos war seit der Antike für den Schiffbau gut geeignet. Die dichten Wälder an den Abhängen des Attavyros-Gebirges im Inselinneren und auf dem kleinasiatischen Festland sorgten für steten Nachschub an qualitativ hochwertigem Bauholz, und eine vorhandene Infrastruktur an Werftplätzen sowie Ausrüstungsbetrieben stellte die Versorgung mit Materialien wie Teer, Metallbeschlägen und Segeltuch sicher. Unter den griechischen Rho-

Der doppelgeschossige, annähernd quadratische Innenhof. Das Spital ist nach dem Großmeisterpalast das größte Gebäude der Johanniter im „Collachium" und wurde 1485 erstmals belegt. Die Patienten wurden über diese breite Freitreppe in den Krankensaal im Obergeschoss gebracht. Die Pyramide aus Steingeschossen ruft in Erinnerung, dass das Ordensspital im Kriegsfall oft mehrere hundert Verletzte gleichzeitig zu versorgen hatte. Foto Giuseppe Masci.

diern und auf der Nachbarinsel Symi mit ihrem tief eingeschnittenen Naturhafen fanden sich zudem erfahrene Schiffszimmererleute und Kalfaterer, die mit ihrem Know-how die hölzernen Schiffsrümpfe abdichteten. Bald konnten auf der Werft im Mandracchio-Hafen (Mandráki) Galeeren, aber auch kleinere Schiffe wie Brigantinen oder Fracht- und Fischereisegler, gebaut werden.

Während sich das Wirtschaftsleben auf die Inselhauptstadt konzentrierte, lebte die überwiegende Zahl der Rhodier in den damals fünfundvierzig Dörfern im Inselinneren hauptsächlich von Ackerbau und Viehzucht, viele davon im Status der Leibeigenschaft. Die Anzahl der Inselbewohner zum Zeitpunkt der Besitzergreifung durch den Ritterorden wird auf rund 10.000 geschätzt. Ab der Amtszeit des 32. Großmeisters, Juan Fernández de Héredia, im letzten Viertel des 14. Jahrhunderts wurde die Inselhauptstadt nach dem neuesten Stand der europäischen Wehrtechnik und unter gewaltigen finanziellen Aufwendungen befestigt.

Der Krankensaal bildete den größten Raum des Spitals. Die mehr als fünfzig Meter lange Halle wird durch eine Säulenreihe in zwei Schiffe geteilt. Die Kapitelle zeigen die Wappenschilde des Ordens und des 40. Großmeisters, Pierre d'Aubusson. Foto Giuseppe Masci.

Die erste Feuerprobe hatten die Mauern bei einem Angriff der ägyptischen Mamelucken 1440 zu bestehen. Die zweiundvierzigtägige Belagerung der Inselhauptstadt blieb ohne Ergebnis, und vier Jahre später scheiterten die Ägypter mit 18.000 Mann unter Sultan Az-Zahir Saif ad-Din Dschaqmaq neuerlich an den bald mit dem Nimbus der Uneinnehmbarkeit versehenen Mauern.

Allerdings waren auch Rückschläge zu verzeichnen. Der Mongolensturm entriss dem Orden 1402 nach harten Kämpfen die bedeutende Hafenstadt Smyrna am kleinasiatischen Festland. Zum Ausgleich erhielten die Johanniter vom osmanischen Sultan Mehmet die Stadt Halikarnassos (heute Bodrum, Türkei) und errichteten ab 1413 die Festung St. Peter (Petronion), teilweise mit Abbruchmaterial des in der Antike als Weltwunder geltenden Mausoleums. Über den Erwerb kursieren verschiedene Varianten: Im Unterschied zum österreichischen Orientalisten Joseph von Hammer-Purgstall ging Abbé Vertôt in seiner Ordensgeschichte Anfang des 18. Jahrhunderts

Hinter einem krabbenverzierten Bogen öffnet sich die kreuzrippengewölbte Altarnische mit einem Drei-Achtel-Chorschluss, der von Maßwerkfenstern belichtet wird. Foto Giuseppe Masci.

davon aus, die Festung sei im Kampf erobert worden. Mit dem gegenüberliegenden Kastell von Antimachia auf der Insel Kos kontrollierten die Ritter damit eine der bedeutendsten Schifffahrtsrouten im östlichen Mittelmeer. Die hier transportierten Güter wie Safran und andere Gewürze, Woll- und Seidenstoffe, Öl oder Wein wurden in Rhodos umgeschlagen.

Die ersten Jahre auf der viertgrößten griechischen Insel leiteten eine grundlegende Neuausrichtung der militärischen Aktivitäten ein. Das kämpferische Element im Orden wandelte sich binnen kurzer Zeit von einer berittenen Landstreitmacht zu einem maritimen Kampfverband. Dies geschah zu einem Zeitpunkt, als in Europa das Feudalsystem im „Herbst des Mittelalters" an Bedeutung verlor und der berittene Krieger auf dem Schlachtfeld seinen privilegierten Status einbüßte. Diese Entwicklung war zwar auf der Insel Rhodos selbst nicht wahrzunehmen, erreichte aber die Ordensleitung über die zahlreichen Niederlassungen in Europa. Mit der Seekriegsführung wurde der johannitischen Miliz ein neuer militärischer Zweck eröffnet, der den in der Kreuzfahrerzeit verwurzelten Mythos des gepanzerten Reiters beiseiteschob und völlig neu interpretierte.

4.
DIE INNERE ORGANISATION DES ORDENS

Mit der Inbesitznahme der Insel Rhodos waren dem Großmagisterium neue, bislang unbekannte Aufgaben zugewachsen. Die Leitung der johannitischen Gemeinschaft war nunmehr auch gleichbedeutend mit der Verwaltung der und der Jurisdiktion über die Inselbewohner und somit ordensfremde Personen. Dies führte dazu, dass der Orden mit bisher unbekannten Rechtsfragen der Territorialverwaltung konfrontiert war, die in den „*capitula Rhodi*" geregelt wurden. Hier fanden landesherrliche Bestimmungen über den Hafen, den Handel, das Markt und Mühlenwesen und Problemfelder des städtischen Zusammenlebens ihre Kodifizierung. Der Charakter des religiösen Ordens war nun mit der weltlichen Verfassung einer souveränen Wahlmonarchie verschmolzen, wobei allerdings der geistliche Primat trotz weltlicher Autonomie fortbestehen blieb.

Das Schicksal von Foulques de Villaret, der seinem 1305 zurückgetretenen Bruder Guillaume als 25. Großmeister nachgefolgt war und den Orden 1309 nach Rhodos geführt hatte, ist hierfür ein gutes Beispiel. Gegen seine autokratische Amtsführung und ausschweifende Prunksucht formte sich Protest unter den Rittern, die ihn 1317 kurzerhand für abgesetzt erklärten und in Maurice de Pagnac einen Nachfolger präsentierten, der allerdings in der offiziellen Liste der Großmeister des Ordens nicht aufscheint. Villaret entging nur mit knapper Not seiner Gefangennahme, indem er sich mit wenigen Getreuen in die Festung Lindos südlich der Inselhauptstadt flüchtete. Die Rebellion im Orden erreichte auch Papst Johannes XXII. in Avignon, der 1319 die Auseinandersetzungen für beendet erklärte, indem er beide Großmeister ihres Amtes enthob. Erst dem 1319 als 26. Großmeister an die Ordensspitze berufenen Hélion de Ville-

Darstellung der Wahl des Großmeisters aus dem Statutenbuch des Ordens des 52. Großmeisters, Hugues Loubenx de Verdale, von 1584.

neuve gelang es, die aufgerissenen Gräben zuzuschütten und die Disziplin wiederherzustellen.

Päpste sollten in diesem Jahrhundert nochmals entscheidenden Einfluss auf die Leitung des Ordens nehmen. Als Nachfolger des 1376 von Avignon nach Rom zurückgekehrten und dort 1378 verstorbenen Papstes Gregor XI. wählten die in Rom versammelten Kardinäle am 8. April 1378 unter großem Druck der Italiener den Kanonisten Bartolomeo Prignano zum Nachfolger Petri, der den Namen Urban VI. annahm. Die in Avignon verbliebenen Kardinäle hingegen wählten am 20. September 1378 den als „Henker von Cesena" berüchtigten Robert Graf von Genf zum Gegenpapst, der den Namen Clemens VII. wählte.

Das „Große Abendländische Schisma" hatte begonnen. Es sollte neununddreißig Jahre andauern und erst über Vermittlung des späteren römisch-deutschen Kaisers Sigismund durch die Wahl von Papst Martin V. am 11. November 1417 beim Konzil von Konstanz beendet werden. Der 1376 zum 32. Großmeister gewählte Juan Fernández de Héredia schlug sich zusammen mit den französischen und iberischen Rittern auf die Seite von Papst Clemens VII., während die Ritter aus großen Teilen Deutschlands, England, Flandern, Irland und Italien (mit Ausnahme Neapels) Papst Urban VI. als rechtmäßiges Kirchenoberhaupt betrachteten. Papst Urban VI. setzte daraufhin 1383 Héredia als Großmeister ab und den einer neapolitanischen Familie entstammenden Riccardo Caracciolo als „Gegengroßmeister" ein, der zwar Rhodos nie betreten hat, aber heute in der offiziellen Liste der Großmeister an 33. Stelle geführt wird. Letzterer starb 1395, Héredia im Jahr darauf. Am 6. Mai 1396 wurde Philibert de Naillac zum 34. Großmeister gewählt und bekleidete dieses Amt bis zu einem Tod im Juni 1421; 1409 nahm er am Konzil von Pisa teil.

Bedeutendste gesetzgebende Körperschaft im Orden war das alle fünf Jahre einzuberufende Generalkapitel als Versammlung der Ritterbrüder, Priester und dienenden Brüder. Im Falle einer Vakanz des Großmeisteramtes musste ein außerordentliches Generalkapitel einberufen werden. Die Wahl des Großmeisters erfolgte auf Lebenszeit aus dem Kreis der Ritter mit Gelübden in einem komplizierten, mehrstufigen Verfahren durch Wahlmänner, die zuvor die Beichte abgelegt haben mussten. Die wesentlichen Entscheidungen im Orden wurden vom Großmeister und einem als „Konvent" bezeichneten Ratsgremium getroffen, an dessen Sitzungen neben dem Ordens-

Darstellung eines Generalkapitels auf Rhodos. Der Großmeister steht inmitten der Brüder und hält das Regelbuch mit der aufgeschlagenen Anrufung: „In Gottes Namen, Amen". Holzschnitt aus Caoursins „Die Belagerung von Rhodos durch die Türken", Ulm 1496.

oberen die ältesten Brüder der einzelnen Zungen, die Konventualbaillis als Vorsteher der Zungen und die Großprioren teilnahmen.

Die Belange des Ordensklerus wurden an den Konventualprior delegiert, dem seinerseits die Gestaltung des religiösen Lebens übertragen war. Der Ordensregierung gehörten acht weitere Ritter, „Piliers" genannt, mit klar umrissenen Aufgabenbereichen an. Der Komtur war für die Ordensartillerie zuständig, ihm oblag, gemeinsam mit dem Schatzmeister, auch die Verantwortung für die finanzielle Gebarung des Ordens und die Verwaltung des „commun tesoro" genannten Ordensvermögens.

Der Marschall fungierte als militärischer Befehlshaber, der Hospitalier besorgte die Leitung der Hospize und Krankenanstalten, der Drapier (ab 1539 Großkonservator) war für die Versorgung und Logistik der Ordensstreitmacht zuständig, außerdem verantwortete er die bauliche Infrastruktur. Die 1299 geschaffene Funktion des Admirals leitete die maritimen Aktivitäten und führte die aus dienstverpflichteten griechischen Inselbewohnern zusammengesetzte „*servitudo marina*". Den Küstenschutz hingegen, wozu dreißig

„Die Herrschaft der Johanniter auf Rhodos war der Scheitelpunkt ihrer weltlichen Macht“, urteilt Adam Wienand; und weiter: „Nie mehr hat der Orden seine Geschichte so selbständig lenken können wie während seines Aufenthalts auf der Insel“, als der Palast als Regierungssitz fungierte. Foto Ian Wool.

meeresnahe Seefestungen des rhodischen Ordensstaates dienten, sowie das Kommando über die leichte Ordenskavallerie hatte der „Turkopolier“ oder „Turkopilier“ inne. Der Kanzler verantwortete die Administration und den Schriftverkehr, das 1428 geschaffene Amt eines Großbailli beaufsichtigte die Verteidigung der Festung St. Peter in Halikarnassos. Ab der von Vizekanzler Guillaume Caoursin 1489 kompilierten Neufassung der Statuten führten alle Amtsträger analog zur 1267 für das Meisteramt verliehenen Betitelung das Präfix „Groß-“.

In der Zusammensetzung der Ordensregierung findet die auf die geographische Herkunft der Ordensmitglieder abstellende Gliederung im 1301 eingeführten System der landsmannschaftlichen „*Nationes*“ oder „Zungen“ (Langues) ihre Entsprechung. Dabei umfasste die Deutsche Zunge sämtliche Gebiete des Heiligen Römischen Reiches, also auch Böhmen und Österreich, während sich die Englische auch auf Schottland und Irland erstreckte. Das sprachlich-territoriale Ordnungsprinzip umfasste mit den beiden bereits Genannten und der Französischen, der Italienischen und der Spanischen so-

Die südwestliche Ecke des Innenhofes. Das heutige Aussehen ist einer Rekonstruktion der Zwischenkriegszeit geschuldet, die von italienischen Architekten umgesetzt wurde. Deutlich wird dies etwa in der eingezogenen Loggia, deren Bogenstellungen dem Innenhof des Ordenshospitals nachempfunden sind. Foto Sue Martin.

Reliefstein in St. Peter mit dem gevierten Wappen des 41. Großmeisters, Emery d'Amboise, und der an die Antiphon zum „Nunc dimittis" und Psalm 121 angelehnten Inschrift: SALVA NOS DOMINE VIGILANTES CUSTODI NOS DORMIENTES. NISI DOMINUS CUSTODIERIT CIVITATEM FRUSTRA VIGILAT QUI CUSTODIT EAM. (Sei unser Heil, o Herr, wenn wir wachen, und unser Schutz, wenn wir schlafen. Wenn der Herr nicht die Gemeinde behütet, wären jene, die sie beschützen, vergebens auf Posten). Foto Isa Özdere.

Der Großmeisterpalast ist zwischen 1319 und 1346 an Stelle einer byzantinischen Festung aus dem 8. Jahrhundert am höchsten Punkt der Stadt über dem Hafen errichtet worden und ist nicht allein Repräsentationsbau, sondern Bestandteil der rund vier Kilometer langen Stadtmauern.

Die Ordensfestung St. Peter oder „Petronion“ in Halikarnassos (heute Bodrum) an der Küste Kleinasiens. Mit dem Erwerb der Anlage war die Zuerkennung der Funktion des Großbaillis für die Deutsche Zunge verbunden. Foto Dmytri Chulov.

wie jenen der Provence und der Auvergne ursprünglich sieben Zungen, womit die französische Dominanz im Orden einzementiert wurde. Die Ämter der Ordensregierung waren traditionell mit den Zungen verbunden: Die Provence stellte den Komtur, die Auvergne den Marschall und Frankreich den Hospitalier. Italien verantwortete die maritimen Aktivitäten, Deutschland mit dem Großbailli die Befestigungen, England mit dem „Turkopolier" die Hilfstruppen. Von den iberischen Zungen war Aragon für den Drapier und Kastilien für das Kanzleramt zuständig. Lediglich für das Amt des Konventpriors war keine feste Bindung an eine Zunge vorgesehen.

Die regionale Herkunft der Ritterbrüder, für die seit 1262 ein – schon seit Beginn *de facto* geltendes – statutarisch verankertes Adelserfordernis galt, bildete sich auch im Grundriss der Inselhauptstadt Rhodos ab. Die Brüder des Konvents lebten nicht mehr unter einem gemeinschaftlichen Dach, sondern in den Palästen ihrer jeweiligen Zunge, „Auberges" genannt, die mit dem „*Collachium*" einen eigenen Bezirk nahe dem Hafen im Norden der Altstadt bildeten. Hauptachse dieses Stadtbereichs bildete die Ritterstraße, die über einer antiken Trasse angelegt wurde und das Hospital mit der ab 1310 errichteten Ordenskirche St. Johannes verband. Hinter den erhalten gebliebenen,

Die Ostwand ist von gotischen Fenstergewänden rhythmisiert, hinter denen sich die ehemalige Kanzlei des Ordens befand. Neben einer Kapelle gab es im Gebäude Versammlungsräume für das Generalkapitel und die Sitzungen des Ordenskonvents, ein Refektorium und die Wohnräume des Großmeisters.
Foto Lilyana Vynogradova.

Großmeister Pierre d'Aubusson mit den „Piliers", den Vorstehern der acht Zungen des Ordens im Großmeisterpalast. Buchmalerei des französischen Meisters des Kardinals von Bourbon aus einer Ausgabe von Caoursins „Gestorum Rhodiae obsidionis commentarii", um 1483. Bibliothèque nationale de France, Paris.

Darstellung der Investitur eines Ordensmitglieds, möglicherweise in der gotischen Ordenskirche auf Rhodos, die mit osmanischen Beutestücken ausgeschmückt ist. Kupferstich von Jan Luyken, 1681. Rijksmuseum Amsterdam.

in schmucklos-strenger Gotik errichteten Fassaden mit Spitzbogenportalen, Wappenschmuck und Zinnenbekrönung öffneten sich begrünte Arkadenhöfe und ummauerte Gärten.

Jedes dieser Nationenhäuser verfügte zudem über eine eigene Kapelle. Das weitläufigste Gebäude ist die Auberge der französischen Ritter, gefolgt von jener der italienischen Johanniter. Gegenüber angeordnet sind die Paläste der Spanier und der Provence. Die Herbergen der Auvergne und jene der englischen Zunge waren direkt am Hafen situiert. Die Niederlassung der deutschsprachigen Ritter konnte von der Forschung lange nicht identifiziert werden. Dem – kürzlich verstorbenen – österreichischen Ordenshistoriker und Großkreuzritter Robert L. Dauber ist nach intensivem Urkundenstudium 1998 deren Lokalisierung neben dem englischen Ritterhaus gelungen. Dauber schreibt aber auch, dass es sich bei den deutschen Ordensangehörigen um die „kleinste und ärmste" Zunge auf der Insel gehandelt habe.

Lediglich die Priesterbrüder hielten in einem eigenen Konventsgebäude nahe der Ordenskirche die räumliche „*vita communis*" aufrecht.

Mit den Pflichten eines souveränen Landesherrn, der zudem Repräsentanzen an europäischen und orientalischen Residenzen unterhielt, war eine

Die Ordenskirche befand sich ursprünglich neben dem Großmeisterpalast und wurde durch eine Pulverexplosion 1856 dem Erdboden gleichgemacht. Die nach Plänen eines Florentiner Baumeisters errichtete dreischiffige Basilika wurde 1925 detailgetreu rekonstruiert. Foto Nikolay Korzhov.

entsprechende Hofhaltung verbunden, als deren Schauplatz der Großmeisterpalast diente, der am höchsten Punkt der Stadt erbaut worden war. Die Ritter bezogen eine aus dem 8. Jahrhundert stammende Festungsanlage in den trutzigen Bau ein, der nach einer Pulverexplosion 1856, die auch die Ordenskirche bis auf die Grundmauern zerstörte, in den Jahren der Zwischenkriegszeit von italienischen Architekten in weitgehend freier Rekonstruktion wiederaufgebaut wurde.

Der südlich des ummauerten Ritterbezirks gelegene Bereich wurde als „*Burgus*" oder „Ville" bezeichnet. Neben den griechischen Bewohnern hatten sich hier Händler vornehmlich aus italienischen Hafenstädten, Geldverleiher und -wechsler, Reeder, Schiffsausrüster, Handwerker und Söldner aus ganz Europa niedergelassen. Im Ostteil bestand ein eigenes jüdisches Viertel, dessen Ärzte im Ordenshospital gefragte Ratgeber und Mitarbeiter waren. Als Haupthandelsplatz diente die „Place" im Mittelpunkt der „Ville". Umgeben war die Altstadt von einem mehrfachen Mauerring, der die Hafenanlagen und die Galeerenwerft einschloss. Wehrtürme, Basteien und unüberwindliche Gräben machten die Inselhauptstadt zu einer der stärksten Festungen Europas.

Die Ritterstraße gilt als europaweit einziges aus dem 16. Jahrhundert erhalten gebliebenes Straßenensemble und war für die Zuerkennung des UNESCO-Welterbestatus ein wesentlicher Faktor. An der Hauptstraße des „Burgus" waren die Häuser der einzelnen Ordenszungen situiert. Foto Sue Martin.

Rund um die Befestigungswerke dehnten sich die Gärten von Rhodos als freies Schussfeld aus und dienten in Friedenszeiten der Versorgung mit Lebensmitteln. 1465 teilte der 38. Großmeister, Piero Raimondo Zacosta, den Mauerring in acht Abschnitte, entsprechend der Anzahl der Zungen, die durch Teilung der Spanischen Zunge in eine Kastilische und eine Aragonesische 1462 auf acht angestiegen war. Im Falle einer feindlichen Belagerung waren die Sektoren von den Rittern jeweils einer Zunge zu verteidigen. Damit wollte man Verständigungsschwierigkeiten innerhalb der polyglotten Ordensgemeinschaft von vornherein ausschließen.

Der britische Historiker Henry J. A. Sire – er war seit 2001 Mitglied des Malteserordens, wurde aber wegen seines 2015 veröffentlichten, überaus kirchenkritischen Buches „Phoenix from the Ashes" und seines 2017 unter dem Pseudonym „Marcantonio Colonna" erschienenen, den Heiligen Vater massiv angreifenden Buches „The Dictator Pope" im Oktober 2018 aus dem Orden ausgeschlossen – hat in seiner Studie zum Orden den Konvent auf Rhodos in Hinblick auf seine Provenienz analysiert. Zahlen liegen erstmals

Die Dreifaltigkeitskapelle mit markantem gotischem Baldachinerker wurde vermutlich unter Großmeister Raymond Bérenger vor 1374 fertiggestellt. Foto Marek Kačír.

für 1302 vor, als achtzig Ritter auf der Insel stationiert waren, und enden 1522 bei 311 Ritterbrüdern. Der Anteil der Mitglieder der französischsprachigen Zungen (drei von sieben bzw. später acht) lag dabei zwischen 42 und 51 Prozent. Etwa zur selben Zeit bürgerte sich die theologische Gleichsetzung der acht Spitzen des Ordenskreuzes mit den Seligpreisungen der Bergpredigt ein. Seit dem späten 19. Jahrhundert wirkmächtig ist auch die Deutung des Ordenszeichens als Erinnerung an das achtfache Elend der Welt – das sind Krankheit, Verlassenheit, Heimatlosigkeit, Hunger, Lieblosigkeit, Schuld, Gleichgültigkeit und Unglaube.

Die Aufnahme von Brüdern lag im Wesentlichen in den Händen der lokalen Funktionäre, von der Ebene der Prioren bis zu den Vorstehern der Ordenskommenden, doch durften neue Brüder nur nach grundsätzlicher Erlaubnis von Großmeister und Rat aufgenommen werden. Der Eintritt in den Orden war mit den Gelübden von Keuschheit, Gehorsam und Armut verknüpft. Das Postulat der Besitzlosigkeit wurde als Leben „*sine proprio, non cum paupertate*" ausgelegt, wonach es keinen individuellen Besitz, aber auch keine Entbehrung

Die 1495 vollendete Herberge der französischen Ritter im ausgehenden 19. Jahrhundert mit in osmanischer Zeit eingesetzten Holzbalkonen, fotografiert von Félix Bonfils. Victoria & Albert Museum, London.

geben und das Vermögen des Eingetretenen erst nach dessen Ableben dem Orden zufallen sollte. Bereits bei der Aufnahme waren die „Droits de passage de Chancellerie" zu leisten, eine Aufnahmegebühr, die an die Kosten der Überfahrt der Pilger ins Heilige Land erinnern sollte. Danach folgte ein zweijähriges Noviziat, das zur Hälfte auf einer der Ordensgaleeren abzuleisten war.

Die Priorate stellten die regionale Verwaltungsstruktur der Ordensgüter in Europa dar. Diese Einheiten wurden dem Namen nach von den dem Professenstand angehörigen Prioren geführt, doch war deren Leitungsgewalt auf die spirituellen Belange beschränkt. Ihre Entwicklung setzte mit dem 1113 erstmals genannten Priorat St. Gilles ein, im 15. Jahrhundert existierten daneben folgende Priorate: Aragon, Aquitanien, Auvergne, Barletta, Böhmen, Capua, Champagne, das als „Dacia" bezeichnete Nordeuropa, Deutschland, England, Frankreich, Irland, Kastilien-Léon, Katalonien, Lombardei, Messina, Navarra, Pisa, Portugal, Rom, Toulouse, Ungarn und Venedig. Um für die Funktion als Prior in Frage zu kommen, war eine mindestens fünfzehnjährige Ordenszugehörigkeit des Ritters, davon ein mindestens fünfjähriger Aufenthalt auf Rhodos zwingende Voraussetzung.

Die Priorate ihrerseits wurden Anfang des 14. Jahrhunderts zu Großprioraten aggregiert und damit eine zusätzliche Hierarchieebene eingezogen. Ihren Hintergrund hatte diese Notwendigkeit im Anfall der umfangreichen Templerbesitzungen, die administrativ abgebildet werden mussten. Die Leitung dieser Einheiten lag in den Händen von Ritterbrüdern, die den Titel eines Großpriors führten. Einmal jährlich waren die Komture des jeweiligen Amtsbereichs zu einem Provinzialkapitel zu laden, wo lokale Themen besprochen und die an den „commun tesoro" abzuführenden, als „Responsionen" bezeichneten Zahlungen eingehoben wurden.

Neben dieser regional definierten Leitungsstruktur bildete sich eine flexiblere Gruppe von Amtsträgern aus: Konnte ein Komtur mehrere Kommenden an sich bringen, so avancierte er zum „Bailli", und seine Kommenden bildeten eine Ballei. Damit wurden relativ autonome Einflussbereiche geschaffen, die je nach Größe und materieller Dotation durchaus an Großpriorate heranreichen konnten. Jedenfalls übte der Bailli innerhalb seiner kumulierten Ordenshäuser dieselbe Leitungsgewalt wie ein Großprior aus, womit eine Fülle von Konflikten vorprogrammiert war.

Die Kommenden stellten die kleinsten Zellen im Ordensgefüge dar. Hier lebten Ritter, Priester und dienende Brüder in einem gemeinsamen Konvent.

Ein Mindestmaß von vier Priestern, die einem Prior untergeordnet waren, war für die Seelsorge vorgesehen. Daneben existierten auch Priesterkommenden, deren Stärke aus zwischen zehn und zwanzig Konventualen bestehen konnte – die in der Pfarrseelsorge eingesetzten Vikare nicht mitgezählt. Um in der Ordenshierarchie aufzusteigen, hatten sich die Brüder der „Karawane" zu stellen, die auch für Priester verbindlich war. Dieser Dienst, der auf einem Schiff, dem Kastell St. Peter in Bodrum oder auf Kos zu leisten war, dauerte etwa ein Jahr.

Die auf Rhodos entwickelte Ordensorganisation blieb in ihren Grundzügen bis zum Ende der Territorialherrschaft auf Malta 1798 mehr oder weniger unverändert aufrecht. Manche der Bestimmungen wurden den geänderten Rahmenbedingungen immer wieder angepasst und sind so selbst im 21. Jahrhundert noch von Aktualität und Relevanz.

5.
„Die sant Johannesaere ich waen sie heizen Spitalaere haben ein hus" – DER ORDEN VERBREITET SICH IN MITTELEUROPA

Mit der päpstlichen Übertragung der außerhalb Frankreichs gelegenen Besitzungen der Templer, deren tatsächliche Freigabe mit den einzelnen Landesherren hart erkämpft werden musste, hatten die Johanniter im Verlauf des 14. Jahrhunderts ihre größte territoriale Ausdehnung in Europa erreicht. Parallel dazu hatte sich die ordensinterne Verwaltungseinheit der Kommende voll ausgebildet, die unter der Leitung eines Kommendators (im deutschsprachigen Bereich: Komtur) die wirtschaftlich-spirituelle Primärstufe der Ordensorganisation darstellte.

Die Rechtfertigung für die Übertragung des Templerbesitzes, der in Mitteleuropa allerdings nur eine untergeordnete Rolle spielte, lag darin, dass sich zu diesem Zeitpunkt die Rhodier bereits als engagierte und tatkräftige Organisation bewährt hatten. Im 12. und 13. Jahrhundert hatten sich die Brüder im Zeichen des weißen Kreuzes im Wege- und Pilgerschutz verdient gemacht, hatten sich bei der Erschließung unbewohnter Gebiete im Rahmen der Rodungs- und Kolonisationstätigkeit als durchsetzungsfähig erwiesen und sich in den schnell wachsenden Städten um militärische und medizinische Aufgaben gekümmert. Ein engmaschiges Netz an Ordenskirchen gewährleistete eine flächendeckende Seelsorge.

Die ersten Stiftungen der Johanniter in Zentraleuropa illustrieren auf Grund ihrer Motivation und der ihnen übertragenen Aufgaben sehr deutlich die breiten und vielgestaltigen Handlungsräume, in denen sich die Wirksamkeit der Ordensgemeinschaft entfaltete. Als älteste Niederlassung im

Schloss Mailberg im niederösterreichischen Weinviertel ist die älteste durchgängig in Ordensbesitz stehende Kommende. Kupferstich von Georg Matthäus Vischer aus der „Topographia Archiducatus Austriae Inferioris Modernae“, 1672.

Blick auf die im Kern aus dem 12. Jahrhundert stammende Mailberger Johanneskirche mit geradem Chorschluss. Der in der Bildmitte sichtbare Turmstumpf stammt aus dem Jahr 1795. Foto Richard Semik.

Die um einen weiten Innenhof gruppierten Bauten der Mailberger Kommende mit der integrierten Pfarrkirche liegen auf einer Anhöhe über dem Ortszentrum der gleichnamigen Weinbaugemeinde.

Ordensaufnahme 2011 in Mailberg. Zelebrant Ehren-Konventualkaplan Abt Gregor Henckel von Donnersmarck OCist beim Auszug aus der Kirche.
Fotos Großpriorat von Österreich.

Im ersten Viertel des 13. Jahrhunderts ist in der Wiener Kärntnerstraße bzw. im Bereich der Johannesgasse eine Ordenskommende mit Kapelle entstanden. Der einschiffige und dreijochige gotische Innenraum wird durch eine Empore abgeschlossen, die mit rund vierzig Aufschwörtafeln mit den Wappen der Wiener Kommendatoren verziert ist.

deutschsprachigen Raum gilt das zwischen 1130 und 1140 gegründete und bis etwa 1300 aktive Johanniter-Hospiz in Spital am Hartberg am südlichen Ausgang der Wechselroute.

1146 vermachte der niederösterreichische Adelige Chadolt der Ältere von Zogelsdorf der johannitischen Gemeinschaft seine Besitzungen in Mailberg, bevor er sich in Begleitung Markgraf Heinrichs II. auf den Zweiten Kreuzzug ins Heilige Land begab. Das nach dem Leitnamen „Chadolt" bezeichnete Weinviertler Landherrengeschlecht der Seefeld-Feldsberger ist bis ins 13. Jahrhundert nachweisbar und zählte sich zum (mediatisierten) Hochadel. Die testamentarische Verfügung führte zu langwierigen Erbstreitigkeiten mit Chadolts Nachkommen unter Involvierung Herzog Heinrichs II., genannt „Jasomirgott", deren gütliche Regelung Kaiser Friedrich I. Barbarossa am 11. September 1156 zu Gunsten der Johanniter beurkundete.

Links: Das Gemälde des zu Beginn des 19. Jahrhunderts im Empirestil errichteten Hochaltars wurde 1730 von Johann Georg Schmidt, dem „Wiener Schmidt", gemalt und stellt die Taufe Jesu durch Johannes den Täufer dar. Foto Großpriorat von Österreich. Rechts: Dem im letzten Viertel des 14. Jahrhunderts vollendeten Kirchenbau wurde 1806 eine Empirefassade nach Entwürfen aus dem Umfeld Louis von Montoyers vorgeblendet. Foto Inna Felker.

Durch weitere Zuwendungen, wie eine Waldschenkung Konrad von Raabs von 1175, wurde die materielle Basis bald wesentlich verbreitert. Päpstlicherseits erfolgte die Kenntnisnahme des Ordensbesitzes am 19. Oktober 1207. Papst Innozenz III. bestätigte den Johannitern „*domum et villam in Mouberc cum campis silvis et vineis*", die dem Hl. Johannes dem Täufer geweihte Kirche mit ihren Pfarrdörfern Großkadolz und einigen heute nicht mehr bestehenden Siedlungen. Im 14. Jahrhundert zählten zum Umfang der Kommende neben Mailberg mit Konvent, Pfarrkirche und Kunigundenkapelle die im Grenzgebiet zu Südmähren gelegenen Ordenspfarren Hohenau, Rabensburg, Walkenstein bei Sigmundsherberg, Münichschlag (Mnich bei Nová Bystřice, Tschechien), Erdberg (Hrádek u Znojma, Tschechien), Spital bei Weitra samt Hospiz sowie ein weiteres Hospital in Enns. Bis 1324 war die Kommende Pribitz (Přibice, Tschechien) inkorporiert.

Später ging diese in die Obhut der 1238 gestifteten Kommende in Brünn (Brno, Tschechien) über.

In Wien haben sich die Johanniter zwischen 1207 und 1217 ansässig gemacht. 1258 wird das Pilgerhaus im Nahbereich der nach Süden führenden heutigen Kärntner Straße als „*domus sancti Johannis in hospitali*" erwähnt. Im selben Jahr wurde mit dem Bau der gotischen Ordenskirche begonnen, die zum Ende des Jahrhunderts als Sitz der „Prueder des Ordens von Sand Johans" bezeichnet wurde. Trotz der Nennung von Komturen in Wien blieb der Ordenssitz in der Johannesgasse weiterhin von Mailberg abhängig, ebenso wie die zwischen 1272 und 1275 gegründete Kommende Unterlaa. Diese wurde dem Orden von dem 1287 in Akkon gestorbenen Wiener Ritterbürger und Stadtrichter Paltram vor dem Freithof vermacht. Für die beiden im heutigen Wiener Stadtgebiet gelegenen Besitzkomplexe nennen Walther Brauneis und Richard Perger folgende Aufgabenbereiche: den Unterhalt von Ordensbrüdern sowohl dienenden, ritterlichen wie geistlichen Standes, die Verköstigung der Armen und Pilger sowie die Ausrüstung von Kreuzfahrern. Für jedes dieser Kontingente war eine bestimmte Kopfzahl

Ebenfurth gelangte 1268 ebenso wie Mailberg durch die Herren von Feldsberg-Seefeld an den Johanniterorden. Die heute erhaltene Komturei neben der bis 1748 als Patronatskirche geführten Pfarrkirche (Mitte) wurde in der zweiten Hälfte des 16. Jahrhunderts errichtet. Kupferstich von Georg Matthäus Vischer, 1672.

Links: Zwischen 1272 und 1277 entstand im Südosten Wiens die Kommende Unterlaa. Der Kirchenbau folgt einer wahrscheinlich in römische Zeit zurückgehenden Kulttradition. Das baulich verbundene Hospiz, dessen Grundmauern im Vordergrund sichtbar sind, wurde vermutlich 1465 zerstört. Foto Großpriorat von Österreich.
Rechts: Die romanische St.-Johann-Kirche der in Südtirol gelegenen Kommende Taufers im Münstertal, die Anfang des 13. Jahrhunderts um ein Hospiz erweitert wurde. Foto Alberto Masnovo.

festgelegt. Eine umfangreichere hospitalische Tätigkeit der Johanniter in Wien wird von Gerhart Feucht, dem inzwischen verstorbenen ehemaligen Archivar des Großpriorates von Österreich, als nicht nachweisbar in Frage gestellt.

In organisatorischer Abhängigkeit waren zusätzlich die Kommenden Ebenfurth an der Leitha, 1268 auf Seefeld-Feldsberger Besitzungen gegründet, und Stroheim bei Eferding in Oberösterreich, die Mailberg als „*membra*“ unterstellt waren. Unter dem „Mailberger Meister“ als Provinzoberem agierte die Kommende im oststeirischen Fürstenfeld. Die Johanniter wurden erstmals 1197 in einer Urkunde genannt, als Erzbischof Adalbert von Salzburg die von ihm geweihte Kirche zu Übersbach südlich von Fürstenfeld den Johannitern übergab und Herrand von Wildon ihnen das Patronatsrecht der Kirche mit dem Zehent von neun Ortschaften überließ.

Maria Pulst bei Liebenfels im Glantal, eine Schenkung Herzog Ulrichs III. von Kärnten, ist seit 1263 Ordenspfarre. Ansicht der gotischen Kirche und des Karners.
Foto Großpriorat von Österreich.

Nach 1200 bildete sich auch im heute eingemeindeten Melling (Melje) bei Marburg (Maribor, Slowenien) eine Kommende. Maria Pulst bei Liebenfels (Bezirk St. Veit) in Kärnten, das in dem diesem Abschnitt vorangestellten Zitat aus der steirischen Reimchronik des Otachar oûz der Geul angesprochen wird, war ursprünglich eine Eigenkirche Herzog Ulrichs III. von Spanheim, der das Patronatsrecht der Kirche 1263 den Johannitern schenkte und damit die Keimzelle für die bis heute bestehende Ordenspfarre und den Besitz in Kärnten legte. Mit Mailberg und Fürstenfeld kam Pulst die Landstandschaft zu.

Diesen Status hatten in der gefürsteten Grafschaft Tirol auch die Komture von Taufers (Tubre) und Tarsch (Tarres), die auf Grund ihrer Lage südlich des Alpenhauptkamms allerdings zum Priorat von Venedig gezählt wurden und in geistlicher Hinsicht zum Bistum Chur gehörten. In Taufers setzte der Orden ab dem frühen 13. Jahrhundert die Tradition eines im 9. Jahrhundert gegründeten Benediktinerklosters fort. Die doppelgeschossige Johanneskirche mit reichem Freskenschmuck ist eines der bedeutendsten romanischen

Blick auf die Gemeinde Tarsch mit der außerhalb des Siedlungskerns an einem Bergsturz situierten Gruppe der romanischen St.-Johann-Kirche und dem ehemaligen Ordenshospiz. Foto Siegbert Feistle.

Baudenkmäler des Vinschgau. Durch Schenkung gelangte das naheliegende Tarscher St.-Medardus-Hospiz an der Stelle eines alten Quellheiligtums am Weg zum Reschenpass zwischen 1218 und 1228 an die Ritter. Die romanische Anlage wird letztmalig 1821 mit dem Orden in Verbindung gebracht. Ab 1218 betreuten die Johanniter zudem ein Pilgerhaus in der Nachbargemeinde Latsch (Laces), das aber abbrannte und 1334/37 durch Heinrich von Annenberg neu gegründet wurde. Noch im 13. Jahrhundert gelangte die 1782 im Zuge der josephinischen Religionspolitik aufgelassene Kirche St. Antonius im Weinberg oberhalb des Latscher Ortsteils Goldrain (Coldrano) an die Johanniter. Vorübergehend verfügten die Ritter ebenso in Trient (Trento) über ein eigenes Ordenshaus.

Zur gleichen Zeit wie in Südtirol fasste der Orden auch in Vorarlberg Fuß. Graf Hugo I. von Montfort stiftete 1218 mit einer im Beisein Kaiser Friedrichs II. in Ulm ausgestellten Urkunde eine Kommende in seiner Eigengründung Feldkirch, die zur deutschen Ordensprovinz gezählt wurde und bis 1610 beim Orden verblieb, ehe sie an das schwäbische Benediktinerkloster Weingarten

1218 richtete Stadtgründer Hugo I. von Montfort in Feldkirch ein Johanniterhospiz auf. Bis 1610 bildete die Ordenskirche den Mittelpunkt eines ausgedehnten Besitzkomplexes, der sich entlang der Straße über den Arlberg konzentrierte.

kam und als Priorat dieses Klosters weitergeführt wurde. Zum übertragenen Besitz gehörte eine Kapelle im Mariental, die der Orden mit der Verpflichtung erhielt, eine Unterkunft für die Überquerung des Arlbergs bereitzustellen. Im 14. Jahrhundert erschloss der Orden mit einem dichten Netz an Hospizen den Passübergang nach Tirol, wovon Toponyme wie „Klostertal", „Klösterle" oder „Stuben" – nach einer dem Orden gehörenden Wirtsstube – bis heute Zeugnis ablegen.

Ein Urbar von 1529 zählt fünfundvierzig Orte auf, in denen die Johanniterherrschaft Mailberg Abgaben einhob oder über Untertanen verfügte. Die Administration der Güter oblag dem „Hubmeister" der Kommende, der die Zinse entgegennahm und in der Ordenshierarchie als „Responsionen" nach oben weiterleitete. Die in der päpstlichen Bestätigung 1207 angesprochenen Weinberge wurden unter der Aufsicht des „Kelners" bewirtschaftet. Der Weinbau war für die mittelalterliche Krankenpflege, der sich der Ritterorden in Europa und der Levante widmete, unverzichtbar und wurde auch in der Kommende Melling betrieben.

Bei der Moldaufurt unterhalb des Prager Burgbergs bildete die Kommende bei der Kirche Hl. Maria „unter der Kette" ein Zentrum der Stadtentwicklung in der böhmischen Landeshauptstadt.

Ebenfalls von Bedeutung für den Orden waren Patronats- und Präsentationsrechte in verschiedenen Pfarren. Die Lage im niederösterreichisch-mährischen Grenzgebiet machte die Kommende immer wieder zum Aufmarschgebiet militärischer Großereignisse. 1336 fiel Johann von Böhmen mit 20.000 Fußsoldaten und 2000 Berittenen ins Pulkautal ein. Mailberg wurde überrannt und vorübergehend mit einer Besatzung belegt. 1402 hauste der Söldnerführer Johann von Lamberg auf den Besitzungen des Ordens, die ab 1425 unter den Hussiten neuerlich schwer in Mitleidenschaft gezogen wurden.

In einem ganz anderen Umfeld vollzog sich die Entstehung der zweiten mitteleuropäischen Keimzelle des Johanniterordens. Der böhmische König Wladislaw II. berief die Ritter an das Moldauufer unterhalb des Prager Burghügels Hradschin, von dem aus ab 1158 die steinerne Judithbrücke eine Querung des Flusses ermöglichte. Die Bewachung des Bauwerks übertrug der Přemyslide, der sich 1147 dem Zweiten Kreuzzug angeschlossen hatte, den auf den Wegeschutz spezialisierten Johannitern. Auf dem gegenüberliegenden Ufer, der „Kleinseite", siedelte später König Wenzel II. Přemysl, der Va-

ter des später im Marchfeld verbluteten Ottokar Přemysl, den „Ritterlichen Kreuzherrenorden mit dem Roten Stern" an, der aus einem 1232 gestifteten Armenhospital am Flussufer hervorgegangen war und die Verwaltung der Brücke samt der Mauteinnahmen übertragen erhielt.

Seit 1169 bestand auf der „Kleinseite" eine Kommende des Johanniterordens, aus der sich eine eigene geistliche Grundherrschaft von zuletzt fünfzig Häusern innerhalb der Stadtgrenzen entwickelte. An der dreischiffigen romanischen Kirche Hl. Maria „unter der Kette" (Kostel Panny Marie pod řetězem) wurde bis 1182 gebaut, deren ungewöhnliches Patrozinium sich von einer Kette ableitet, die über den Fluss gespannt wurde und der Zolleinhebung diente. Um den Bau machte sich aus eigenen Mitteln der königliche Kanzler und Propst des Vyšehrader Kapitels Gervasius und sein Enkel, der Protonotar Martin, verdient. Der Prior des Konvents erhielt 1301 von Papst Bonifaz VIII. das Recht des Gebrauches der Pontifikalien. Ende des 14. Jahrhunderts lebten im Prager Konvent, dem in der Zwischenzeit die böhmischen Templerbesitzungen übertragen worden waren, zwei Ritter und siebzehn Priesterbrüder, zu denen neun dienende Brüder und ein vor 1182 von Gervasius im westböhmischen Manetin (Manětín) gegründeter und 1187 an die Prager Kirche verlegter Johanniterin-

Seite 88, links: Dem Prager Priesterkonvent war eine Schwesterngemeinschaft angegliedert, die sich vor allem in der hospitalischen Komponente des Ordenslebens engagierte. Kupferstich der Schwesterntracht aus dem 19. Jahrhundert.
Seite 88, rechts: Der Eintritt in die Schwesternschaft erfolgte durch die liturgische Symbolhandlung der Übernahme des Schleiers im Rahmen der Jungfrauenweihe. Kupferstich aus dem Statutenbuch des Ordens vom 52. Großmeister, Hugues Loubenx de Verdale, von 1584.
Links: Um 1198 wird das erste Johanniterhospital im niederschlesischen Strzegom genannt. Die gewaltige Basilika St. Peter und Paul wurde im Stil der norddeutschen Backsteingotik ab dem 14. Jahrhundert errichtet. Das Kirchenpatronat verblieb bis 1810 beim Orden. Foto Oleksandr Rybitskyi.

nenkonvent kamen. Die Brüder waren in Böhmen im Bildungswesen stark engagiert, zumindest dreizehn Schulen sind 1373 auf Ordensgütern nachweisbar.

Insgesamt umfasste der Orden in Böhmen neben Prag und der 1336 durch Schenkung übertragenen und im Süden gelegenen Kommende Strakonitz (Strakonice) achtundsechzig Geistliche, die beiden Prager Ritter und 22 dienende Brüder. Mit diesen Zahlen lässt sich laut Robert L. Dauber „der für das Mittelalter im Johanniter-Orden typische, starke personelle Überhang an Geistlichen und dienenden Brüdern" klar belegen. Dies ist für die böhmische Situation insofern erstaunlich, als die Etablierung der Johanniter mit der „Herausbildung der dortigen hochmittelalterlichen Adelsschicht zusammenfällt", wie Libor Jan schreibt.

Dem Selbstverständnis der Prager Priesterkommunität hätte ein gotischer Kirchenneubau den passenden Ausdruck verleihen sollen. Das Gotteshaus mit Doppelturmfassade wuchs ab 1378 in die Höhe, blieb aber ein Torso, dessen Bauarbeiten mit den Hussitenkriegen im 15. Jahrhundert zum Erliegen kamen. Dennoch befindet sich mit der Basilika St. Peter und Paul im niederschlesischen Striegau (Strzegom, Polen) die größte Ordenskirche im historischen Großpriorat von Böhmen.

6. „NICHTS GING IN DER WELT SO GLANZVOLL VERLOREN WIE RHODOS …“

Mit dem Vordringen der Osmanen ab dem 14. Jahrhundert in Richtung Westen und zur kleinasiatischen Küste wurde das europäische Mittelmeer, das bislang laut dem Marinehistoriker Kurt Grager als katholisch-westeuropäische Gestaltungssphäre interpretiert worden war, zur Bühne der internationalen Politik.

Sultan Mehmed II., der 1453 Byzanz erobert hatte, befestigte die Dardanellen und den Bosporus, monopolisierte auf Kosten der Genuesen den Seehandel im Marmara- und Schwarzmeergebiet und legte den Grundstein zur türkischen Seemacht. Die osmanische Flotte hatte der Handelsmacht Venedig im 15. Jahrhundert wichtige Häfen und Handelsstützpunkte in der Ägäis und an der Küste Kleinasiens entrissen. Die osmanischen Verbände überraschten dabei durch ihre zunehmend selbstsichere Angriffslust und Schlagkraft.

Die Anwesenheit des Johanniterordens auf Rhodos bildete einen schmerzhaften Stachel im Fleisch der osmanischen Hegemonie im östlichen Mediterraneum. Verstärkung erhielt die christliche Präsenz durch die Gründung des Ritterordens Unserer Lieben Frau von Bethlehemdurch Papst Pius II. 1459, dem die den Osmanen entrissene Insel Lemnos (Limnos, Griechenland) in der Nordägäis überlassen worden war. 1484 wurden die zuletzt nur mehr in der Defensive agierenden Betlehemitanerritter und deren europäische Besitzungen mit dem Johanniterorden verschmolzen.

Unterdessen waren die Johanniter seit 1478 mit den ägyptischen Mamelucken ein Bündnis gegen den Sultan eingegangen. 1480 versuchte sich Mehmed II., „Fātih“, der Eroberer, mit einer gewaltigen Streitmacht an der Ein-

Die bis zu zwölf Meter hohen Befestigungsmauern rund um die Stadt Rhodos weisen eine Länge von rund vier Kilometern auf. Außerhalb des Mauerrings waren „Terrepleins" genannte Vorwerke angelegt. Foto Sergey Novikov.

nahme von Rhodos, der Inselhauptstadt, scheiterte aber nach dreimonatiger Belagerung letztlich am erbitterten Widerstand der Verteidiger unter dem 40. Großmeister, Pierre d'Aubusson. Nach Angaben des Ordensfunktionärs und -historiographen Guillaume Caoursin starben 3.500 Angreifer und weitere fünfzehntausend wurden verletzt. Der legendären Überlieferung zufolge sollen sich die osmanischen Verbände zurückgezogen haben, weil am Himmel ein goldenes Kreuz mit Maria und Johannes dem Täufer erschienen war. Das Narrativ einer Christuserscheinung bzw. Kreuzesvision stellt eine Verbindung mit der Schlacht an der Milvischen Brücke und dem Sieg des christlichen Heeres unter Kaiser Konstantin dar, wobei aber nicht vergessen werden darf, dass Visionserscheinungen seit der antiken Historiographie zu einem festen Topos gehören, den Caoursin in seine Schilderung der Belagerung Rhodos' eingebaut hat.

Seitens der Johanniter wurde das Halophänomen mit dem Gnadenbild der Jungfrau von Philermos (Filérimos) in Verbindung gebracht. Auf dem Berg südlich der Inselhauptstadt hatte sich ein aus Jerusalem stammender

Die Abwehr des Großangriffs 1480 wurde der Fürsprache der Muttergottes zugeschrieben, wie diesem Holzschnitt aus Guillaume Caoursins „Die Belagerung von Rhodos durch die Türken", Ulm 1496, zu entnehmen ist.

Einsiedler im 12. Jahrhundert eine Klause errichtet und dabei eine Muttergottesikone mit sich geführt, die vom Evangelisten Lukas stammen soll, nach Meinung von Experten aber vermutlich um 1200 im byzantinischen Raum gemalt worden ist. Rund um die erstmals 1396 schriftlich fixierte Verehrung des Temperabildes entwickelte sich ein Kloster, dessen Kirche nach dem Sieg über die Osmanen im Auftrag des 40. Großmeisters, Pierre d'Aubusson, um zwei Kapellen ergänzt wurde. Im Bedrohungsfall wurde die Ikone, die Griechen und Lateiner gleichermaßen verehrten, in die befestigte Inselhauptstadt gebracht, und bald galt das Abbild der Mutter Gottes als kostbarster Besitz des Ordens.

Der unerwartete Tod Sultan Mehmeds II. im Folgejahr der Belagerung ließ auf Grund der ungeklärten Nachfolgefrage im Osmanischen Reich ein Machtvakuum entstehen, das sich der Orden zunutze machte. Eine Schlüsselrolle spielte dabei Mehmeds jüngster Sohn Cem, der von seinem Vater bereits vor der Belagerung der Insel mit diplomatischen Missionen

Die Ikone der Jungfrau von Philermos wurde seit dem 12. Jahrhundert im befestigten Kloster in der Mitte der Insel verehrt und nimmt bis heute einen zentralen Platz in der Marienfrömmigkeit des Malteserordens ein. Sie wird heute im Nationalmuseum von Montenegro in Cetinje gezeigt.

zu den Johannitern betraut worden war. Nachdem er in den Kämpfen um die Thronfolge seinem Bruder Bayezid unterlegen war und um sein Leben fürchten musste, suchte der in lateinischen Quellen „Zizim" Genannte beim Johanniterorden um Asyl an. Der Großmeister Pierre d'Aubusson erkannte das Potenzial, das Cem mit seinen hochfliegenden Plänen bot, die Herrschaft im Osmanischen Reich doch noch an sich zu reißen. Im Sommer 1482 trafen der Thronprätendent und der zusammengeschmolzene Hofstaat in der Residenz des Großmeisters ein, wo ihnen ein spektakulärer Empfang bereitet wurde, den Guillaume Caoursin unter dem Titel *„De casu regis Zyzymy"* beschrieben hat.

Mit Billigung des Papstes informierte der 40. Großmeister, Pierre d'Aubusson, die Hohe Pforte darüber, dass sich der Bruder des Sultans nun in der Obhut des Ordens befände. Die Kosten für den Unterhalt Cems und seines Gefolges sollte Bayezid durch eine jährliche Zahlung von 45.000 venezianischen Dukaten übernehmen – Geld, das der durch die Belagerung ausgeblu-

Das von italienischen Architekten nach dem Ersten Weltkrieg rekonstruierte Klosterareal auf dem Berg Philermos mit dem Kirchturm, in dessen Mauerwerk ein weithin sichtbares Ordenskreuz eingelassen ist. Foto Olga Lipatova.

tete „commun tesoro“ dringend benötigte. Dafür sicherte d'Aubusson dem Sultan zu, er werde persönlich dafür sorgen, dass Cem keinen weiteren Krieg gegen seinen Bruder vom Zaun brechen würde. Cem wiederum sicherte den christlichen Fürsten Europas jegliches Entgegenkommen und die Rückgabe vormals christlicher Territorien zu, wenn sie ihn bei seinem Kampf um die Herrschaft im Osmanischen Reich unterstützen würden. Zu den verwegensten Tagträumen gehörte bald die Idee, mit Cems Hilfe die Herrschaft auf dem Gebiet der alten Kreuzfahrerstaaten in Syrien und Palästina wieder errichten zu können.

Da man im Großmeisterpalast osmanische Vergeltungsschläge befürchtete, wurde die wertvolle Geisel noch 1482 auf Ordensbesitzungen in Frankreich gebracht. Nach langwierigen Verhandlungen lieferten die Johanniter Cem an Papst Innozenz VIII. aus, der im Gegenzug am 9. März 1489 Pierre d'Aubusson und den ihm nachfolgenden Großmeistern der Johanniter den Titel und die Anrede eines Kardinals mit „Eminenz“ verlieh. Am 29. Juni, dem Festtag von Peter und Paul, wurde die symbolische Übergabe des roten Kardinalshutes durch einen päpstlichen Legaten in der Ordenskirche der Inselhauptstadt vollzogen.

Das Ableben Mehmeds und das aktive Eingreifen des Ordens in Fragen der Thronfolge am osmanischen Hof lösten den zwischen den Johannitern und der Hohen Pforte schwelenden Konflikt nicht, sie verlagerten ihn nur auf einen unbestimmten Zeitpunkt der Zukunft. Die Ordensritter nutzten den Mittelzufluss aus Istanbul und die Atempause für den Wiederaufbau der Befestigungen und eine Blüte des Ordenslebens. Der Konflikt schwelte in-

An das nördliche Seitenschiff der Klosterkirche ließ der 40. Großmeister, Pierre d'Aubusson, einen Kapellenkranz anbauen, in dem das Gnadenbild ursprünglich aufbewahrt wurde. Foto Panagiotis Karapanagiotis.

dessen auf kleiner Flamme weiter. Nach 1500 setzten wieder Übergriffe auf Inseldörfer ein, deren Bevölkerung verschleppt wurde. Der 41. Großmeister, Emery d'Amboise, der dem 1503 verstorbenen Pierre d'Aubusson nachgefolgt war, beantwortete diese Provokationen mit einem Kleinkrieg zur See gegen Osmanen und Mamelucken. 1507 erbeutete er mit „La Mogardine" eines der größten Schiffe der damaligen Zeit. Die Karacke befuhr die Küsten Nordafrikas und versorgte die Hafenstädte mit Seide, Gewürzen und allerlei Waren. Der Dreimaster konnte neben der Besatzung und den Gütern mehr als tausend Soldaten und hundert Kanonen zur Verteidigung tragen. Mit diesem Flaggschiff und zweiundzwanzig weiteren Schiffen der Ordensflotte stellte er 1510 vor der montenegrinischen Küste einen Verband der Mamelucken und konnte in der siegreichen Schlacht elf feindliche Segler und vier Galeeren samt einer großen Zahl an Gefangenen erbeuten.

Die Unterwerfung Ägyptens durch die Osmanen 1517 beendete die Herrschaft der Mamelucken. Damit standen die Johanniter um den 44. Großmeister, Philippe de Villiers de l'Isle d'Adam, allein dem Expansionsdrang Sultan Süleymans gegenüber. Die Ordensflotte und die Truppen im rhodischen Archipel befanden sich in ständiger Alarmbereitschaft, denn nun musste jederzeit mit einem türkischen Großangriff gerechnet werden. Am 26. Juni 1522 erschien ein Wald von Schiffsmasten vor Rhodos, der die Zufahrt in den Hafen blockierte und Landungstruppen absetzte. Der Festungsingenieur und Verteidigungskommandant Gabriele Tadino erinnerte sich in Gerhart Ellerts Johanniter-Roman: „Im Juni wurde die türkische Flotte von Mont St. Etienne aus gesichtet, und alte Leute, die sich der Belagerung vor vierzig Jahren entsannen, behaupteten, dass die Flotte diesmal doppelt so groß sei. Spione berichteten, dass Sultan Soliman, um ganz sicher zu gehen, zweimal hunderttausend Mann eingeschifft habe. Zweihunderttausend Mann gegen sechshundertfünfzig Ritter und einige tausend Mann Hilfstruppen! So hoch also schätzte uns der Sultan ein? Wir konnten stolz sein."

Zwei Tage später übernahm der Sultan persönlich das Kommando über seine Truppen, darunter mehrere Tausend der gefürchteten Janitscharen, wie angegeben wird. Ihnen gegenüber stand eine Verteidigungsmannschaft von nur wenigen Hundert Rittern und einigen Tausend Söldnern und Einheimischen. Die Mauern hielten dem osmanischen Geschützfeuer wochenlang stand, und einen Sturmangriff am 24. September konnten die Eingeschlossenen nur mit knapper Not zurückwerfen. Im Herbst wurde offensichtlich,

Der osmanische Prinz Cem, dessen Name vom Geschichtsschreiber Caoursin zu „Zyzymy“ verballhornt wurde, beim Einlaufen in den stark befestigten Hafen Rhodos.
Französische Buchmalerei des Meisters des Kardinals von Bourbon aus einer Ausgabe von Caoursins „*Gestorum Rhodiae obsidionis commentarii*“, um 1483, Bibliothèque nationale de France, Paris.

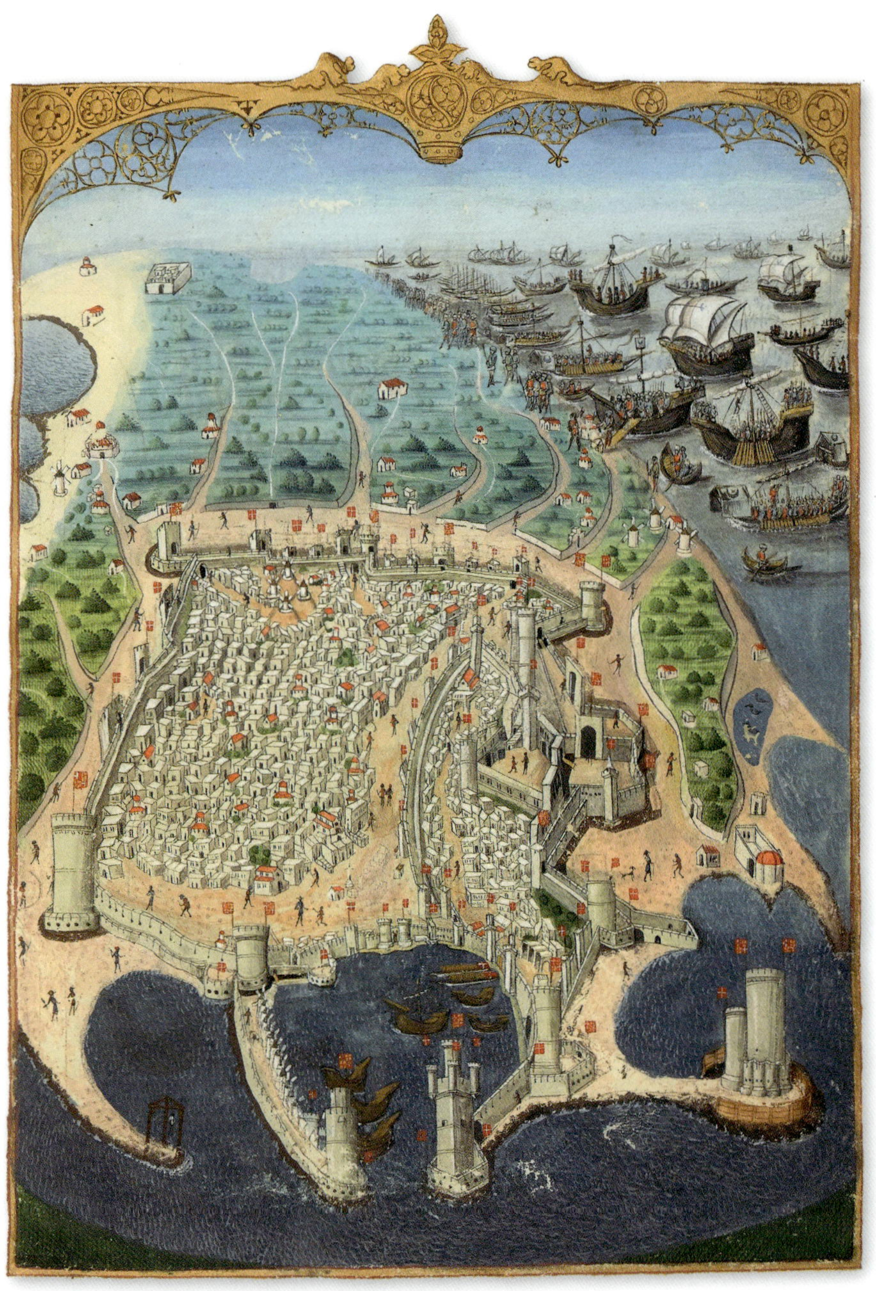

Ansicht der Stadt Rhodos von Norden, kurz vor der Landung einer osmanischen Streitmacht. Die hier dargestellte Taktik des Angriffs scheiterte 1480, führte aber 1522 zum Erfolg. Buchmalerei des Meisters des Kardinals von Bourbon in Caoursins Geschichtswerk, um 1483. Bibliothèque nationale de France, Paris.

dass trotz händeringender Appelle an die Höfe Europas ein Entsatzheer zur Befreiung Rhodos' nicht eintreffen würde. Die Moral der Ordensritter litt auch unter dem Gerücht, der Großkanzler André do Amaral habe die Positionen der Verteidiger an den Feind verraten. Amaral, der als Widersacher des 44. Großmeisters, Philippe de Villiers de l'isle-Adam, galt, wurde in einem Prozess mit den Vorwürfen konfrontiert, schwieg aber beharrlich und wurde schließlich in aller Eile hingerichtet. Obwohl auf Rhodos Vorräte für eine einjährige Belagerung vorhanden waren, schien die Situation ausweglos. Nach intensiven Verhandlungen und Konsultationen mit seinen Ordensbrüdern ging Großmeister de Villiers auf das Angebot des Sultans, der in der halbjährigen Auseinandersetzung fünfzehntausend Männer verloren hatte, zur ehrenvollen Kapitulation ein. Von Kaiser Karl V. soll der Ausruf stammen: „Nichts ging auf der Welt so glanzvoll verloren wie Rhodos".

Die Übergabe der Insel war an die Bedingung des freien Abzugs und die Zusage geknüpft, dass die Inselbevölkerung ihren christlichen Glauben auch unter osmanischer Herrschaft weiter ausüben können solle. Zu den Rittern, die sich bei der Verteidigung besonders ausgezeichnet hatten, zählten der Großbailli der Deutschen Zunge, Peter Stolz von Gaubickelsheim, und der Kastellan von Rhodos, Christoph Waldner, als Hauptmann des Verteidigungsabschnitts der Deutschen Zunge. Waldner wird 1516 an der Spitze der Kommenden von Mailberg, Wien und Unterlaa genannt und leitete als Meister von Mailberg die österreichischen Ordensniederlassungen. Er schlug einen schweren Angriff der Osmanen auf seinen Kommandoabschnitt zurück, wurde dabei aber am 17. September 1522 an der Hüfte, am Unterkiefer und der rechten Hand verwundet. Er erlag seinen Verletzungen noch vor dem Ende der Kampfhandlungen am 30. November 1522.

Der Abzug der Johanniter vollzog sich in geordneter Form und unter Mitnahme des mobilen Ordensbesitzes, darunter der Ikone vom Berg Philermos, die während der Belagerung in der Markuskirche aufbewahrt worden war, und des kostbaren Ordensarchivs. Auf der Karacke „Santa Maria" des Großmeisters wehte auf Halbmast ein Banner mit einer Darstellung der Pietà und der Devise „*Afflictis tu spes unica rebus!*" („Bei allem, was uns überkommt, bist Du die einzige Hoffnung!").

„Wir verließen die Insel am Abend des Neujahrstages des Jahres 1523, als die Ebbe einsetzte und gleichzeitig mit dem Mondaufgang ein Wind aufkam, der unsere Segel füllte. [...] Wir konnten uns in keiner Weise über die Sieger

Nach halbjährigen Kampfhandlungen und gewaltigen Verlusten kapitulierte die eingeschlossene Ordensregierung Ende 1522 nach 213 Jahren der Ordensherrschaft auf Rhodos. Kupferstich von Jan Luyken, 1689, Rijksmuseum Amsterdam

beklagen; der Sultan hatte offenbar den Befehl gegeben, uns in allem behilflich zu sein. [...] Als die große Glocke von St. Johannes zu läuten anhub und wir alle wussten, dass wir sie nie mehr hören würden – erst da war es uns, als wenn wir unser Schicksal zu begreifen anfingen“, lässt Gerhart Ellert seinen Protagonisten Gabriele Tadino wehmütig räsonieren.

7.
„Rien est plus connu que la siège de Malte" – EIN BLUTIGER NEUBEGINN

Die Vertreibung der Johanniter von Rhodos fiel in eine Zeit, in der die Ritterschaft ihren Zenith als militärischer und sozialer Faktor der europäischen Gesellschaften schon lange überschritten hatte. Die humanistische Geisteshaltung der Renaissance, die vor allem im Adel große Anziehungskraft besaß, entzog dem christlich inspirierten Ritterideal überdies seine philosophischen Grundlagen. Im Heiligen Römischen Reich griff als Folge des Reichstages zu Augsburg 1530, des letzten Versuchs Kaiser Karls V., die Kirchenspaltung in Deutschland zu verhindern, der Gedanke der Reformation um sich, der selbst vor dem Hochmeister des Deutschen Ordens nicht Halt machte und den Ordensstaat in ein weltliches Herzogtum umwandelte. Seit dem Übertritt des Kurfürsten Joachim II. von Brandenburg zur lutherischen Lehre wurde auch die Balley Brandenburg, die seit 1382 einen weitgehend autonomen Status aufgewiesen hatte, 1538 evangelisch. Auf den britischen Inseln brach mit der Gründung der anglikanischen Kirche und der Sezession von Rom 1534 die gesamte Zunge von England mit den Prioraten in England, Irland und Schottland weg.

Mit der Gründung des englischen Hosenbandordens oder des burgundischen Ordens vom Goldenen Vlies wurde das Institut des Ritterordens mit neuem politischen Gehalt gefüllt. Das bisherige Konzept einer primär religiös gebundenen, supranationalen Bruderschaftsidee wurde säkularisiert und durch eine politische Bindung an den Landesherrn abgelöst. Damit schlug bereits im 15. Jahrhundert die Geburtsstunde der höfischen, dynastischen Ritterorden, die sich zur Untermauerung ihrer Legitimitätsansprüche aber gerne antiker Vorbilder bedienten, wie der 1430 von Herzog Philipp von Burgund gegründete Orden vom Goldenen Vlies, der die Jasonsage zum Inhalt seiner Symbolik machte und sich unter den Schutz des Apostels und Märtyrers Andreas stellte.

Mit einer scheinbar aus der Zeit gefallenen Gruppe wie dem Johanniterorden mit seiner komplexen, auf Ausgeglichenheit zwischen den einzelnen Zungen und zugleich größtmögliche Autonomie abzielenden Struktur wusste man an Europas Höfen wenig anzufangen. Ein Wanderdasein drohte zum Dauerzustand zu werden. Der 44. Großmeister, Philippe de Villiers de l'Isle Adam, wurde im November 1523 zum Guardian eines Konklaves ernannt, aus dem der Ordensritter und vormalige Prior von Capua, Giulio de' Medici, als Papst Clemens VII. hervorging. Nach Aufenthalten auf Kreta und im sizilianischen Messina erhielt der Konvent für beinahe vier Jahre das im Kirchenstaat gelegene Viterbo mit dem Hafen Cittàvecchia als Exil zugewiesen.

Auf diesen unterschiedlichen Stationen begleiteten den Orden politische Verwerfungen in Italien, die mit der Seerepublik Venedig zu tun hatten, die sich in einer ähnlichen Situation wie die Johanniter befand. Allerdings verhinderte ein Friedensvertrag zwischen der Hohen Pforte und dem Dogenpalast eine Partnerschaft, die zur Wiedereroberung Rhodos hätte führen

Der 44. Großmeister, Philippe de Villiers d'Adam, dessen Wappen dieser Statutenausgabe von 1534 vorangestellt ist, moderierte die großen Umbrüche der ersten Hälfte des 16. Jahrhunderts.

Die Kirche der hll. Faustino und Giovita in Viterbo wurde um 1200 errichtet und diente zwischen 1523 und 1527 als Ordenskirche, woran bis heute die Malteserkreuze an den Portalen erinnern.

Die Belehnungsurkunde Kaiser Karls V. mit den Inseln Malta, Gozo und Comino wurde am 24. März 1530 nach Ablegung des Lehenseides gegenüber dem Vizekönig von Sizilien in Syracusa dem Orden übergeben.

können. Venedig engagierte sich dafür auf der Apenninhalbinsel und stellte sich 1521 bis 1522 und noch einmal 1524 mit Unterstützung König Franz I. von Frankreich gegen den Papst Clemens VII. und Karl V., den König von Spanien und seit 1519 Kaiser des Heiligen Römischen Reiches Deutscher Nationen. Diese Allianz konnte den Vormarsch der spanischen Einflusssphäre aber nicht aufhalten. Der Habsburger hatte schon acht Jahre zuvor am Schicksal des Johanniterordens zumindest verbalen Anteil genommen und war wie kein anderer europäischer Monarch von der osmanischen Herausforderung bedroht: 1526 rissen die Osmanen Ungarn an sich, und 1529 standen die Truppen Süleymans vor den Toren Wiens.

Mit seiner im März 1530 vollzogenen Unterschrift unter die Lehensurkunde für die auf halbem Weg zwischen Sizilien und Afrika gelegenen Felseninseln Malta, Gozo und Comino sowie die Festung Tripolis in Nordafrika stabilisierte Kaiser Karl. V., „Yo el Rey“, die Ordensgemeinschaft. Fortan

Landkarte „Insularum Maltae et Gozae“. Altkolorierter Kupferstich des Nürnberger Kartografen Johann Baptist Homann, um 1720.

wurde es üblich, die katholischen Ritter als „Malteserorden“ oder kurz als „Malteser“ zu bezeichnen, zumal die 1538 protestantisch gewordenen Mitglieder der Balley Brandenburg den alten Namen „Johanniterorden“ beibehielten.

Für eine jährlich zu Allerheiligen fällige Abgabe in Form eines lebenden Falken band der Kaiser zugleich einen nach wie vor nicht zu unterschätzenden, in der Türkenabwehr erfahrenen militärischen „Player“ des Mediterraneums in einer geopolitisch brisanten Phase an sich. Aus heutiger Sicht fällt es schwer, sich die Dimensionen des osmanischen Seekriegs und die Existenzbedrohung der christlichen Mittelmeeranrainer vorzustellen. Rolf Bauer drückte es einmal so aus: „Man muss die Türkenkriege des 16. Jahrhunderts als Teil einer sehr weiten Auseinandersetzung sehen, die – unter Berücksichtigung des geographischen Horizonts jener Zeit – etwas Weltkriegsartiges an sich hatte.“

Die Ritter ließen sich nicht in der historischen Inselhauptstadt, sondern im Städtchen Borgo/Birgu beim Fort St. Angelo auf einer Halbinsel am Großen Hafen nieder. Kupferstich vom Ende des 16. Jahrhunderts.

Bereits 1532 beteiligte sich der eben auf Malta heimisch gewordene Orden mit vier Galeeren an einer Kampagne gegen die Stadt Koron auf dem Westpeloponnes und verteidigte die eingenommene Stadt im Folgejahr gegen die Türken. Auch zu jener christlichen Flotte, die 1538 vor Preveza bei Korfu kreuzte und die Festung Castelnuovo (Herceg Novi) in der Bucht von Cattaro befreite, hatte der Orden Schiffe entsandt, ebenso wie drei Jahre später zur – allerdings gescheiterten – Eroberung von Algier.

Die mediterrane Seeräuberei hatte dem Grundsatz nach eine bis in die Antike zurückreichende Tradition. Das blutige Handwerk wurde dabei in mehreren Varianten betrieben. Zunächst existierte jene, die auf offiziellen Kaperbriefen eines Herrschers als Legitimationsgrundlage fußte. Daneben gab es die Piraterie der Sarazenen und der Johanniter, die beide eine vordergründig religiöse Komponente in die militärische Auseinandersetzung brachten und damit ihre Herrschaft finanzierten. Und schließlich existierte auch noch die gewöhnliche Räuberei in der Bandbreite von Einzelkämpfern wie dem jungen Dragut, auf Türkisch Turgut Raïs, bis zu Großpiraten mit

1554 wurde auf der neben Borgo liegenden Halbinsel L'Isla (rechts) die Stadt Senglea gegründet. Lavierte Federzeichnung von Willem Schellinks, um 1665, Ausschnitt. Bildarchiv der Österreichischen Nationalbibliothek, Wien.

befestigten Häfen, die oft ganze Flotten befehligten. Ein Ordensgeschwader unter dem Oberbefehl des späteren 48. Großmeisters, Claude de la Sengle, kämpfte 1550 mit den Spaniern vor deren Festungen Monastir und Mahdia, wo Turgut Raïs sein Hauptquartier aufgeschlagen hatte.

Die Bedrohung nahm weiter zu, als sich die türkischen Flottenbasen auch auf die afrikanische Nordküste auszudehnen begannen. Davon waren auch die Johanniter betroffen, denen Turgut Raïs 1551 das kaum zu verteidigende Tripolis abnahm. Als Folge der Reconquista waren jahrhundertelang Mauren aus der iberischen Halbinsel in den Maghreb zurückgekehrt. In Algier, Salé, Rabat, Tunis und der Cyrenaika bildeten sie unter dem Sammelbegriff „Barbareskenstaaten" Marinestützpunkte mit schlagkräftigen Flotten, die bald unter die Oberhoheit des Osmanischen Reiches gerieten. So unterstellte sich 1518 der bekannteste Korsarenführer und Herrscher von Algier, Hayreddin, ein Grieche von der Insel Lesbos, auch „Barbarossa" genannt, der Kontrolle der Hohen Pforte. Der Sultan ernannte ihn 1533 zum Großadmiral, womit sich sein Aktionsradius erneut vergrößerte. Salvatore Bono schrieb: „Korsa-

Das Fort St. Angelo geht auf eine vermutlich von den Arabern errichtete Festung zurück, die ab dem 13. Jahrhundert kontinuierlich erweitert wurde. Teil der Anlage war ein befestigtes Dock für die Ordensgaleeren. Foto Marcin Jucha.

renangriffe auf Orte der italienischen Mittelmeerküste bis zu den Balearen und zur spanischen Küste waren an der Tagesordnung, nur die mittlere und nördliche Adriaküste war weniger betroffen. [...] Sie schleppten die Bewohner auf ihre Schiffe, raubten Vieh und Holzvorräte".

Die Kaperfahrt war im 16. Jahrhundert zudem zu einem Vehikel der Außenpolitik im Dienst europäischer Mächtekonstellation geworden. Frankreichs König Franz I. setzte auf diese Form des Seekriegs im Verbund mit dem alliierten Osmanischen Reich, um die Umklammerung durch die habsburgische Herrschaft Karls V. zu lockern. Mit dem Mittelmeerhafen Toulon stellte er den osmanischen Flotten eine strategisch wichtige Operationsbasis zur Verfügung. Von einer einheitlichen Position der europäischen Mächte konnte auch keine Rede sein: Während Kaiser Karl V. erfolglose und verlustreiche Angriffe auf die Barbareskenstützpunkte Algier und Tunis befahl, und selbst der erfahrene genuesische Admiral Andrea Doria nichts ausrichten konnte, schloss Venedig den bereits erwähnten Sonderfrieden und lieferte sogar Schiffe an die Türken.

Der europäische Dissens schlug sich auch in der ordensinternen Willensbildung nieder, da vor allem die einflussreichen französischsprachigen Ritter

Ab 1530 residierten die Großmeister in einem Palast innerhalb der Bastionen. 1998 hat der maltesische Staat nach zweihundertjähriger Absenz dem Orden ein mit 99 Jahren bemessenes Nutzungsrecht eingeräumt. Foto Marcin Jucha.

erhebliche Vorbehalte gegen die Annahme des spanischen Lehens Malta vorbrachten. Der sonnendurchglühte und zerklüftete Archipel auf halbem Weg zwischen Gibraltar und den Dardanellen, der Adria und dem Nildelta war seit der Jungsteinzeit ein Ankerplatz der Geschichte. Den rätselhaften Urbewohnern folgten Phönizier, Karthager, Römer, Ostgoten, Byzantiner, Sarazenen, Normannen, Staufer und Aragonesen, deren Rechtsnachfolge die spanische Krone antrat. Lange Zeit galt der Apostel Paulus als der bekannteste Besucher der Insel, der 58 n. Chr. als Gefangener nach Rom überstellt werden sollte und vor einer der Buchten an der Nordseite Schiffbruch erlitten haben soll. Neuere Forschungen von Heinz Warnecke belegen, dass Paulus aller Wahrscheinlichkeit nach jedoch auf der westgriechischen Insel Kefalonia gestrandet ist.

Eine achtköpfige Ordenskommission, der für die Deutsche Zunge Vizegroßbailli Georg Schilling von Canstatt angehörte, erstattete vor der endgültigen Entscheidung Bericht an das für den 15. Mai 1527 nach Viterbo einberufene Generalkapitel: Malta sei zwar nur ein Felsen aus weichem Kalkstein, böte aber zahlreiche große und kleine Buchten sowie zwei besonders geeignete, tief eingeschnittene Naturhäfen, in denen Flotten jeder Größe untergebracht werden könnten.

Das Fort St. Angelo (links) und die Bastion an der Ostspitze Sengleas bewacht die Einfahrt in den Dockyard Creek, den ehemaligen Flottenstützpunkt des Ordens.

Schilling von Canstatt machte in seiner Korrespondenz auf zwei weitere entscheidende Aspekte aufmerksam: „Unsere Vorfahren haben Rhodis mit dem Schwerte erobern müssen, dessen wir bei Malta nicht bedürfen; denn das Volk begehrt uns mit aufgehobenen Händen. Das hab' ich selber gesehen und gehört, als ich mit Andern dahin geschickt worden. Wehe dem, welcher dagegen ist; er wird in der andern Welt noch dafür leiden müssen. Denn klarlich ersieht man, dass der Orden, wofern er nicht bald einen Ort annimmt, zu nichten gehen wird."

In den frühen Morgenstunden des 20. Oktober 1530 stiegen die ersten Ordensritter nach einer stürmischen Überfahrt von Syrakus auf Malta an Land. Die bisherigen Zweifler im Konvent fanden ihre schlimmsten Befürchtungen bestätigt: Der karge Boden war kaum fruchtbar, die Hitze unerträglich, abweisend und unfreundlich zeigte sich die arme Bevölkerung, die sich eines unverständlichen arabischen Dialekts bediente. Da die alte Inselhaupt- und Bischofsstadt Mdina oder „Città Notabile" weit landeinwärts lag und man Irritationen des lokalen Adels hintanhalten wollte, wählten die Ritter das Fischerdorf Borgo oder Birgu mit einem Kastell aus aragonesischer Zeit, das

Rechts öffnet sich der Landeinschnitt von Bormla/Cospicua. Foto Ievgenii Fesenko.

auf einem keilförmigen Felsvorsprung in den Hafen ragte, für ihre Niederlassung aus.

Die Ordensmitglieder adaptierten die vorhandene St.-Lorenz-Kirche als Ordenskirche und bauten ein Hospital sowie mehrere Herbergen. Der Siedlungsbereich der Ritter, ihrer Angehörigen und der zahlreichen Rhodier, die dem Orden gefolgt waren, wurde nach dem Vorbild der alten Ordenssiedlung als „*Collachium*" ausgewiesen und durch bauliche Maßnahmen vom Rest der Kleinstadt abgetrennt. Eine Statutenreform 1533 sollte der neuen Situation Rechnung tragen. Dort findet sich der Satz: „[…] *omnes fratres ad obsequium pauperum et tuitionem fidei catholicae*" („Alle Brüder sind [in den Orden, Anm.] eingetreten zum Dienst an den Armen und zum Schutz des katholischen Glaubens"). In diesem Wortlaut ist die Ordensdevise „*tuitio fidei et obsequium pauperum*" erstmals formuliert.

Der Großmeister nahm im Fort St. Angelo an der Spitze der Halbinsel Quartier. Noch immer waren die Stimmen nicht verstummt, die eine Rückkehr nach Rhodos verlangten, doch war für Nabelbeschau keine Zeit. Schon seit Längerem hatten die Ritter mit einem muslimischen Großangriff auf die seestrategisch wichtige Insel Malta gerechnet, von der aus sämtliche Schifffahrtsbewegungen zwischen Sizilien und der nordafrikanischen Küste kontrolliert werden konnten. Der 47. Großmeister, Juan de Homedes y Coscón, wusste um die latente Bedrohung. Er wollte zur Befestigung der Insel den führenden Militärarchitekten der Zeit für sich gewinnen. Antonio Ferramolino aus Bergamo war ein Vertrauter Kaiser Karls V. und ein ausgewiesener Experte in Bezug auf Sprengstoffe. Er schlug dem Großmeister bereits die Planung einer neuen Stadt auf der Sceberras-Halbinsel gegenüber von Birgu vor, doch erhielt er den Auftrag zum Neubau des Forts St. Angelo und der landseitigen Befestigung der Ordenshauptstadt.

Ferramolino ließ durch ein Arbeitsheer an Galeerensklaven auf die alte Festung zwischen zwei vorhandene Bastionen eine „Kavalier" genannte Stellung aufsetzen, die eine weite Rundsicht über den Hafen und die Insel bot und mit Kanonen bestückt wurde. Durch Vertiefung eines Grabens trennte er das Fort St. Angelo von Birgu ab und machte es zu einer eigenen Insel. In die Planungen brachte sich der General der Galeeren, Leone Strozzi, zuvor Prior von Capua, ein und regte den Ausbau des Forts St. Elmo an der Nordspitze des Monte Sceberras am Hafeneingang an, der vom spanischen Baumeister Pietro Pardo ausgeführt wurde. 1562 verbrachte der Florentiner Festungsingenieur Baldassare Lanci mehrere Wochen auf der Insel und stellte einen Plan für die Befestigung der Ordensniederlassung in Birgu und der 1554 begründeten Stadt Senglea fertig, benannt nach dem 48. Großmeister, Claude de la Sengle. Mit einer in Venedig geschmiedeten Kette, die pro Glied einhundert Dukaten gekostet haben soll, konnte die zwischen beiden Städten gelegene Hafeneinfahrt gesperrt werden.

Noch während die Bauarbeiten in vollem Gange waren, wurde am 18. Mai 1565 vor der Südküste Maltas ein gewaltiger Flottenverband gesichtet. Noch in der Regentschaft Sultan Süleymans des Prächtigen (gest. 1566) steuerten Admiral Piyali Pascha und Turgut Raïs mit einer bislang ungeahnten Armada von mehr als 350 Schiffen, darunter 130 Galeeren, 30 Galeonen und 10 Schlachtsegler, unter der Flagge des Halbmonds auf die Insel zu, um ihre Ladung von rund 40.000 Mann, 100.000 Kanonenkugeln und 200 Tonnen Schießpulver an Land gehen zu lassen. Das türkische Kontingent umfasste Janitscharenregimenter ebenso wie berittene Sipahis. Die Soldaten standen unter dem Kommando des siebenundsiebzigjährigen Mustafa Pascha, der seit Rhodos noch eine Rechnung mit den Rittern offen hatte. Eine erbitter-

Der Wachturm auf der Gardjola-Bastion an der Spitze Sengleas. Die aus dem Stein gemeißelten Augen und Ohren an den Mauern symbolisieren die stetige Wachsamkeit der Ritter im Dienste des Christentums, das durch den Kranich verkörpert wird.

Gedenktafel am ehemaligen Standort der Herberge der Deutschen Zunge in Birgu. Foto Gregor Gatscher-Riedl.

te, viermonatige Auseinandersetzung war die Folge, in deren Verlauf Tag für Tag die drückende Überlegenheit der osmanischen Streitmacht für die vom 49. Großmeister, Jean Parisot de la Valette, befehligten fünfhundert Ritter, dreitausend maltesischen und eintausend spanischen Soldaten sowie fünftausend Zivilisten spürbarer wurde. Nach dreimonatigem Blutvergießen und mehreren Tausend Toten fiel den Osmanen zwar das Fort St. Elmo an der Nordspitze der Halbinsel Sciberras in die Hände, ein weiteres Vordringen in das Becken des größten Naturhafens Europas scheiterte aber am erbitterten Widerstand der Ritter, die Ende Juni durch ein von Sizilien übergesetztes Kontingent von rund 1.000 Mann unter der Führung des spanischen Ordensritters Melchior de Robles die dringend notwendige Verstärkung erhielten.

Wiederum drangen Hilferufe eines eingeschlossenen Großmeisters um Verstärkung und Entsatztruppen in die europäischen Residenzen. Unter der Regie des spanischen Königs formierte sich diesmal ein Truppenkörper, der allerdings erst im September zur Verfügung stand.

Der 49. Großmeister, Jean Parisot de la Valette. 1566 in Nürnberg erschienener Kupferstich von Matthias Zynndt nach der Vorlage „Vie des hommes illustres et des grands capitaines français" von Pierre de Brantôme.

Die als „Great Siege" bezeichnete Belagerung wurde mit bislang ungekannter militärischer Härte geführt. Bis heute wird die Legende tradiert, dass die Muslime nach der Einnahme des Forts St. Elmo die Körper der toten Christen auf hölzerne Kreuze geschlagen hätten und diese im Wasser zu den christlichen Stellungen getrieben seien. Großmeister Jean Parisot de la Valette habe daraufhin den Befehl gegeben, die osmanischen Gefangenen zu enthaupten und ihre Köpfe zu den türkischen Stellungen zu schießen. Am Abend des 6. September 1565 landete das 8.000 Mann starke Entsatzheer unter der Führung des sizilianischen Vizekönigs García Álvarez de Toledo auf Malta und schlug die Türken, die die Truppenstärke der spanisch-alliierten Verbände unterschätzt hatten, in die Flucht. Bei den erbitterten Kämpfen, die um das Fort St. Elmo tobten, fiel auch der gefürchtete Pirat Turgut Raïs, dem ein Schrapnell den Schädel spaltete.

Zwei Tage später, am Festtag Mariä Geburt, dem 8. September 1565, hatte das letzte Schiff der einst mächtigen Flotte Piali Paschas fluchtartig die Segel gesetzt, und nur mehr ein Drittel der Belagerungsarmee kehrte an den Bos-

Die Landung der osmanischen Streitmacht auf Malta 1565. Kupferstich von Antonio Francesco Lucini, 1665 nach der Freskenserie des Michelangelo-Schülers Matteo Perez d'Aleccio im Großmeisterpalast von Valletta. Rijksmuseum Amsterdam.

Das Eintreffen der von Sizilien übergesetzten Verstärkung unter dem Kommando von Melchior de Robles. Kupferstich von Antonio Francesco Lucini, 1665, Rijksmuseum Amsterdam.

Der Beschuss des eingeschlossenen Forts St. Michael in Senglea am 28. Juni 1565, am rechten Bildrand das Fort St. Angelo und die Stadt Birgu. Kupferstich von Antonio Francesco Lucini, 1665. Rijksmuseum Amsterdam.

Figurine mit zeitgenössischem Armbrustschützen und Arkebusier in der Waffenkammer des Großmeisterpalasts in Valletta. Foto Steve Estvanik.

porus zurück. Der wichtige Stützpunkt Malta an der Nahtstelle zwischen östlichem und westlichem Mittelmeer verblieb in der Hand der Johanniterritter. Wie stark der Orden selbst im 18. Jahrhundert noch mit der Belagerung identifiziert wurde, kommt im Eingangszitat von Voltaire zum Ausdruck. Wenige Jahre nach dem französischen Philosophen beschäftigte sich Friedrich Schiller intensiv mit der Belagerung, besprach den Stoff 1794 sogar mit Johann Wolfgang von Goethe und schrieb über sein Konzept ein Jahr später an Alexander von Humboldt: „[...] es hat eine einfache heroische Handlung, ebensolche Charaktere, die zugleich lauter männliche sind, und ist dabei Darstellung einer erhabenen Idee, wie ich sie liebe". Dennoch blieb Schillers Drama „Die Malteser" Fragment.

Ernle Bradford, dessen in viele Sprachen übersetzte Bücher wesentlich das Bild der Ordensgeschichte in der Öffentlichkeit mitbestimmten, war auch um eine Einordnung dieses Feldzugs bemüht. Laut dem britischen Marineoffizier sei er lediglich mit dem Scheitern vor Wien 1529 zu vergleichen und damit eine von nur zwei militärischen Niederlagen, die sich in dieser Blütezeit des Osmanischen Reichs ereignet hätten. Die Belagerung von Malta wird von Ordenshistorikern wie Robert L. Dauber nicht ohne Grund auch als das türkische „Stalingrad des 16. Jahrhunderts" bezeichnet.

8.
DIE ORDENSHAUPTSTADT VALLETTA ALS BAROCKES GESAMTKUNSTWERK

Während die siegreichen Galeeren und Segler Kurs auf die heimatlichen Küsten Europas nahmen, begann auf der zerstörten Insel Malta der mühselige Wiederaufbau. Eine neue Hauptstadt sollte an den Sieg über die Osmanen und an den 49. Großmeister, Jean Parisot de la Valette, erinnern. Cosimo de' Medici, der den Johanniterorden zum Vorbild seines 1561 gestifteten toskanischen St.-Stephans-Ordens gemacht hatte, stellte für dieses Vorhaben personelle Unterstützung in der Person des Toskaners Francesco Laparelli zur Verfügung. Der Schüler Michelangelos hatte für den Herzog mehrere Aufträge ausgeführt und legte im Frühjahr 1566 eine ausführliche Expertise vor. Birgu, Senglea und St. Elmo waren so stark beschädigt, dass es mit 4000 Arbeitern vier Monate dauern würde, die Wälle wieder so weit aufzurichten, dass sie für den Feind ein Hindernis darstellen könnten. Er befürchtete, dass die Osmanen während der Bauarbeiten zurückkehren würden.

Laparelli und sein Mitarbeiter Gabrio Serbelloni, ein Cousin von Papst Pius IV., griffen daher Ferramolinos Vorschlag auf, die gegenüberliegende Landzunge des Monte Sciberras zu bebauen und das an der Nordspitze gelegene, sternförmige Fort St. Elmo zum Ausgangspunkt eines neuen Befestigungsrings zu machen. Im März 1566 wurde auf den ehemaligen osmanischen Stellungen der Grundstein zur „Città Nuova" gelegt, deren Bebauungsplan im Juni vom Großmeister als Bauherrn abgesegnet wurde. Damit verbunden war auch die Entscheidung, sich dauerhaft auf Malta niederzulassen, jener Insel, die zum namensgebenden Bestandteil der Ordensidentität werden sollte. Die Aufnahme in die offizielle Ordensbezeichnung erfolgte paradoxerweise erst im späten 19. Jahrhundert unter dem 74. Großmeister, Johann Baptist Ceschi a Santa Croce, und somit lange nach dem Verlust der territorialen Souveränität im Mittelmeer.

Planansicht Vallettas, links Birgu und Senglea. Kolorierter und mit Gold gehöhter Kupferstich von Sébastien de Pontault de Beaulieu, 1694. Bildarchiv der Österreichischen Nationalbibliothek, Wien.

Die großzügigen Geldzuwendungen von König Philipp II. von Spanien sowie des päpstlichen und des französischen Hofes ermöglichten den Bau einer modernen Planstadt. Die Architekten legten über die unregelmäßige Halbinsel schachbrettartig ein rechtwinkliges Gitternetz von Straßen, Gassen und Stiegenanlagen, das den Seewind in die Stadt hereinführte und somit die Hitze milderte. Die zirkulierende Luft verringerte zugleich die Ausbreitung ansteckender Epidemien. Die ohne Knick oder Biegung gerade verlaufenden Straßenzüge ermöglichten es, den Hafen vom Land aus unter Beschuss zu nehmen. Unterirdisch sorgte ein verzweigtes Kanalsystem für die Beseitigung von Abwässern, und zur Trinkwasserversorgung war für jedes Haus eine Zisterne vorgesehen.

Der seit 1568 amtierende 50. Großmeister und Neffe von Papst Julius III., Pietro del Monte, übersiedelte am 18. März 1571 in die seit 1565 noch mitten im Bau befindliche, neue Hauptstadt Valletta. Seit 1980 ist diese als Gesamtmonument im Weltkulturerbe der UNESCO eingetragen, und 2018 war sie eine der Kulturhauptstädte Europas. Ihr Name leitet sich vom 49. Großmeister, Jean Parisot de la Valette, ab, wird aber im Italienischen mit zwei „l" geschrieben. Del Monte erteilte damit der noch vereinzelt spürbaren Rhodos-Nostalgie vor allem französischer Ordensritter eine klare Absage. Bei der Anlage der Stadt wurde die bauliche Segregation der Ordensmitglieder vom Rest der Bevölkerung weggelassen. Der Verzicht auf ein klosterähnliches „*Collachium*" führte zu scharfen päpstlichen Protesten, die von der Sorge um die Aufrechterhaltung des Lebens nach den Evangelischen Räten getragen waren. Andererseits war es gerade dieser Schritt, der zu einer bislang ungekannten Verklammerung des Ordens mit dem Stadtleben – inklusive all seiner Versuchungen – führte und für den Charakter Vallettas wie für jenen des Ordensstaates auf Malta prägend wurde. Dazu passt eine 1668 ausgesprochene Warnung des päpstlichen Generalinquistors Angelo Ranuzzi. Der spätere Kardinal konstatierte bei vielen der Ritter den Hang zur Ausschweifung, Völlerei und einem „lusso di tavola". Er führte dies darauf zurück, dass eine strenge Konventsaufsicht fehle, woraus seines Erachtens die Ritter nach Gutdünken eine „licenza di vivere" ableiteten. Der ehemalige britische Premierminister Benjamin Disraeli bezeichnete Valletta gut zweieinhalb Jahrhunderte später als „a city built by gentlemen for gentlemen".

Nach Fertigstellung der Befestigungsanlagen wurde die Verantwortung für die wichtigsten Einzelbauten dem Malteser Gerolamo Cassar, Laparellis lokalem Assistenten, übertragen. Der 1520 in Birgu geborene Militärbaumeister dürfte im Auftrag des Großmagisteriums nach Neapel und Rom gereist sein, um aktuelle Architekturströmungen kennenzulernen. Auch wenn dieser Studienaufenthalt nicht eindeutig verbürgt ist, kommt im Schaffen Cassars eine intensive Beschäftigung mit der Architektur der Spätrenaissance zum Ausdruck. „Maestro Gieronimo" erhielt als architektonischer Generalunternehmer des Ordens den Auftrag für Schlüsselbauten der neuen Stadt. Offenbar wollten die Ritter die Ordensbauten, die durch den Wegfall des „*Collachium*" an verschiedenen Orten der Stadt errichtet werden konnten, durch ein möglichst einheitliches architektonisches Erscheinungsbild verklammern.

Der schachbrettartige Stadtgrundriss ist auf dieser Aufnahme mit der Ordenskirche in der Bildmitte deutlich zu erkennen. Rechts dahinter das ausgedehnte Geviert des Großmeisterpalastes. Foto Ingus Kruklitis.

Die wichtigsten Komplexe um die Konventskirche und die großmeisterliche Residenz samt Nebengebäuden wurden entlang der Höhenlinie des felsigen Monte Sceberras orientiert. Die italienischen Einflüsse sind in der zwischen 1573 und 1579 errichteten Konventskirche unübersehbar; neben Antonio da Sangallo ist es vor allem das Vorbild Michelangelos, das über Cassars Lehrer Laparelli vermittelt wurde. Die stilkritische Forschung hat Parallelen zwischen der Konventskirche und der Medici-Kapelle in Florenz herausgearbeitet und den Einfluss des venezianischen Architekturtheoretikers Sebastiano Serlio identifiziert. In größtmöglichem Gegensatz zur monumentalen Monochromie des Äußeren, die sich dem auf der Insel gebrochenen Kalkstein verdankt, steht das überwältigende Innere des Gotteshauses. Cassar hat das fast sechzig Meter lange Hauptschiff mit einem aus massiven Steinquadern gefügten Tonnengewölbe überspannt, in das auf jeder Seite sechs ovale Fenster eingelassen sind. Die Gestaltung der Halbkreisapsis und der Seitenkapellen steht im Zusammenhang mit der kurz davor nach Plänen von Giacomo da Vignola fertiggestellten Jesuitenkirche Il Gesù in Rom.

Die Hauptfassade der Ordenskirche mit dem Haupt des Kirchen- und Ordenspatrons Johannes des Täufers im Giebelfeld. Am Balkon präsentierten sich die neu gewählten Großmeister den Maltesern. Die Uhr im Südturm zeigt ein Kalendarium. Foto Anibal Trejo

Die Gestaltung der Seitenkapellen oblag laut Beschluss des Generalkapitels den einzelnen Zungen, wobei die Bedeutung und der Rang nicht nur in der Positionierung zum Altar, sondern auch im Reichtum der Ausstattung sichtbar gemacht wurden. Die Zuweisung erfolgte 1603 entsprechend der protokollarisch festgelegten Reihenfolge der Ordenszungen: Provence, Auvergne, Frankreich, Italien, Aragon, England und das Römische Reich, während sich Kastilien, Leon und Portugal einen Raum teilen mussten. Die Kapelle der deutschsprachigen Ordensritter führt mit dem Patrozinium der Heiligen Drei Könige jenes der Zunge und liegt im linken Seitenschiff beim Kircheneingang, während die Kapelle mit der Ikone der Muttergottes von Philermos den Kapellenkranz rechts vom Hochaltar anführt.

Die hochbarocke Explosion von Gold, Marmor und Malerei ist erst gut ein Jahrhundert nach Weihe der Kirche geschaffen worden. Ab 1661 widmeten der 60 und der 61. Großmeister, die Brüder Raphael und Nicholas Cotoner, große Teile des Ordens- wie auch ihres eigenen Vermögens der künstlerischen Gestaltung des Innenraumes, die unter ihrem Nachfolger

Gregorio Carafa della Roccella abgeschlossen wurde. Die künstlerische Regie bei diesem Großprojekt führte Mattia Preti, der wegen seiner Ehrenmitgliedschaft im Orden auch unter dem Namen „Il Cavaliere calabrese" Eingang in die Kunstgeschichte gefunden hat. In fünfjähriger Arbeit malten er und seine Werkstatt Cassar's Tonnengewölbe mit Motiven aus dem Leben des Ordenspatrons aus, wobei die insgesamt achtzehn Szenen nicht als Fresken, sondern mit Ölfarbe auf den nackten Stein aufgetragen wurden. Ebenso ist der figurale Schmuck der Seitenkapellen und der Gewölbe und Pilaster im Hauptschiff nicht als Stuckdekor aufgesetzt, sondern im Hochrelief aus dem Stein herausgearbeitet. Die Motive zeigen Wappen und Figuren der einzelnen Zungen und der Großmeister, Waffen, Rüstungen sowie Figuren der Mythologie und Fabelwelt. Fast scheint die ausführenden Künstler ein „*horror vacui*" befallen zu haben, da jede freie Fläche mit Ornamenten überkrustet wurde.

Eine der ältesten Darstellungen der 1578 fertiggestellten Kirche ist im Statutenbuch des Ordens des 52. Großmeisters, Hugues Loubenx de Verdale, von 1584 enthalten. Der Ordensklerus in Chorrock und Habit und Halskreuz, das von adeligen Priesterbrüdern am roten Ordensband getragen wurde. Lithographie des 19. Jahrhunderts.

Den größtmöglichen Kontrast zum glattflächigen, materialsichtigen Äußeren stellt das gold- und ornamentüberkrustete Kircheninnere dar. Der Thron links war dem Großmeister vorbehalten. In der Apsis die weißmarmorne Skulpturengruppe der Taufe Christi von Giuseppe Mazzuoli. Foto Diego Grandi.

Der Altar der Seitenkapelle für die deutsche Zunge zeigt über einer Darstellung der Dreikönigsanbetung von Stefano Erardi den Doppeladler mit rot-weiß-rotem Bindenschild. Foto Mátyás Rehak.

Die Dekoration schließt den Fußboden mit ein, der von mehr als vierhundert Marmorgrabplatten gebildet wird. Die Grablege in der Ordenskirche war bedeutenden Mitgliedern des Konvents und Gönnern der johannitischen Gemeinschaft vorbehalten. Der Rang der Beerdigten lässt sich an den wortreichen Barockepitaphen ablesen, die von maltesischen Kunsthandwerkern in aufwändiger Kosmatenarbeit aus Marmor- und Metallintarsien gefertigt wurden.

Besonderes Augenmerk verwendete Mattia Preti auf die Gestaltung der Altarinsel, die durch den Bernini-Schüler Giovanni Battista Contini als Tabernakel ausgeführt wurde, der vom Chorgestühl für die Ordenskonventualen umschlossen ist. Das Oratorium für die Ordensnovizen befand sich in einer Seitenkapelle, für die der lombardische Maler und Ehrenritter Michelangelo da Caravaggio im Auftrag des 54. Großmeisters, Alof de Wignacourt, die Enthauptung des Johannes des Täufers als großformatiges Ölgemälde ausführte.

Links: Die von seinem Bruder und Vorgänger als Großmeister, Raphael, begonnenen Arbeiten an der Innenausstattung der Ordenskirche wurden unter der Herrschaft des 61. Großmeisters, Nicolas Cotoner y de Oleza, fortgesetzt, der eine eigene Stadt gründete. Stich von Albert Clowet.
Rechts: Darstellung Johannes des Täufers mit der roten Sopraweste des Ordens. Das Bild wird für ein Selbstporträt des Malers Mattia Preti, des „Cavaliere calabrese“, gehalten. Foto Heritage Malta.

Der Hochaltar von Lorenzo Gafà inmitten des reich vergoldeten Chorgestühls von 1598 trägt an der Predella Intarsien aus Lapislazuli. Die beiden Bronzefiguren mit dem Adler, dem Symbol des Evangelisten Johannes, links und rechts einer Darstellung des Apostels Paulus wurden 1557 in Flandern gegossen. Foto Pavel Dudek.

Das Lunettenbild über dem Portal zeigt in einer Allegorie des Triumphs die beiden Elemente der Ordenstätigkeit, die Krankenpflege und den Kampf für das Christentum. Gemälde von Mattia Preti. Foto Michał Szymański.

„Vierhundert Wappen aus buntem Gestein: Adler, Löwen, Schlangen und Greifen, Schädel, Sensen und Totengebein / Und lateinische Sprüche auf gekräuselten Schleifen. Das möchte ich sehn, wenn die auferstehn!“ dichtete Eckart Peterich über die Grabplatten des Kirchenbodens. Foto Pavel Dudek.

Im Novizenoratorium der Ordenskirche befindet sich die „Enthauptung des Johannes“, das in sensibler Hell-Dunkel-Malerei gehaltene Hauptwerk des italienischen Malers Caravaggio, der dem Orden angehört hatte, aber 1608 ausgeschlossen wurde. Foto Stefan Ember.

Der Großmeisterpalast ist, wie die Ordenskirche, ein Werk Girolamo Cassars, der in monumentaler Strenge das flächengrößte Bauwerk der Insel aus mehreren vorhandenen Bauten zusammenfügte. Foto Ievgenii Fesenko.

Das Wappen des Ordens und jenes von Nasonis Auftraggeber, dem 66. Großmeister, Antonio Manoel de Vilhena, inmitten barocker Illusionsmalerei.

Die Gänge des Obergeschosses wurden vom Sieneser Maler und Architekten Niccolò Nasoni dekoriert. Den Marmorfußboden mit den Wappen der Großmeister ließen die Briten Mitte des 19. Jahrhunderts verlegen. Foto Lenise Calleja.

Im Saal der Botschafter wickelte der Orden den diplomatischen Verkehr mit ausländischen Mächten ab. Die seidene Wandbespannung führte zur Bezeichnung „Roter Saal". Foto Ievgenii Fesenko.

Die anschließende Paggeria, der Warteraum der Pagen des Großmeisters, wird vom Monumentalgemälde des 49. Großmeisters, Jean Parisot de la Valette, von Antoine de Favray beherrscht. Der Freskenzyklus mit Szenen aus der Ordensgeschichte stammt von Perez d'Aleccio. Foto Ievgenii Fesenko.

Während die Kirche und die angeschlossene Residenz des Konventualpriors das spirituelle Element des Ordens verkörperten, materialisierte sich die weltliche Gewalt des Großmeisteramtes in einem Palast, dessen Ausdehnung Laparelli im Stadtentwurf mit der Fläche des Palazzo Farnese in Rom annahm.

Weniger Michelangelo Buonarottis Palast beim Campo de'Fiori in Rom hatte Cassar bei der Gestaltung des Regierungssitzes beeinflusst als Sangallos schlichter Palazzo Baldassini mit seiner Eckrustika und den geraden Fensterverdachungen. Indem Cassar mehrere bereits vorhandene Häuser zusammenbaute und neu fassadierte, übertrafen die Dimensionen des um zwei Innenhöfe gruppierten Großmeisterpalastes die vorgenannten römischen Bauten bei Weitem. Nach dem Bauherrn, dem 51. Großmeister, Jean l'Evesque de la Cassière, fügten Generationen von Großmeistern Details oder auch wesentliche Baugruppen hinzu, wobei der 64. Großmeister, Ramón Perrellos y Roccafùl, und dessen ehemaliger Page und Nachfolger, der 68. Großmeister, Manuel Pinto da Fonseca, die deutlichsten Spuren am Erscheinungsbild hinterlassen haben. Die prachtvolle Innenausstattung des

Das um 1750 entstandene Gemälde „Consilium in arena“ von Giambattista und Giovanni Domenico Tiepolo zeigt die Vorsprache friulanischer Adeliger beim Staatsrat unter dem Vorsitz des Großmeisters Manuel Pinto de Fonseca.

Palastes hat mit von feindlichen Galeeren erbeuteten Dekorationsobjekten ebenso wie mit der Ordenssitte der „gioia“ oder „bijou“ zu tun. Wurde ein Ritter im Rang befördert, in die Ordensregierung oder ins Großmeisteramt gewählt, so wurde eine entsprechende Spende erwartet, die dem neu erworbenen Prestige zu entsprechen hatte. Aus diesem Titel wurden nicht nur silberne Reliquiare, Marmorstatuen oder Altardekorationen gestiftet, sondern wie im Fall des 64. Großmeisters, Ramón Perellos y Roccafùl, insgesamt achtunddreißig kostbare flämische Tapisserien – unter anderem nach Entwürfen von Peter Paul Rubens –, die für die Konventualkirche und den Regierungssitz bestimmt waren.

Neben dem Großmeisterpalast entstanden in einem künstlerischen Wetteifer miteinander die „Auberges“ der einzelnen Ordenszungen. 1571 bauten die deutschsprachigen Ordensmitglieder ihr Heim am nordseitigen Hafen von Marsa Muscietto (Marsamxett), in dem kleinere Schiffe vor Anker gingen und das Quarantänelazarett für aus dem Orient einlaufende Schiffe lag. Allerdings wich der Bau 1839 der anglikanischen Bischofskirche St. Paul. 1573 begann Cassar mit der Arbeit am Logierhaus für die Ritter von

Hinter dem Lascaris-Garten oder „Giardino della Marina“ ragt die Kuppel der Kirche der Muttergottes von Liesse vor der Hafeneinfahrt und dem Fort Ricasoli ins Bild. Foto Francis Frith, nach 1850, Victoria & Albert Museum, London.

Die Strada St. Ursula (Triq St. Orsola) durchschneidet Valletta von Norden nach Süden und beherbergt ein Ursulinenkloster, in dem eine Schädelreliquie des seligen Gerhard verehrt wird. Foto Francis Frith, nach 1850. Victoria & Albert Museum, London.

Die anglikanische St. Pauls Cathedral wurde im 19. Jahrhundert an Stelle der Herberge der Deutschen Ordenszunge am heutigen Marsamxett Harbour errichtet. Foto um 1860, Victoria & Albert Museum, London.

Die Auberge de Provence wurde zwischen 1571/74 und 1575 nach Plänen Girolamo Cassars erbaut und im 17. Jahrhundert neu fassadiert. Foto um 1860, Victoria & Albert Museum, London.

der iberischen Halbinsel nahe beim Stadttor nach Valletta. Seine klassizistische Schlichtheit nahm fünfzehn Jahre Bauzeit in Anspruch, genügte aber im 18. Jahrhundert den Ansprüchen des 68. Großmeisters, des Portugiesen Manuel Pinto da Fonseca, des selbstbewussten Hauptes der Zunge von Kastilien, Leon und Portugal – der mit 32 Regierungsjahren dieses Amt bisher am längsten bekleidet hat – nicht mehr. Er gestaltete den gesamten Bereich rund um das Haus der Ordenszunge neu, ließ die ehemalige Galeerenwerft schließen und krönte sein Gestaltungswerk ab 1741 mit dem Bau einer neuen „Auberge", wofür er den italienischen Architekten Andrea Belli verpflichtete.

In der Zwischenzeit befand sich der Bauplatz nicht mehr am Rande der Hauptstadt wie zu Cassars Zeiten, sondern inmitten einer städtischen Agglomeration, die über die Bastionen und Gräben hinweg mit der in der Mitte des 17. Jahrhunderts angelegten Vorstadt Floriana zusammengewachsen war. Großmeister Pinto de Fonseca drängte zur Eile, zumal die italienische Zunge nur wenige Meter entfernt ein beeindruckendes Bauprogramm ausgerollt hatte. Ab 1680 hatte die ebenfalls von Cassar errichtete Herberge eine Erweiterung und Aufstockung erhalten. Romano Carapecchia, ein Vertreter des römischen Barocks und Schüler Carlo Fontanas, war 1707 mit viel Geld auf den maltesischen Archipel gelockt worden und vollendete 1733 die Kirche der Hl. Katharina als Nationalkirche der Italiener in prestigeträchtiger Lage gegenüber dem Kirchlein „Maria vom Siege". Dieses Gotteshaus erhebt sich über jener Stelle, an der am 28. März 1566 der Grundstein zur Stadt Valletta gelegt worden war. Der 68. Großmeister wurde in der aus eigenen Mitteln errichteten Kirche auch begraben, ehe seine sterblichen Überreste nach Fertigstellung der Konventualkirche dorthin überführt wurden. 1617 wurde die Kirche zur Pfarre erhoben, und das angeschlossene Pfarrhaus dient den maltesischen Ordensrittern heute als Versammlungsort.

Das Leben im von gut zwanzigtausend Menschen bewohnten Valletta der Barockzeit war für die ansässigen Ordensritter und -aspiranten mit einer Vielzahl religiöser, zeremonieller und administrativer Verpflichtungen voll durchgetaktet. Für Abwechslung sorgten private Salons, Soireen und das eigentlich durch großmeisterliches Dekret in jeder Form verbotene Glücksspiel. Der 66. Großmeister, Antonio Manoel da Vilhena, hatte 1731 ein Theater unweit der Deutschen Ordensherberge errichten lassen, in dem französische Komödien und italienische Opernproduktionen aufgeführt wurden.

Gesellschaftliche Verpflichtungen erwuchsen auch aus dem Verkehr mit den beim Großmeister akkreditierten ausländischen Diplomaten. Bereits Mitte des 13. Jahrhunderts hatte der Orden bevollmächtigte Geschäftsträger im wichtigen Getreidehafen Marseille und in Rom am päpstlichen Hof. In der rhodischen Zeit bestanden Konsulate in Rom und Zypern sowie in Ramla, Jerusalem und Alexandria, die primär als Anlaufpunkte für Pilger fungierten. Das Gesandtschaftsrecht des Ordens wurde 1466 durch Papst Nikolaus V. ausdrücklich bestätigt. Mitte des 18. Jahrhunderts waren Gesandte des Großmeisters in den katholischen Hauptstädten Rom, Paris, Madrid und Wien stationiert, deren Höfe ihrerseits in Valletta durch außenpolitische Repräsentanten vertreten waren.

Die dramatische Lage der Stadt zwischen Felsen, Bastionen und Meer faszinierte Besucher, die im Zuge der im 18. Jahrhundert für junge Kavaliere obligaten „Grand Tour" durch Europa Station machten. Malta bildete oft die südlichste Destination derartiger Reisen, im Anschluss an einen Aufenthalt in den Metropolen Rom und Neapel, und war Ziel für jene, die das kosmopolitische Flair in Verbindung mit der höfisch-raffinierten Lebensart der adeligen Ordenscommunity zu schätzen wussten: „Meine Bewunderung aber war viel größer, als ich bei dem Castel St. Elmo vorbei in den Hafen einfuhr, die Größe desselben, seine Sicherheit und verschiedene Abschnitte, welche fünf Hafen aus einem machen, sind ein Werk der Natur, die den Felsen so bewunderungsvoll eingetheilt hat. Die Festungswerke aber, die denselben umgeben und allenthalben vertheidigen, sind eine erstaunenswerthe Unternehmung und Ausführung der Kunst. Mein Auge erstaunte bei dem Anblick der Größe und Menge der Bastionen, Raveline (Verteidungsbauwerk; Anm.), Batterien", heißt es bei Joachim Hermann von Riedesel, und der weitgereiste Trinitariermönch Père Jeannot jauchzte 1732: „On peut regarder Malte comme une merveille de monde!" („Man kann Malta als ein Weltwunder ansehen!"). Im Stadtcharakter und unter der Bevölkerung waren die vielfältigen europäischen Einflüsse nicht zu übersehen: „Die verschiedenen europäischen Nationen, die in dem Maltheserorden diese Insel beherrschen, sind Ursach, dass die Einwohner in der Stadt ihren Nationalcharakter verlohren und einen gemischten angenommen haben." Freilich spart die Schilderung nicht mit Kritik: „[…] die Ritter haben die Sitten so verdorben, dass in der ganzen Stadt kein ehrliches Weib oder Mädchen anzutreffen ist, wenige des alten Adels ausgenommen."

Die Kirche Maria vom Siege (rechts) war der erste Bau der neuen Ordenshauptstadt und die ursprüngliche Grablege des Namensgebers und 49. Großmeisters, Jean Parisot de la Valette. Im angeschlossenen Gebäude hat die Maltesische Assoziation des Ordens ihren Sitz. Foto Roman Babakin.

Die Porträtbüste des 62. Großmeisters, Gregorio Carafa della Roccella, ist der Mittelpunkt der vermutlich von Mattia Preti entworfenen aufwändigen Portalgestaltung an der italienischen Ritterherberge, die an die Katharinenkirche anschließt.
Foto vor der Restaurierung 2016/17, Anibale Trejo.

Die Nationalkirche Santa Caterina d'Italia ist ein 1683 vollendeter frühbarocker Zentralbau. Der imposante Portalbereich wurde von Romano Carapecchia 1710 vorgeblendet. Im Hintergrund die Fassade der Herberge von Kastilien. Foto Andrey Omelyanchuk.

Die Auberge de Castille, das prunkvollste aller Nationshäuser in der Ordenshauptstadt. Die elfachsige Barockfassade der Auberge wurde im frühen 18. Jahrhundert unter dem prachtverliebten 68. Großmeister, Manuel Pinto da Fonseca, dem ursprünglichen Cassar-Bau vorgeblendet. Foto Pavel Kavalenkau.

9.
EUROPAS ERSTE POLIKLINIK: DIE „SACRA INFERMERIA“

Der 51. Großmeister, Jean l'Evesque de la Cassière, setzte sein eigenes Vermögen zum Bau eines neuen medizinischen Ordenszentrums ein, das die alte „Infermeria“ in Birgu ergänzen und letztlich völlig ablösen sollte. Als Bauplatz wurde ein Bereich an der Wasserlinie beim Fort St. Elmo gewählt, sodass Verletzte aus Galeerengefechten direkt von den Schiffen übernommen werden konnten. Das neue Hospital wurde nach Plänen des Ordensarchitekten Cassar bereits 1574 fertiggestellt und bestand zunächst aus einem großen Krankensaal, der durch kleine Fenster belichtet wurde, die vor dem Eindringen der sommerlichen Hitze schützen sollten. Für diese Anordnung hat vermutlich das päpstliche Spital S. Spirito zwischen Vatikan und Tiberufer die Idee geliefert. Um die Krankheitsgerüche möglichst zu minimieren, wurde eine Mischung aus Rosmarin und Lavendel versprüht.

Der deutsche adelige Abenteurer Georg Albrecht Graf von Erbach war Anfang des 17. Jahrhunderts vor der Küste Siziliens von Piraten verschleppt worden und gelangte nach seiner Auslösung im Herbst 1617 nach Valletta, wo der Entkräftete in der „Sacra Infermeria“ gepflegt wurde. In seinen 1890 in London publizierten Erinnerungen ist eine plastische Beschreibung des Spitalslebens enthalten. Nach der Enge seines nordafrikanischen Gefängnisses war er von der Weite der Krankenstation beeindruckt, in der sich seiner Zählung nach 150 schmiedeeiserne Bettgestelle mit wollenen Einlagen befanden, deren Zahl sich später noch verdreifachen würde. Jedes der Betten hatte einen gestickten Überzug, auf dem das Ordenskreuz zu sehen war. Am Fußende des Bettes habe sich eine Holztafel befunden, auf der Anweisungen des Arztes, etwa zum Speiseplan, festgehalten worden seien. Der knapp zwanzigjährige Graf erinnerte sich auch an einen Ritter mit einer roten Schärpe, der im Stundentakt nach ihm gesehen habe. Zweimal täglich habe ihm dieser auf silbernem Geschirr seine Mahlzeiten gebracht: Nudelsuppe, ein Fleischgericht mit Lamm oder Huhn, als Nachspeise Mandeln und Rosinen und Halbgefrorenes, das mit Eis zubereitet wurde, das vom Vulkan Ätna auf Sizilien nach Malta geliefert worden war. An Getränken standen roter oder weißer Wein zur Auswahl, doch musste der behandelnde Arzt dieser Verabreichung zugestimmt haben. Der von der französischen Zunge gestellte Hospitalier des Ordens habe persönlich die Aufsicht über die Patienten geführt, und jeden Freitag sei mit dem siebzigjährigen Alof de Wignacourt der Großmeister selbst erschienen, um die Kranken und Verletzten zu betreuen und mit ihnen zu sprechen, „oft eine halbe Stunde".

Was den jungen Aristokraten besonders erstaunte, war der Umstand, dass sich unter den Patienten einheimische Malteser und einfache, muslimische wie christliche Seeleute befanden, und dass in der kostenlosen Behandlung kein Unterschied gemacht wurde. Ihm als einzigem Protestanten wurde dieselbe Aufmerksamkeit zuteil wie Katholiken. Für Ordensritter galt die Bestimmung, dass sie innerhalb eines Tages nach der Aufnahme die Beichte abzulegen und die Heilige Kommunion zu empfangen hatten, wobei täglich die Messe an einem Altar im Krankensaal gelesen wurde.

Unter der Regierung der Brüder Raphael und Nicolas Cotoner als 60. und 61. Großmeister wurde das Gebäude auf seine heutigen Ausmaße erweitert. Der so entstandene Krankensaal mit seinem leicht zu reinigenden Marmorfußboden und einer Länge von mehr als 150 Metern war damals einer der größten umbauten Räume Europas. Henry Teonge, Schiffskaplan der Royal Navy, war 1675 von den Ausmaßen beeindruckt und besonders davon fasziniert, dass zwischen den Betten ein Dutzend Männer nebeneinander Platz fänden. Zugleich wurden die Behandlungsräume getrennt; einheimische Kranke und Sklaven erhielten eigene Abteilungen zugewiesen. So entstand nach und nach ein Krankenhauskomplex mit elf verschiedenen Gebäuden. Neben der für Männer vorgesehenen Krankenhalle gab es eine 1646 von der italienischen Adeligen Caterina Scoppi Senese gestiftete Frauenabteilung mit Geburtsklinik und einem Bereich für ledige Mütter, eine Station für Findlinge und Waisenkinder, ein Frauenkloster, eine Näherei und eine Wäscherei. Hinzu kamen eine Kapelle und eine Apotheke. 1712 war mit der Errichtung der „Infermeria Nova" eine Maximalkapazität von 900 Betten erreicht, womit das Spital in Valletta sämtliche Einrichtungen des Kontinents hinter sich ließ.

Das erste Ordenshospital auf Malta entstand 1530 in Birgu. Nach der Übersiedlung des Ordens nach Valletta wurden die Gebäude von Benediktinerinnen übernommen. Foto Anibal Trejo.

In ihrer inneren Organisation stand die „Sacra Infermeria" am Beginn der heutigen Spitalsgliederung mit Stationen, die auf einzelne Erkrankungen spezialisiert sind. Es gab von Beginn an eine Klinik für Verwundete, einen bereits in Rhodos vorhandenen Isolationsblock für übertragbare Krankheiten und für die weit verbreitete Ruhr, eine Abteilung für Stoffwechsel- und Lebererkrankungen sowie eigene Einrichtungen für Nervenkranke und Rekonvaleszente. Eine Besonderheit stellte die 1596 gebaute und 1636 auf 120 Betten erweiterte „falanga" dar, eine Heilstätte für die unter Seeleuten weit verbreitete Syphilis, die durch die in Hafenstädten allgegenwärtige Prostitution stetigen Nachschub an Patienten erhielt. Eine Badeanstalt und ein Trakt für Patienten im Endstadium rundeten die Raumfolge ab.

Die ordensweite Verantwortung für die Belange des Krankenhauses lag beim Großhospitalier, dem ein Infirmar als operativer Klinikleiter beigegeben war, und der vom Rat für eine Amtszeit von zwei Jahren ernannt wurde. Seine Amtsräume befanden sich im Obergeschoss der „Infermeria", von wo aus er das medizinische Personal dirigierte. Dieses setzte sich aus drei

Der langgestreckte Baublock der „Sacra Infermeria“ in Valletta vom Großen Hafen aus. Die Lage beim Wasser war notwendig, um Verletzte von Schiffen übernehmen zu können.

Oberärzten zusammen, die im Monatsrhythmus Dienst taten. Ihnen beigegeben waren drei Assistenten, drei weitere Ärzte mit zwei Gehilfen, sechs Wundärzte oder Bader und ein Spezialist für Aderlass und Schröpfungen mit seinerseits zwei Assistenten. Hinzu kam eine größere Anzahl männlicher Krankenpfleger sowie die dienstverpflichteten Ordensritter, wobei an jedem Wochentag eine andere Zunge mit der Betreuung der „Herren Kranken“ befasst war.

In der Verwaltung waren zwei Buchhalter, als „prud'hommes“ oder „prodomi“ beschäftigt. Sie verantworteten neben der Essens- und Medikamentenausgabe vor allem die Finanzgebarung des Krankenhausbetriebs. Zahlen aus dem 17. Jahrhundert weisen für das Männerspital jährliche Aufwendungen von achtzigtausend Goldscudi aus, für die Frauenklinik kamen noch weitere achtzehntausend hinzu. Diese Summen entsprechen einem Gegenwert von knapp vier Millionen Euro, womit der Spitalsbetrieb nach der Marine und dem Unterhalt der Auberges den drittgrößten Posten des Ordensbudgets ausmachte.

Innenansicht des Hauptsaales. Kupferstich aus dem Statutenbuch des 52. Großmeisters, Hugues Loubenx de Verdale, von 1584.

Zehn mehrsprachige Geistliche unter Leitung eines Priors und Vizepriors kümmerten sich als Konventualkapläne um die spirituelle und sakramentale Betreuung der Patienten. Ein eigener „Bottiglière" leitete die Spitalsküche und den Weinkeller, der „Armorière" verwaltete die Silberkammer, die laut einem erhalten gebliebenen Inventar 250 Schüsseln, 356 Teller, 167 Schalen und 256 Löffel umfasste. Erstaunlich ist, dass für die Einnahme der um acht Uhr früh und vier Uhr nachmittags verabreichten Mahlzeiten lediglich zehn Gabeln existierten. Das Gewicht des Geschirrs betrug nach Berechnungen des maltesischen Medizinhistorikers Paul Cassar 425 Kilogramm Silber. Für den für die Wäsche zuständigen „Lingière" stand ein 1593 errichtetes eigenes Gebäude zur Verfügung, wo die Bett- und Operationswäsche ausgegeben und gereinigt wurde. Die Betten in den Krankensälen wurden täglich gemacht und die linnene Bettwäsche in kurzen Abständen gewechselt. Bestand bei Patienten der Verdacht auf Tuberkulose, so wurde die Bettwäsche unmittelbar nach Gebrauch verbrannt.

Ansicht der Außenfassade des großen Krankensaals mit der für Girolamo Cassars Bauten typischen streng-eleganten Gliederung. Aufnahme Yewgenii Fewsenko.

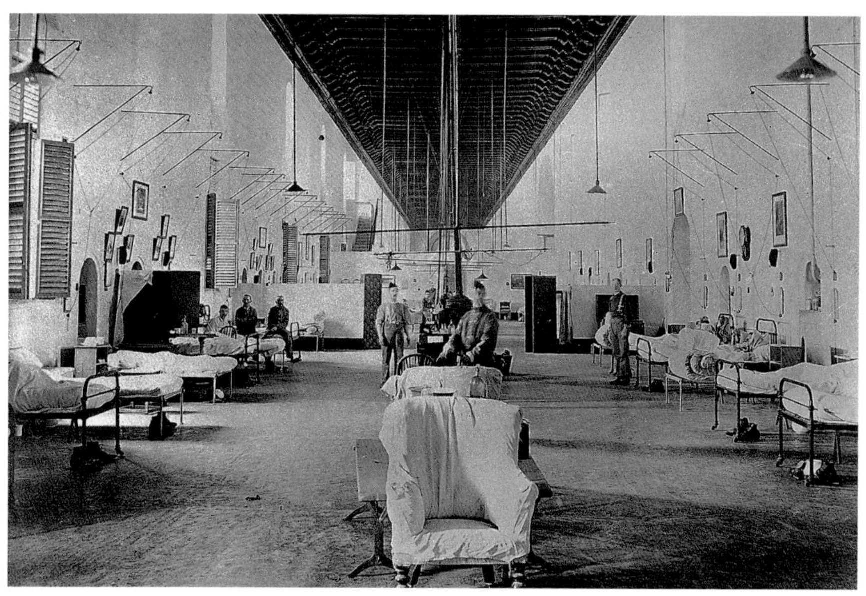

Die „Sacra Infermeria" wurde bis ins frühe 20. Jahrhundert als britisches Militärspital verwendet. Aufnahme 1906, Wellcome Collection, London.

An den Hospitalkomplex angeschlossen war ein kleiner Friedhof samt einer im Zweiten Weltkrieg zerstörten Barockkapelle, deren Krypta ab 1825 in Form eines „*Memento Mori*" mit den Gebeinen der im Spital Verstorbenen dekoriert wurde. Nicht weit davon entfernt stand ein halbkreisförmiger Lehrsaal, in dem täglich anatomische Vorlesungen gehalten wurden. Jeden Mittwoch fanden hier die Besprechungen des medizinischen Personals statt.

Die 1676 im Spital geschaffene Ausbildungsstätte für Anatomie und Chirurgie bildete die Vorläuferorganisation der 1771 errichteten Medizinischen Fakultät der Ordensuniversität auf Malta, die auf das jesuitische „*Collegium Melitense*" zurückging. Die im Zuge der Ausbildung vorgenommenen Sektionen der im Spital Verstorbenen führten seitens der Kirchenhierarchie zu erbitterten Protesten, lockten aber andererseits zahlreiche ausländische Gelehrte nach Valletta. Besonders mit französischen Hochschulen ergab sich so ein fruchtbarer Wissenstransfer, während über die Universitäten in Paris und Montpellier neuartige Operationstechniken, etwa im Bereich

Die Nibbia-Kapelle fungierte als Karner für die Gebeine der sezierten Leichen und wurde im Zweiten Weltkrieg durch eine Fliegerbombe zerstört.
Ansichtskarte, gelaufen 1927.

der Gallensteine oder des Grauen Stars, in der „Infermeria" Einzug hielten. Lange vor anderen Krankenhäusern wurde, wie Shirley Jackiewicz Johnston schreibt, die Praxis des Abkochens von Operationsinstrumenten auf Malta praktiziert und damit erste Grundlagen zur Desinfektion geschaffen. Die Dauer des medizinischen Studiums war auf Malta mit zehn Jahren festgelegt, und der Doktorgrad wurde durch ein öffentliches Prüfungskolloquium sowie eine Abschlussarbeit erworben.

Chefchirurg Michel'Angiolo Grima machte das Ordensspital und die medizinische Fakultät zu einer der führenden Forschungseinrichtungen Europas. Der 1729 Geborene begann mit zwölf Jahren seine Ausbildung in der „Sacra Infermeria" und vollendete seine Studien an den Universitäten Pisa und Florenz, wo er 1754 promovierte. Nach Wanderjahren in Europa kehrte er 1763 auf seine Heimatinsel zurück, baute das medizinische Lehrwesen an der Schnittstelle zwischen Ordensspital und Universität auf und veröffentlichte zahlreiche Fach- und Lehrbücher. Trotz verlockender Angebote aus Hauptstädten des Festlandes blieb er weiter in Valletta und konnte einen großen

Schülerkreis erreichen. Unter seinen begabtesten Studenten befand sich der 1745 oder 1746 in Valletta als uneheliches Kind geborene Joseph Barth. Der Priesterkomtur und Wiener Domkapitular Franz Paul von Smitmer nahm den talentierten Mediziner nach Wien, wo er 1772 seine Studien beendete und von Kaiserin Maria Theresia 1774 auf den europaweit ersten Lehrstuhl für Augenheilkunde berufen wurde und auch als kaiserlicher Leibarzt tätig war.

Links: Majolikakrug aus der Spitalsapotheke mit dem Wappen des 64. Großmeisters, Ramón Perellos y Roccafùl. Wellcome Collection, London.
Rechts: Der auf Malta geborene Wiener Arzt und Professor Joseph Barth sammelte erste Berufserfahrung in der „Infermeria“. Porträtminiatur von Heinrich Füger.

10.
„KORSO“ UND „KARAWANEN“

Die Lage im Mittelmeerbecken blieb auch in der zweiten Hälfte des 16. Jahrhunderts angespannt. Die Türken stellten trotz ihrer Niederlage auf Malta 1565 noch immer eine latente Bedrohung im mittleren und östlichen Seeraum dar, zumal die spanische Armada als größte Seemacht der Zeit an anderen Schauplätzen engagiert war. Zum Zankapfel entwickelte sich der in der Hand der Venezianer befindliche Handelsstützpunkt und ehemalige kurzzeitige Ordenssitz Zypern, der 1571 von einer osmanischen Streitmacht geradezu überrannt worden war.

Doch es war nicht die Serenissima, die nun einen militärischen Vergeltungsschlag forderte, sondern Papst Pius V. in Rom. Ihm gelang es, eine Allianz aus Spaniern mit ihrem Vizekönigtum Neapel und Sizilien, Genuesen, Venezianern, Savoyern und Malteserrittern unter dem Namen „Heilige Liga“ zu schmieden, die unter den Oberbefehl des illegitimen Halbbruders des spanischen Königs Philipp II., Johann von Österreich, besser bekannt als Don Juan d'Austria, gestellt wurde. Der erst 24-Jährige hatte bereits im Seekrieg gegen die afrikanischen Freibeuter Erfahrungen gesammelt und sich zuletzt bei der Niederschlagung des Aufstandes der Morisken in Granada (1568–1570) ausgezeichnet. Ende September 1571 zog der Habsburger bei Messina seine gewaltige Kriegsflotte mit 80.000 Mann Besatzung zusammen. Die von Don Juan d' Austria befehligte multinationale Flotte umfasste 215 Galeeren und Galeassen, die sich den 278 Schiffen der Hohen Pforte entgegenstellten. Die Malteser verdauten noch die Folgen der Belagerung von 1565, hatten zudem im Vorjahr in Gefechten mit dem Piraten Uludsch Ali drei Schiffe verloren und konnten daher nur drei Galeeren in die Schlacht entsenden. Dafür hatte der Orden seinen besten Schiffsführer, Mathurin d'Aux de Lescout, genannt Romegas entsandt, der das päpstliche Flaggschiff kommandierte.

Darstellung der Schlacht von Lepanto. Die Kapitänsgaleere der kleinen Malteser-Abordnung ist unter I dargestellt. Stich von Romeyn de Hooghe (zugeschrieben) nach Juan de Ledesma, 1670/99, Rijksmuseum Amsterdam.

Am 7. Oktober 1571 kam es im Ionischen Meer bei Lepanto, heute Navpaktos, vor dem Eingang zum Golf von Patras, zur entscheidenden Begegnung. Die von der Kampfkraft her unterlegene Flotte Don Juans, die noch dazu durch Sprachbarrieren und einen heterogenen Ausrüstungsstandard geschwächt war, vermochte die Osmanen niederzukämpfen, wobei die Malteserritter schwere Verluste hinzunehmen hatten. Die Türken verloren in dem grausamen Gemetzel rund 30.000 Mann, darunter etwa 5.000 Gefangene, sowie beinahe ihre gesamte Kriegsflotte. Über 12.000 christliche Sklaven wurden auf den erbeuteten osmanischen Schiffen befreit.

Der Sieg der christlichen Flotte bei Lepanto beendete nun für einige Jahre den Zustand eines offenen Seekriegs mit dem Osmanischen Reich. In dieser Situation nahmen einzelne Akteure an Bedeutung zu, und die Initiativen gingen auf Freibeuter und Korsaren über. Beispielsweise legte 1575 der Pirat Arnaut Mami im tyrrhenischen Meer Miguel de Cervantes (1547–1616), den späteren spanischen Nationaldichter und Autor des „Don Quijote“, in Ketten, als dieser verletzt auf dem Seeweg von Neapel nach Spanien zurückkehren wollte. 1588 ging Hassan Ağa mit seinen Männern im Kirchenstaat an Land, um dem „großen Papst der Christen“, damals Sixtus V., eine blutige Lektion zu erteilen. Sie plünderten, mordeten und raubten 150 Männer, Frauen und Kinder. Bei einem Vergeltungsschlag gelang es der päpstlichen Marine zwar, zwölf Galeeren des Freibeuters in ihren Besitz zu bringen, der Anführer jedoch konnte entkommen.

Die Maßnahmen der im Mittelmeer patrouillierenden christlichen Verbände hatten den Charakter punktueller, beinahe guerillaartiger Überfälle, die zur Abschreckung des potenziellen Gegners dienten und kaum in ein größeres strategisches Konzept eingeordnet werden können. In diesem Kräftezustand bildeten die lukrativen Ordenskarawanen das Rückgrat der Aktivitäten. Die Piraterie war derartig alltäglich, schreibt Roland Benn, dass sie ihre eigenen Umgangsformen hervorbrachte: Wer Ware von Marseille in die Levante verschiffen wollte, rechnete mit einem Überfall und tat besser daran, diesen geschehen zu lassen und sich nach dem Hehler zu erkundigen, um die Ladung in Algier oder Valletta zurückzukaufen. Marie Christine Engels berichtet in ihrer Studie über die niederländischen Handelsstützpunkte im westlichen Mittelmeer, dass holländische Kapitäne sogar „gemeinsame Sache“ mit den Korsaren machten, weil sie sich dadurch erhofften, die Frachtschäden zu verringern.

Trotz dieser annähernd geregelten Kreisläufe war die Freibeuterei eine blutige Angelegenheit. Benn greift auf die Schilderung des kurpfälzischen Reisenden Michael Heberer zurück, der 1585 auf einer Galeere des Malteserordens nach Osten gefahren war, um vor dem Nildelta islamischen Levantefahrern aufzulauern. Heberer erwähnt in seinem 1610 erschienenen Reisebericht detailliert, wie die aufgebrachten Schiffe zuerst beschossen und dann geentert wurden. Für die Zustände, die auf dem Beuteschiff herrschten, fand er eindringliche Worte: „Da war groß seuffzen und wehklagen von den Weibern, so noch ganz nackend in dem Schiff waren. Dann eine sah ihren Mann todt vor sich liegen, die andern sah ihren Mann lebendig von den Malthäsern hinweg in schwere Dienstbarkeit führen. [...] Dann das Schiff und das Meer lag voller Todten Cörper und entferbet sich von dem vergossenen Blut.“

Der 52. Großmeister, Hugo Loubenx de Verdale, empfängt vom Papst den Kardinalshut. Kupferstich aus dem Statutenbuch des Ordens von 1584.

Doch es ging nicht nur um den Seeraub, ganze Städte lebten vom Handel mit gestohlenen und abgepressten Gütern, denn ohne die Kaufleute in Livorno, Genua und Marseille wäre die Beute der Korsaren in Tripolis oder Algier verrottet. In seiner Geschichte der mediterranen Welt spricht Fernand Braudel denn auch von einem „allgegenwärtigen" „Korsarentum" und einem dichten „Netz von Hehlern und Komplizen" an allen Küsten.

Ab den beiden letzten Jahrzehnten des 16. Jahrhunderts entwickelte der Malteserorden selbst eine intensive Aktivität im „Korso", dem Kapergeschäft und im Sklavenhandel. Von Valletta aus wurde regelmäßig Kurs auf die nordafrikanische Küste genommen, um Barbareskenschiffe aufzubringen und verstärkt Jagd auf Sklaven zu machen. Am 13. August 1602 gingen die Besatzungen von fünf Ordensschiffen in Mahommeta (Hammamet, Tunesien) an Land, drangen mit einer List in die Stadt ein, plünderten, brandschatzten und führten 600 Gefangene auf ihre Galeeren. An dieser Expedition nahm der spätere Ordensritter Alonso de Contreras teil, dessen 2012 in deutscher Überset-

Der 54. Großmeister, Alof de Wignacourt, ein ehemaliger Kaperfahrer, mit Pagen im Prunkharnisch. Druck nach dem 1606/07 entstandenen Gemälde von Caravaggio im Pariser Louvre.

zung vorgelegte Erinnerungen das Geschehen eindringlich darstellen: „Wir kamen in Sichtweite des Landes eine Nacht, bevor wir dieses Unternehmen ausführten. Langsam fuhren wir weiter, bis zum Morgen, als wir ganz nahe waren. Nun befahl uns der General, uns allen Turbane um die Köpfe zu binden und den Fockmast abzutakeln. Man sollte uns nämlich für eine Galeote des Murat Reïs halten, was denn auch geschah. Wir hatten türkische Flaggen und Wimpel gehisst und spielten ‚alla turca' die Trommeln und Schalmeien. So gelang es uns, ganz nahe am Ufer Anker zu werfen; die Einwohner der Stadt, die unmittelbar am Ufer liegt, an dem wir angelegt hatten, zogen uns fast vollzählig entgegen, Kinder, Frauen und Männer. Dreihundert Mann waren zu dem Zweck ausgesucht worden, sie zögerten nicht, die Attacke auszuführen, griffen schnell das Tor an, nahmen es, und schon war die Stadt erobert. Wir nahmen alle Frauen und Kinder gefangen, auch ein paar Männer, viele waren nämlich geflohen. Dann betraten wir die Stadt und plünderten sie, aber da war nur schlechtes Zeugs, denn die Leute dort sind arm. So schafften wir siebenhundert Seelen und die armselige Beute auf die Schiffe."

Die Ordensritter gingen bei diesen Operationen nicht eben zimperlich vor, und selbst Großmeister wie Jean Parisot de la Valette, Hugues Loubenx de Verdale oder Alof de Wignacourt engagierten sich aktiv als Kaperfahrer. Freilich war die Position der Ordensleitung nicht durchgängig, denn die Freibeuterei unter der Ordensflagge wurde 1568 erstmals untersagt. Da diese Regelung keine allzu große Beachtung fand, wurde sie 1595 nochmals verlautbart, kurz darauf aber wieder aufgehoben. Letztlich bedurfte es einer päpstlichen Entscheidung, die 1732 die Ordensfreibeuterei gänzlich beendete. Oft war es auch die blanke Not auf der kargen Insel, die zum Auslaufen zwang. Salvatore Bono berichtet davon, dass die Galeeren unter dem Ordenskreuz sizilianische Getreidesegler aufbrachten und deren Kapitäne dazu zwangen, den Hafen von Valletta anzulaufen, wo die Fracht gelöscht wurde. Zu Aktionen dieser Art kam es quellensicher in den Jahren 1589, 1591 und 1602.

Mit der Sicherung des christlichen Seeverkehrs hatten die Operationen von Beginn an nicht mehr viel zu tun, sie sollten als lukrative Nadelstiche zur Verunsicherung im Maghreb führen.

Die Seeräuberei überlagerte zusehends die „Karawanen", die nun keine Straf- und Vergeltungsexpeditionen mehr waren, sondern einen immer größeren Aktionsradius aufwiesen. Dies musste nicht immer nur gut gehen: Der Ordensritter Filippo Mazza wurde 1534 von den Osmanen aufgegriffen und hingerichtet, als er in der Adria auf Kaperfahrt ging. Der bereits genannte Romegas eroberte 1564 vor Kefalonia im Ionischen Meer eine schwer bewaffnete türkische Galeasse, die im Besitz von Kustir Ağa, dem Haupteunuchen des Serails, stand und Waren im Wert von ca. 80.000 Dukaten geladen hatte. Die Luxusgüter wie Seidenstoffe gehörten zum Teil der Lieblingstochter Sultan Süleymans, der daraufhin den Angriff auf Malta als Vergeltung für diese Provokation befohlen haben soll.

Um die Aktivitäten der Kaperfahrt einem Regelwerk zu unterwerfen, wurden vom Großmeisteramt zwei Behörden ins Leben gerufen. Das 1605 konstituierte „Tribunale degli Armamenti per mare" diente als Gerichtshof in strittigen Beutefragen und war mit Jurisdiktionsgewalt für die unter der Ordensflagge segelnden Ritter zuständig. Als Instanzen fungierten das ordensweite Berufungsgericht „Tribunale dell' Udienza" und in letzter Konsequenz die päpstliche Rota in Rom.

Reger Schiffsverkehr, darunter zwei Ordensgaleeren, im Großen Hafen von Valletta. Am linken Bildrand wird das Kalfatern einer Galeere dargestellt, bei dem der Unterwasserrumpf mit Werg und Teer abgedichtet wird. Kupferstich von Georg Balthasar Probst, Augsburg, erste Hälfte 18. Jahrhunderts, Rijksmuseum Amsterdam.

In größere strategische Konzepte sind die Seeoperationen erst wieder ab dem frühen 17. Jahrhundert einzuordnen, als die Ordensflotte an den griechischen Küsten und in den vertrauten Gewässern der Ägäis agierte. Barockhistoriographische Chroniken des 16. und 17. Jahrhunderts listen die zahlreichen Gefechte und Überfälle mit buchhalterischem Heroismus auf, wobei das mehrbändige Werk von Bartolommeo dal Pozzo und besonders das 1650 in Augsburg erschienene Werk des deutschen Ordensfunktionärs Christian von Osterhausen zu nennen sind.

Im Frühjahr 1603 ließ der Galeerengeneral Ascanio Cambiano mit drei Ruderschiffen Kurs ins östliche Mittelmeer setzen. Im April hatte das Geschwader das Ionische Meer erreicht, wo die Festungen der Osmanen von Patras und Lepanto die Durchfahrt in den Golf von Korinth kontrollierten. Dementsprechend waren sie befestigt und mit einer starken Garnison belegt. Christliche Flotten hatten schon mehrfach versucht, hier durchzubrechen, waren bislang aber an den Zitadellen gescheitert. Den Maltesern

Auf den Schiffen des Ordens zählten auch Priester zur Besatzung, die an transportablen Altären, wie hier im Wignacourt Museum in Rabat, die Messe gelesen haben. Foto Gregor Gatscher-Riedl.

gelang die weitgehende Zerstörung der Befestigungen, wobei sie sechzehn Bronzegeschütze und 392 Sklaven erbeuteten. Im Jahr darauf gelang ein Schlag gegen die Festung Langò auf der einstigen Ordensinsel Kos mit 165 Gefangenen.

1611 waren die Ordensgaleeren gleich an zwei Schauplätzen involviert. Das Ziel war neuerlich Langò, das in einem gemeinsam mit einer neapolitanischen Flottille durchgeführten Nachtangriff dem Erdboden gleichgemacht wurde. Ein anderes Geschwader von fünf Ruderschiffen mit Großkomtur Jean de Vassadel-Vacqueyeras lief am 1. Mai mit dem Ziel aus, den befestigten Hafen Navarino, heute Pylos, auf dem Peloponnes einzunehmen. Es stellte sich allerdings heraus, dass mit den vorhandenen Kapazitäten die Eroberung nicht gelingen würde, sodass die Ordensgaleeren Richtung Norden abdrehten. Als Ausweichziel wurde Korinth identifiziert und eine amphibische Kommandoaktion ausgearbeitet, bei der das Überraschungsmoment ausgenützt werden sollte. Eine Abteilung von achthundert Mann wurde im Schutz der Dunkelheit an Land gesetzt, die im Handstreich ein Stadttor überwältigen konnte und die Siedlung in den Worten Johann Wilhelm Zinkeisens „fast rein ausplünderten und 500 Türken als Sklaven mit sich wegnahmen. Alles, was sich in der Umgegend von Truppen befand, mehr als 10.000 Mann zu Fuß und zu Pferd, wurde sogleich gegen diese verwegenen christlichen Freibeuter aufgeboten; sie hatten mit ihrer Beute schon wieder glücklich ihre Schiffe erreicht, ehe noch die ihnen nachsetzenden Osmanen am Ufer erschienen." Der englische Übersetzer Edward Grimstone bewertete 1615 den unerwarteten Erfolg des Husarenstücks in enthusiastischen Worten: „This was one of the most desperate enterprises that hath been of long time seen" und lobte die Tapferkeit der Ordensritter, „whom we might term the masters of the Mediterranean sea." Nach der Rückkehr am 11. Juni hoben die Schiffe bereits wenige Tage später neuerlich die Anker, um vor der nordafrikanischen Küste zu patrouillieren. Hier fielen ihnen drei Schiffe und 130 Gefangene in die Hände, mit denen sie am 2. Juli wiederum nach Valletta zurückkehrten.

Ein verwegenes Unternehmen gelang Alphonse de Castel St. Pierre, der im April 1620 mit nur 480 Mann einen Angriff auf das Kastell Tornese, heute Chlemoutsi, im Westen des Peloponnes ausführte. Die mittelalterliche Kreuzfahrerburg galt als Kornkammer und Warenlager des osmanischen Zolls für ganz Griechenland. Mit griechischer Hilfe war im Vorfeld die Situation ausspioniert und die Stärke der in der Umgebung stationierten osmanischen Truppen mit 4000 Mann angegeben worden. Im Schutz der Dunkelheit drang das Ordenskontingent in die wenig bewachte Burganlage ein und konnte eine reiche Beute, vor allem an Seidenstoffen und Gewürzen, mit sich nehmen.

Das Engagement des Ordens schlug sich 1620 in der Verleihung des Reichsfürstenstandes an den 54. Großmeister, Alof de Wignacourt, und seine Nachfolger mit dem Prädikat „Hoheit" nieder. Allerdings war dem Großprior der Deutschen Zunge bereits 1548 diese Ehrung zuteilgeworden.

Die Landungen an der griechischen Küste wurden seltener, da sie durch ihre weiten Anfahrtswege Schiffsraum und Besatzungen langfristig banden. Die hohe Zahl der eigenen Verwundeten, die, wenn überhaupt, nur mehr leblos in Malta ankamen, beschleunigte die Abkehr von riskanten Küstenüberfällen, die beiderseits des Mittelmeers ab dem zweiten Drittel des 17. Jahrhunderts seltener wurden.

Ordensritter beim Ansturm auf eine osmanische Festung.
Kupferstich im Statutenbuch des Ordens des 52. Großmeisters, Hugo Loubenx de Verdale, von 1584.

Eine letzte Blüte erlebte die Ordensflotte unter dem österreichischen Galeerengeneral Johann Joseph Graf von Herberstein. Der 1630 als Sohn eines steirischen Geschlechts Geborene wurde mit dreizehn Jahren „*minoris aetatis*" und mit vierfacher Passagegebühr in den Orden eingeschrieben. Mit dem halbwüchsigen Eintritt war eine entsprechende „Anciennität" verbunden und somit früher die Anwartschaft auf eine Kommende gegeben, wie Herberstein-Biograph Robert L. Dauber erläuterte. Die so in das Noviziat des Ordens aufgenommenen Halbwüchsigen hatten bis zu ihrem 25. Lebensjahr Zeit, die Feierliche, also Ewige Profess abzulegen. Als nächster Schritt auf der Ordensleiter waren vier „Karawanen" zu absolvieren, die mit jeweils einem halben Jahr bemessen waren. Die jungen Ordensritter nahmen dabei auf Feindfahrten des Ordens teil oder leisteten Dienst im Ordenshospital. Sinn dieser Ausbildungsmodule war es, die zukünftigen Entscheidungsträger aus unmittelbarer Nähe mit authentischen Tätigkeitsfeldern des Ordens vertraut zu machen. Zudem sollte auf diese Art die in den Statuten vorgeschriebenen Tugenden Selbstbeherrschung, Ordnung und Gehorsam eingeübt werden.

Der aus einer steirischen Familie stammende Johann Joseph Graf von Herberstein leitete in der zweiten Hälfte des 17. Jahrhunderts als Galeerengeneral die Operationen der Ordensflotte. Kupferstich, Sammlung Robert L. Dauber.

Der Aristokrat machte am Konvent in Valletta rasch Karriere, stand als Großbailli zwischen 1676 und Frühjahr 1682 der Deutschen Zunge vor und wirkte als Ratsmitglied in der Ordensregierung. Als Großprior in Ungarn waren seine Aufgaben eher dekorativer Natur. Nach Valletta zurückgekehrt, wurde ihm die Führung der Ordensflotte anvertraut, mit der er im Ionischen Meer vor der griechischen und albanischen Küste operierte und somit starke osmanische Verbände in Schach hielt.

Franz Sigismund von Thun-Hohenstein wurde im Alter von siebzehn Jahren 1656 in die „Sacra Religione" aufgenommen und als Großprior von Böhmen 1694 zum Admiral ernannt. 1695 führte er mit einem einfachen Dreimaster bei Tripolis eine „Siegesthat" aus und am 16. Oktober 1696 wehrte er an der Spitze eines Galeerenverbandes wiederholte Angriffe der weit überlegenen türkischen Flotte zwischen den Inseln Samos und Chios ab. Nun ernannte ihn Papst Innozenz XII. zum Oberbefehlshaber seiner Flotte, und in einer Familienchronik des Hauses Thun-Hohenstein heißt es, er wäre 1696 beinahe „zum Großmeister des Maltheserordens erwählt worden, hätte nicht Nationaleifersucht seine Wahl vereitelt."

11. UMFANG UND KAMPFKRAFT DER ORDENSFLOTTE IM 16. UND 17. JAHRHUNDERT

Als die Ritter 1530 auf Malta landeten, brachten sie in ihre neue Operationsbasis bereits eine ansehnliche Flotte verschiedener Schiffstypen mit. Ein entsprechender Schiffspark war die Voraussetzung, um den Aufgaben einer christlichen Seemiliz im Mittelmeer nachkommen zu können. Herzstück des schlagkräftigen Verbandes bildete die 1522 in Nizza gebaute Karacke „Santa Anna“, die eine Weiterentwicklung des einstigen Ordensflaggschiffs „Santa Maria“ darstellte, mit der der der 44. Großmeister, Philippe de Villiers de l'Isle-Adam, Rhodos am Neujahrstag 1523 verlassen hatte.

Der Viermaster galt als eines der größten und modernsten Schiffe seiner Zeit. Der hochbordige Rumpf war bis in die Höhe von zwei Decks über der Wasserlinie mit Bleiplatten verkleidet, woraus neben der Wasserundurchlässigkeit der Holzplanken eine frühe Form der Panzerung resultierte. Die schwimmende Festung trug fünfzig großkalibrige Kanonen, die den an Land gebräuchlichen Feldschlangen glichen, und weitere kleinere Geschütze am Vorderkastell und im Heck. Die Bewaffnung der „Santa Anna“ allein betrug die Hälfte der gesamten Schiffsartillerie des toskanischen Stefansordens im späten 16. Jahrhundert, die bei 120 Kanonen lag. Die Feuerkraft war so bemessen, dass das Schiff den Angriff eines ganzen Galeerengeschwaders abwehren konnte. Von der „großen Karacke von Rhodos“ steht noch in der Ordensgeschichte von John Taafe aus 1852 Atemberaubendes zu lesen: Der Segler sei acht Decks hoch gewesen und habe so viel Speicherraum für Vorräte besessen, dass er ein halbes Jahr auf See bleiben konnte, ohne einen Hafen anzulaufen. Die Besatzung habe sich dabei nicht von eintönigem Schiffszwieback ernähren müssen, sondern es sei in einem gemauerten Ofen täglich frisches Brot gebacken worden. Das Schiff galt den Zeitgenossen als unsinkbare Verkörperung der Schiffsbaukunst und hatte eine Rüstkammer, in der fünfhundert Mann Landungstruppen bewaffnet werden konnten. Gekrönt worden sei dies nur durch die Wendigkeit und Schnelligkeit des Seglers, dessen Besatzung ohne Truppen mit dreihundert Mann angegeben wird. Die Seitenbeplankung aus mehreren Schichten Metall sei mit Bronzeschrauben befestigt und so stark gewesen, dass kein Beschuss ihr hätte etwas anhaben können.

Das Einsatzpanorama des Nurseglers lag neben repräsentativen Aufgaben als „Grand Nef" des Großmeisters daher vor allem in der Feuerunterstützung bei Landungsmanövern, wie etwa im Juni 1535 beim Angriff des spanischen Expeditionskorps auf das von Hayreddin Barbarossa gehaltene Fort La Goulette bei Tunis. Die Feuerkraft der „Santa Anna" schoss breite Schneisen in den Befestigungsgürtel, die den Landungstruppen das Eindringen ermöglichten. Zugleich gaben die Schiffe mit ihrer hohen Bordwand den niedrigeren Galeeren Feuerschutz. Auf der „Santa Anna" war – wie auf allen Schiffen der Johanniter – medizinisches Ordenspersonal vorhanden, sodass die Versorgung Verwundeter ebenfalls an Bord erfolgte.

Eine Größenklasse darunter angesiedelt waren die Galeassen, die eine Weiterentwicklung der Galeeren im Hinblick auf Seetüchtigkeit und Bewaffnung darstellten. Dieser in der Mitte des 16. Jahrhunderts entwickelte Typ war die schwerste Bauart von Ruderschiffen. Mit mehreren Decks trug sie der zunehmenden Bedeutung der Schiffsartillerie in den christlichen Mittelmeerflotten Rechnung. Die Takelage bestand aus drei Lateinersegeln, und obwohl die Galeassen zu heftigem Schlingern neigten, waren ihre Segeleigenschaften weitaus besser als jene der Galeeren. Als Hauptantrieb dienten dennoch die etwa 16 Meter langen Riemen, die „a scaloccio" von je 5 bis 8 Mann bedient wurden. Zur Besatzung dieser bis zu 400 Ruderer kamen noch rund 200 Seeleute und Soldaten. Die Bewaffnung war auf Bug und Heck verteilt, der „Coursier" als stärkstes Geschütz mit einem Kaliber von 50 bis 80 Pfund befand sich in der Schiffsachse im Vorschiff. In späterer Zeit führten die Galeassen bis zu zehn schwere Bugkanonen und acht Heckgeschütze mit. Bereits zur Zeit der Schlacht von Lepanto waren die Galeassen trotz ihrer Schwerfälligkeit in der Lage, den Kampf mit bis zu fünf Galeeren gleichzeitig aufzunehmen.

Die Ordenskaracke „Santa Anna" in der Bildmitte, links das portugiesische Schiff „Sao João Batista" beim Beschuss von La Goulette bei Tunis 1535. Stich von Frans Hogenberg, Rijksmuseum Amsterdam.

Dennoch bildete die Galeere bis in die erste Hälfte des 18. Jahrhunderts hinein den Standardtyp des Kriegsschiffs im Mittelmeer, der eine bis in die Antike zurückreichende Vergangenheit aufwies. Phönizier, Griechen, Römer und Byzantiner hatten ihre Schifffahrtserfahrung durch Jahrhunderte in die Weiterentwicklung dieses gut beschleunigbaren Schiffstyps eingebracht. Die Angriffstechnik zielte auf die nach Anlauf ausgeführte Rammung der gegnerischen Schiffswand mit dem Burgsporn oder auf die Zerstörung der Ruderanlage, um längsseits mit einem Entermanöver von den eigenen, erhöhten Kampfplattformen am Vorschiff angreifen zu können. Der eigentliche Schwimmkörper war rund fünfzig Meter lang, sehr schmal und stromlinienförmig. Darauf lagen quer zur Fahrtrichtung brückenförmige Ausleger, die steuer- und backbordseitig die „apostis" genannte Ruderauflage trugen. So konnte an Deck eine Breite von rund 6 Metern erzielt werden. Der Tief-

Links: Heckansicht der „Santa Anna“. Kupferstich aus der ersten Hälfte des 16. Jahrhunderts. Rechts: Ein Modell der Karacke im Marinemuseum in Birgu. Teile des verzierten Hecks der „Santa Anna“ wurden im Großmeisterpalast eingebaut. Foto Steve Estavnik.

gang der flachkieligen Schiffe betrug lediglich einen Meter, und bei voller Besatzung lag das Schiff tief im Wasser, sodass bei stärkerem Wellengang die Ruderer oft bis zur Hüfte umspült wurden.

Die Zahl der bis zu 11 Meter langen Riemen wird mit 25 bzw. 26 auf jeder Seite angegeben. Um diesen Antrieb „a scaloccio“ in Bewegung zu halten, waren bis zu sechs Mann vonnöten, von denen die jeweils inneren nicht sitzen konnten, sondern stehend ihre schweißtreibende Arbeit verrichten mussten. Auf einer großen Galeere mit 30 Riemen, die von den Zeitgenossen als „capitana“ oder „bastarda“ bezeichnet wurde, waren bis zu 300 Mann der „Ciurma“ genannten Ruderbesatzung an Bord. Dafür wurden Sklaven oder Kriegsgefangene eingesetzt, ergänzt durch einheimische Verbrecher, nachdem die Verurteilung auf die Galeere als gefürchtetes Strafmaß eingeführt worden war.

Eine maltesische Galeere in Gefechtsbereitschaft. Wie auf der Plattform des Vorschiffs deutlich wird, waren die damaligen Gefechte hauptsächlich Enterkämpfe, während die Schiffsartillerie nur in Fahrtrichtung feuern konnte. Kupferstich aus dem 1629 erschienenen Schiffsbauhandbuch „Architectura navalis" von Joseph Furttenbach.

Galeerensklaven führten ein nahezu unmenschliches Dasein. Sie waren an den Ruderbänken festgekettet und blieben so unter freiem Himmel, ohne Schutz gegen die Witterung, in Schmutz und Ungeziefer, solange sich das Schiff außerhalb des Hafens befand. Bei kärglicher Ernährung wurden größte Anstrengungen (täglich bis zu 10 Stunden Schwerstarbeit) gefordert, was laut Joseph Grima eine Sterblichkeitsrate von 60 Prozent zur Folge hatte. Auf dem Achterdeck neben dem Kapitän gab der „Comite" die Schlagzahl und damit die Ruderkommandos vor. Die Disziplin und Leistung wurde von zwei bis drei Steuerleuten („Agozzini") im Bug, mittschiffs und achtern aufrechterhalten, die sich mit der Peitsche vom Laufgang aus Respekt zu verschaffen wussten und die Ruderer bis zur tödlichen Erschöpfung antrieben. Die Höchstgeschwindigkeit der Galeeren betrug etwa 4 Knoten (also knapp 7,5 km/Stunde) ohne Segelunterstützung.

Dieser Zusatzantrieb bestand in einem Großmast in der Schiffsmitte, einem Fockmast im Vorschiff und manchmal einem Besanmast im Heck, an denen die Lateinersegel aber nur dann gesetzt wurden, wenn kein Angriff zu befürchten war oder längere Entfernungen zurückgelegt werden mussten.

Detailansicht der „rambata" im Vorschiff und des verzierten Hecks einer maltesischen Galeere vor der stilisierten Kulisse des Fort St. Angelo.
Kupferstich von Stefano della Bella, um 1650/60. Metropolitan Museum of Art, New York.

Als Standardbewaffnung führten die Schiffe drei bis fünf Buggeschütze zwischen vier und 36 Pfund, welche fest in Fahrtrichtung verankert waren. Eine Änderung des Schussfelds war daher nur durch Manövrieren des Schiffes möglich. Außerdem gehörten Mörser zur Ausstattung, die Steine von 30 bis 80 Pfund über kürzere Entfernungen verschossen. Für die Gefechtstaktik hatte die Artillerie eher geringe Bedeutung. Wegen der beschränkten Reichweite der Bewaffnung mussten die Schiffe im Gefecht so nah wie möglich Bord an Bord gelangen. Daher gab der Enterkampf den Ausschlag, der von den militärischen Schiffsbesatzungen geführt wurde, zu denen die Ordensritter und die in Ausbildung befindlichen „Karawanisten", Unteroffiziere und Soldaten zählten.

Die Galeeren und auch die Galeassen des Ordens wurden in italienischen und französischen Häfen, aber auch in Valletta auf Kiel gelegt und ausgerüstet. Als Bauholz wurde Eiche bevorzugt, die nach Malta importiert werden musste. Das Aussehen und die Konstruktionsweise der Schiffe sind im 1629 in Ulm erschienenen Buch „*Architectura Navalis*" von Joseph Furttenbach mit zahlreichen detailgetreuen Kupferstichen gut dokumentiert. An einem um

Ein Nachbau der in „Architectura navalis“ dargestellten Ordensgaleere als detailgetreues Holzmodell. Foto Michael Czytko.

1770 gebauten und gut zwei Meter langen Holzmodell, das sich im Depot des britischen National Maritime Museum in Greenwich bei London befindet, wird die Kunstfertigkeit der mediterranen Schiffbauer besonders deutlich. Bereits die „rambata“ genannte Kampfplattform im Vorschiff, in der die Geschütze untergebracht waren, wies ornamentierte Schnitzarbeiten auf. Der darunter befindliche Bug war als mit Bronzeplatten verkleideter „sperone“ (= Sporn) zur Rammung feindlicher Schiffe ausgeführt.

Ihre Kulmination fand die Gestaltung in den Aufbauten achtern, die oberhalb des als gerundeter „cul-de-monin“ ausgeführten Hecks als Schauseiten ausgeführt waren. Die „fiancati“, geschnitzte und bemalte Seitenwände des Achterdecks, bestanden aus zwei oder drei Paneelen, die zumeist mit mythologischen Szenen verziert waren. Zum Heck hin liefen sie in der plastischen Figur eines Riesen oder Atlanten aus, dessen Schultern und Arme die überhängende „timoniera“ trugen, von der aus das Schiff mit der Ruderpinne gesteuert wurde. Seitlich war der „carosse“ genannte Heckbereich mitunter von den umlaufenden „bandidi“ flankiert. Diese Balkone dienten den Ordensrittern nicht nur als Aufenthaltsort und Schlafplatz, sondern ebenso wie die „spalliera“ (=Brüstung) im Nahkampf als Enterbrücken.

Am höchsten Punkt der Heckplattform über dem tonnenförmigen Gestell für das Sonnensegel waren je nach Rang der Galeere als „Capitana“, „Padrona“ oder einfaches Schiff eine oder mehrere Laternen angebracht. Diese Beleuchtungskörper waren verschwenderisch gestaltet und galten mit bis zu zwei Metern Höhe als begehrte feindliche Trophäen. Das mit Kupfer verkleidete hölzerne *Corpus*, in dem sich die mit Olivenöl betriebene Flamme befand, war mit Glaseinsätzen versehen und bei den Ordensgaleeren vom Ordenskreuz überhöht. Der Aufwand, der in die Gestaltung des Heckbereichs einer Galeere investiert wurde, betrug zwischen einem Zehntel und einem Achtel der Gesamtbaukosten des Schiffes.

In krassem Gegensatz zu diesem Prunk gestaltete sich für sämtliche Besatzungsmitglieder der Aufenthalt als „Hölle an Bord“. Um die Schiffe schnell und wendig zu machen, wurde im Sinne maximaler Raumausnutzung beim

Eine Spezialität der Insel Gozo war der für Transporte konstruierte Schiffstyp der „Speronara“. Aquarell von Louis Ducros, 1778. Rijksmuseum Amsterdam.

Ansicht des Galeerenhafens im „Galley Creek", der tief eingeschnittenen Bucht zwischen Senglea und Birgu. Der hölzerne Kran rechts diente zum Aufstellen der Masten in den Schiffsrümpfen. Aquarell von Louis Ducros, 1778. Rijksmuseum Amsterdam.

Bau der Galeeren auf Einbauten und Unterteilungen verzichtet. Dementsprechend waren selbst für Ritter und Offiziere Räume für Rückzug und Privatsphäre nicht vorhanden. Unterhalb der „rambata" war eine Krankenstation untergebracht, in der Verletzte behandelt wurden. Erkrankte ein Galeerensklave, so wurde seine Behandlung vom „Re di Galera", dem dienstältesten „Karawanisten", überwacht.

Auf der Backbordseite fehlte eine Ruderbank, hier befand sich eine Kombüse mit einer gemauerten Feuerstelle. An Steuerbord konnte eine Barkasse zu Wasser gelassen werden, die zum Übersetzen an die Küste diente und sechs Ruderpaare aufwies. Zusätzlich war sie mit einem umlegbaren Mast versehen, der mit einem Lateinersegel geriggt werden konnte.

Die Galeeren des Ordens verdrängten rund 150 Tonnen (= ca 15.000 Liter Wasser) und waren, so sie nicht im Kampf verloren gingen, zwischen zehn bis zwölf Jahre seefähig. An dieser Lebensdauer orientierte sich der Ausstoß des Arsenals, das im „Porto delle Galere"(heute „Dockyard Creek" zwischen Vittoriosa und Senglea) auch mit Ausbesserungsarbeiten und Wartung befasst war. 1654 wurde ein weiteres Dock unterhalb der heutigen Baracca Gardens in Valletta eingerichtet. Hier befand sich auch ein ganzer Cluster an Schiffsausrüstern, Magazinen und Lagerhallen, während sich die eigentliche Schiffswerft eine Bucht weiter in Bormola (Cospicua) befand.

Etwas kleiner als die Galeeren waren die Schebecken, die mit einem Tiefgang von bis zu drei Metern auch deutlich manövrierfähiger und wendiger waren. Diese schnellen, an der nordafrikanischen Küste verbreiteten Nur- oder Rudersegler wurden von der Ordensmarine besonders für die Kaperfahrt geschätzt, da an Bord mehr Beute verstaut werden konnte. Speziell für den Verkehr zwischen dem maltesischen Archipel und Sizilien war der Typ der „Speronara“ entworfen worden, der vor allem auf Gozo gebaut wurde.

Neben der technischen Komponente und der Ausrüstung war die Flotte auch in hohem Maße von der Verfügbarkeit ausgebildeter Besatzungen abhängig. Um die im späten 17. Jahrhundert vorhandenen acht Schiffe zu einem Angriff auslaufen lassen zu können, waren immense Personalressourcen notwendig: Die Zahl der notwendigen Ruderer, Besatzungsmitglieder inklusive der „Karawanisten“ und Landungstruppen belief sich auf zumindest 2600 Mann. Desanka Schwara interpretierte die intensiven Forschungsarbeiten Salvatore Bonos dahingehend, dass etwa die Hälfte der in den „Ciurme“ des Ordens eingesetzten Sklaven gekauft, die andere gefangengenommen wor-

Eine aktuelle Vergleichsaufnahme aus dem Galeerenhafen. Mit der Übersiedlung der Ordensregierung nach Valletta entstanden hier Segelnähereien, Seilfabriken und später das Dock No. 1 der britischen Marinewerft, die bis in die 1980er Jahre in Betrieb blieb. Foto Ievgenii Fesenko.

Die „Capitana“ des Galeerengeschwaders in voller Besegelung und Flaggengala mit der Fahne des 70. Großmeisters, Emmanuel de Rohan-Polduc, beim Einlaufen in den Galeerenhafen vor dem Hintergrund Vallettas. Undatiertes Aquarell in der Art des 18. Jahrhunderts. Sammlung Vinkhuizen, New York Public Library.

den war. Der Orden kaufte die meisten Ruderer auf dem Sklavenmarkt in Malta, weitere wichtige Märkte waren Toulon, Livorno und Genua.

Im 18. Jahrhundert betrug die Stärke des militärischen Apparats auf Malta rund 450 Ritter, 300 Kavalleristen, 400 Artilleristen, 1.200 Füsiliere, 12.750 einheimische Milizionäre und rund 2400 Seeleute. Ein stehendes Regiment mit einer Stärke von 1055 Mann stationierte der Orden erst im September 1777 auf der Insel. Es war nach dem Vorbild der französischen Linieninfanterie organisiert und ausgerüstet. Die Landstreitkräfte standen unter der Kontrolle einer „Kriegskongregation“, die sich aus dem Marschall als direktem Oberbefehlshaber, seinem Stellvertreter, vier Offizieren im Rang eines Generalleutnants und vier Großkreuzrittern zusammensetzte, die von den Zungen nominiert wurden. Diesem Gremium beigeordnet waren der Chefingenieur und Kommissär der Befestigungswerke, der Artilleriekommandant, die Obersten des Inselregiments und der Ordenskavallerie sowie ein Militärrichter als Rechtsberater.

Fertigstellung und Ausrüstung eines der beiden am Ende des 18. Jahrhunderts vorhandenen Linienschiffe der Ordensflotte im „French Creek" vor dem Hintergrund Sengleas. Aquarell von Louis Ducros, 1778. Rijksmuseum Amsterdam.

Weniger aufwändig gestalteten sich die Kommandoebenen der maritimen Aktivitäten; dem zumeist italienischen Ordensadmiral war der General der Galeeren als militärisch eigenverantwortlich agierender Flaggoffizier unterstellt. Über den genauen Umfang der Flotte im zeitlichen Längsschnitt liegen nur unvollständige Informationen vor. Belegt ist, dass die Flottenstärke des Ordens im späten 17. Jahrhundert acht Galeeren und weitere Schiffe wie Galeassen umfasst hatte. Ihre Zahl ging bis Anfang des 18. Jahrhunderts auf vier zurück. Galeeren wurden aber noch bis ins 18. Jahrhundert gebaut. Piraterie und Sklavenhandel lieferten einen steten Nachschub an billigen Ruderkräften, zudem waren die Galeeren einfacher und in durchschnittlich acht Monaten auch schneller zu bauen als die technisch hochkomplexen Linienschiffe, die ab 1705 und somit im europäischen Vergleich sehr spät zum Einsatz kamen. Dabei sollte es bis zur Auflösung der johannitischen Ordensmarine im letzten Drittel des 18. Jahrhunderts auch bleiben.

12.
SCHLEICHENDER NIEDERGANG IM 18. JAHRHUNDERT

Je intensiver die Paläste, Puderperücken, Federbüsche, Barockkuppeln und Kirchtürme auf Malta in die Höhe wuchsen, desto mehr ging die realpolitische Bedeutung des Malteserordens zurück. Dafür waren mehrere Gründe ausschlaggebend. Zum einen war die Bedeutung des Mediterraneums als zentraler geopolitischer Schauplatz zurückgegangen. Selbst Anrainermächte wie Spanien oder Frankreich verlagerten wirtschaftliche Akzente in ihre überseeischen Besitzungen in der Neuen Welt. In Folge des Erlahmens der militärischen Aktivitäten der Osmanen nach der Niederlage vor Wien 1683 und deren Festschreibung im Karlowitzer Frieden 1699 verringerten sich auch die maritimen Aufgaben und Herausforderungen für die Malteser, was in die Redimensionierung der kostspieligen Kriegsflotte mündete.

Ihren letzten, großen Auftritt auf der Weltbühne hatten die Ordensschiffe, als 1714 das osmanische Reich der Republik Venedig den Krieg erklärt hatte, die sich in einer ausweglosen Lage befand und auf der Basis der „Heiligen Liga" von 1684 den Kaiser um Unterstützung bedrängte. Der römisch-deutsche Kaiser Karl VI. nahm 1716 die Führung einer militärischen Allianz unter der Beteiligung des Ordens, des Papstes und einiger italienischer Staaten in die Hand. Trotz spanischer Störversuche erreichte die militärische Kampagne mit dem Frieden von Passarowitz (Požarevac, Serbien) vom 21. Juli 1718 einen Teilerfolg: Österreich konnte auf Kosten des Osmanischen Reiches seine größte territoriale Ausdehnung in Südosteuropa erzielen, und der Kaiser proklamierte in der Folge die freie Schifffahrt in der Adria. Für die Venezianer hingegen besiegelte das Dokument den Beginn des Abstiegs in die Bedeutungslosigkeit.

In der Folge traten friedliche Handelsabkommen an die Stelle permanenter kriegerischer und seepolizeilicher Konfrontation, und wirtschaftliche Interessen überwölbten die religiös motivierten Organisationsideologien. Nach einer langen Zeit der Unterbrechung fuhren Schiffe, beladen mit Waren aller Art, in die Levante und durch den Bosporus bis ins Schwarze Meer. Als Restrisiko verblieben lediglich auf eigene Faust operierende Korsaren, die sich weder um den Sultan in Istanbul noch um die tributpflichtigen Herrscher in den Barbareskenstaaten kümmerten.

Dem geringeren Aufgabenhorizont fiel die Disziplin der „Karawanen" zum Opfer. Die Patrouillenfahrten dauerten nur mehr ein bis drei Monate statt des vorgeschriebenen halben Jahres. Helmut Watzlawick lässt in seiner diesbezüglichen Untersuchung eine kritische Stimme zu Wort kommen, die die Einschiffungen als „Spazierfahrten zu den Häfen Italiens und Siziliens" bezeichnete, „wo die Ritter die vorgeschriebene Dienstzeit mit Spielen, Feiern, Spektakeln und Festgelagen verbringen". Die militärische Disziplin erschöpfte sich zusehends in einem zur Maskerade erstarrten Zeremoniell aus prachtvollen Uniformen und der Befolgung protokollarischer Pflichten.

Die Aushöhlung der religiösen Bindung ging einher mit der stillschweigenden Duldung freimaurerischer Aktivitäten unter den Rittern. Die Loge „Saint-Jean d'Ecosse du Secret et de l'Harmonie" wurde 1764 eröffnet und wirkte, allen päpstlichen Verboten zum Trotz, ungehindert bis 1771. Anderthalb Jahrzehnte später wurde die „Königliche Kunst" durch den Prager Ritter Johann Karl Kolowrat-Krakowský wiederbelebt.

Als 1783 ein Erdbeben Reggio di Calabria auf dem italienischen Festland und Messina auf Sizilien verwüstete, sandte das Großmagisterium sofort Ordensschiffe zur Hilfeleistung aus, obwohl auch auf Malta Schäden zu verzeichnen waren. Unter der Ladung befanden sich zahlreiche Zelte, zweihundert Betten und ein Feldspital mit Ordensärzten und rund zwanzig Kisten der verschiedensten Arzneien. Als der sizilianische König Ferdinand von Neapel aus depeschierte, dass er die Malteser nicht gerufen habe und die Unterstützung keinesfalls annehmen könne, ließ der 70. Großmeister, Emmanuel de Rohan-Polduc, laut Ernst Staehle kühl darauf antworten, dass der Orden lediglich seiner Aufgabe nachkomme, „allen Christen, die in Not sind, zu helfen."

Allerdings wurde es für den Orden immer schwieriger, im europäischen Mächtegleichgewicht die notwendige Äquidistanz zu allen Seiten zu wahren.

1) Zum Alltag in Valletta gehörten zahlreiche Prozessionen aus weltlichen wie geistlichen Anlässen. Hinter dem Großmeister, der dem Zug voranging, schritt ein Standartenträger mit der Ordensfahne. Undatiertes Aquarell im Stil von Vincenzo Feneck.
2) Der Standartenträger mit Sopraweste über der Ordensuniform und einer Ehrengarde beim Betreten der Ordenskirche in Valletta.
3) Offizier der persönlichen, aus Ordensrittern gebildeten Ehrengarde des 70. Großmeisters, Emmanuel de Rohan-Polduc, in Paradeuniform.
4) Uniform des Generals der Galeeren im Rang des Großkreuzes des Ordens, im Hintergrund die „Capitana“ der Galeerenflotte.

5) Großkreuz-Bailli im Zivilkleid mit Ordensdekoration und Sopraweste auf der Piazza della Tesoriera (Misrah Ir-Repubblika) in Valletta, im Hintergrund der Großmeisterpalast.
6) Der Gouverneur von St. Angelo in der entsprechenden Uniform mit Ordensgroßkreuz vor der Festung.
7) Der Kommandant des Forts St. Elmo in Uniform mit der Dekoration eines Großkreuzes vor der Kulisse Vallettas.
8) Der Befehlshaber des Forts Ricasoli mit Uniform und Knopflochdekoration an der Einfahrt zum großen Hafen. Alle Bilder Sammlung Vinkhuizen, New York Public Library.

Spätestens mit dem Spanischen Erbfolgekrieg zwischen 1701 und 1714 war es zur Bildung großer Macht- und Bündnisblöcke in Europa gekommen, die einen politischen Offenbarungseid immer unausweichlicher machten. Auch wenn die Großmeister anderen Ordenszungen angehören mochten, so stellten die in drei Nationen organisierten Franzosen gut zwei Drittel der Ritterschaft und rund zweihundertfünfzig von insgesamt mehr als sechshundertfünfzig Ordenskommenden.

Gegen dieses Übergewicht konnten auch Neugründungen wie die kurzlebige „Bayerisch-Englische Zunge" nichts ausrichten, in die mit Zustimmung des englischen Königs Georg III. die seit Mitte des 16. Jahrhunderts nur eine Papierexistenz führende englische Zunge eingebracht worden war. Das vom bayrischen Kurfürsten Karl Theodor verfolgte Projekt sollte die deutschsprachige Basis im Orden verbreitern, doch erwartete sich der Wittelsbacher großes Entgegenkommen: Die neue Ordensorganisation sollte vollständig unabhängig von der Deutschen Zunge agieren, für die Aufnahme sollten keine Adelserfordernisse gelten, und letztlich wollte sich Karl Theodor selbst das Recht zur Ernennung des Großpriors und der weiteren Funktionäre sowie der Ritter vorbehalten. Die jährliche Dotierung mit hundertfünfzigtausend Gulden wurde aus dem Vermögen des aufgehobenen Jesuitenordens bestritten, und 1782 besiegelten der 70. Großmeister, Emmanuel de Rohan-Polduc, und Papst Pius VI. die faktische Neugründung, die im selben Jahr ihren Niederschlag in dem zweibändigen „Code Rohan" fand, der in Teilstücken noch heute geltendes Recht ist.

Im Jahr 1784, in dem die letzte Ordenskarawane auf See durchgeführt wurde, erwarb die Bayerisch-Englische Zunge den Ende des 17. Jahrhunderts errichteten Palazzo Carnerio als „Auberge de Bavière". Diese jüngste Ordensgliederung erhielt bald Zuwachs, da die bis ins 13. Jahrhundert zurückreichenden polnischen Ordenskommenden, die seit der Teilung Polens 1772 aber in verschiedenen Staaten, darunter dem russischen Zarenreich, zu liegen kamen, der neuen Zunge angeschlossen wurden. Bei dieser Entscheidung wurden historische Zusammenhänge vollkommen negiert, da die polnischen Ritter seit jeher dem Großpriorat von Böhmen und somit der Deutschen Zunge zugehörig waren.

Als Großprior machte Kurfürst Karl Theodor seinen mit einer Mätresse gezeugten dreizehnjährigen Sohn Karl August Reichsfürsten von Bretzenheim namhaft, zum Konventualbailli in Malta Johann Baptist von Flachslanden, dem als „Turkopolier“ die Aufsicht über die berittenen Ordenstruppen und die Küstenwache zukam.

Die herablassende Anmaßung des bayrischen Kurfürsten, den Orden mit Akzeptanz des Großmeisters zum Versorgungsinstitut für seine illegitime Nachkommenschaft zu degradieren und das Priorenamt samt der damit verbundenen, auch spirituellen Verantwortung auf einen Minderjährigen zu überwälzen, macht tiefe Risse im Ordensgefüge sichtbar, woran auch Zuwächse wie die Angliederung des französischen hospitalischen Kanonikerordens des Heiligen Anton von Vienne (Antoniterorden) nichts zu ändern vermochten.

Die Organisation der aus einer Laienbruderschaft hervorgegangenen, ab Mitte des 13. Jahrhunderts nach der Augustinerregel ausgerichteten Chorherren-Gemeinschaft entsprach jener der mönchsritterlichen Hospitalorden mit einem Großmeister an der Spitze. Präzeptoreien waren in Balleien, Kommandanturen und Hospitäler untergliedert, denen ein Magister oder Rektor vorstand. Es wurde ein einheitliches schwarzes Habit eingeführt und als Kennzeichen das hellblaue Taukreuz übernommen. Dem Orden, der über 365 Spitäler in Europa verfügte, gehörten bis zu 3.000 Chorherren an. Der Orden wurde von Papst Pius VI. mit der Bulle „*Rerum Humanarum conditio*“ vom 24. Mai 1777 aufgehoben.

Thomas Freller schreibt in seiner Geschichte der Deutschen Ordenszunge sehr plausibel, dass der Malteserorden im 18. Jahrhundert von Männern geführt wurde, deren staatsmännische und organisatorische Fähigkeiten weit hinter ihrem gleichzeitigen Verlangen nach Macht und Anerkennung zurückblieben. Die Tatsache, dass ein Regionalmonarch, der zweifelsohne nicht zu den europäischen Großmächten gehörte, dem altehrwürdigen, durch Jahrhunderte auf seine Autonomie bedachten johannitischen Orden in kompromittierender Weise seinen Willen aufzwingen konnte, ließ für die Herausforderungen der Zukunft nichts Gutes erahnen.

Zu den Menschen, die auf Malta mit der Unbotmäßigkeit des Wittelsbachers zu tun hatten, zählte auch Ferdinand von Hompesch zu Bolheim. Der Spross eines rheinischen Geschlechts war bereits mit vier Jahren 1748 unter der Kategorie „*minoris aetatis*“ in den Orden aufgenommen worden. Im Alter von zwölf Jahren trat er in Valletta den Dienst als Page des 68. Großmeisters, Manuel Pinto de Fonseca, an und erhielt parallel zu seinen höfischen Pflichten eine gediegene Ausbildung, darunter an der 1765 vom Großmeister

9) Das erst 1795 fertiggestellte Fort Tigné an der Einfahrt zum Marsa Muscietto-Hafen, ein Werk des Ordensarchitekten Antoine Étienne de Tousard. Davor der Kommandant der auf vieleckigem Grundriss erbauten Festung.
10) Kommandant eines der beiden Ende des 18. Jahrhunderts vorhandenen Linienschiffe des Ordens vor der Silhouette der Stadt Senglea.
11) Die Uniform des Galeerenkapitäns unterschied sich von jener des Linienschiffskommandanten durch die weißen Uniformaufschläge.
12) Der Oberbefehlshaber der Ordenskavallerie, die aus den Turkopolen hervorgegangen war, und Schildträger des Großmeisters vor der landseitigen Bastion Vallettas.

13) Der Oberst des Jägerregiments und Falkner des Großmeisters vor der Porta Reale, dem Zugang in die Hauptstadt Valletta.
14) Der Regimentskommandeur der Linieninfanterie vor einer militärischen Trophäe mit dem Banner des 70. Großmeisters, Emmanuel de Rohan-Polduc.
15) Ein Ritter im Zivilkleid mit Knopflochdekoration und Steckkreuz auf der Piazza della Tesoriera in Valletta. Im Hintergrund die Ordensbibliothek, das heutige maltesische Staatsarchiv.
16) Die Ordensartilleristen trugen eine dunkelblaue Uniform mit roten Aufschlägen.
Alle Bilder Sammlung Vinkhuizen, New York Public Library.

gegründeten „Scuola Superiore di Nautica". Mit der Gründung einer eigenen höheren Bildungseinrichtung hatte der Orden auffallend spät nachgezogen.

Im mit vergleichbaren Aufgaben konfrontierten toskanischen Stephansorden wurde bereits in der Gründungsphase ein verbindliches Ausbildungscurriculum für Ordensanwärter definiert, das in der „Scuola dei Cavalieri" in Pisa ausgerollt wurde. Das dichte Programm umfasste Vorlesungen in Geschichte, Geografie, Kosmografie, Mathematik, Geometrie, Navigation, Strategie und Taktik, die durch praktische Übungen wie Scheiben- und Armbrustschießen, Schwimmen und Fechten abgerundet wurden. Hinzu kam der Dienst als Ministrant in der Ordenskirche. Es nimmt daher auch nicht Wunder, dass die ersten Lehrer der 1709 vom Malteserorden gegründeten Artillerieschule „Scuola del Cannoneggiamento" aus der Toskana stammten. Schwimmkenntnisse zum Beispiel waren johannitischen „Karawanisten" nicht vorgeschrieben und mussten als Zusatzqualifikation außerhalb der Ordensausbildung erworben werden.

Die Ritter der Deutschen Zunge wählten Hompesch zu Bolheim 1770 zum stellvertretenden Großbailli, und in ein größeres Rampenlicht trat er, der mittlerweile über einträgliche Kommenden verfügen konnte, als kaiserlicher Gesandter am Hof des Großmeisters, eine für einen Ordensritter nicht undelikate Aufgabe. Die zwangsläufig auftretenden Interessenskonflikte mit dem französischen Großmeister, etwa im Fall der Bayrischen Zunge, löste Hompesch mit geschickter Gewandtheit. Da er den größten Teil seines Lebens auf Malta verbracht hatte, erfreute sich Hompesch nicht zuletzt auf Grund seiner Sprachkenntnisse großer Beliebtheit bei der einheimischen Bevölkerung.

Dennoch standen die Zeiten auf Sturm. Bereits im Juni 1749 hatte ein Aufstand der Galeerensklaven den Orden herausgefordert, und 1775 hinterließ das Aufbegehren gegen Steuererhöhungen eine breite Blutspur. Die Französische Revolution hatte 1789 das bourbonische Kernland überrollt und mit der Hinrichtung des Monarchen und der Einrichtung einer republikanischen Regierung den Anstoß für Umwälzungen in ganz Europa gegeben. Hundertschaften französischer Aristokraten waren vor der Revolution geflohen und fanden teilweise auf den maltesischen Inseln Zuflucht, zumal mit einem Dekret vom 30. Juli 1791 sämtliche französischen Ordensritter aus Frankreich ausgebürgert worden waren. Deren Versorgung lastete schwer auf dem Ordensstaat, dessen finanzielle Versorgung durch die Beschlagnahme der

17) Zu den Aufgaben der Ehrengarde zählte unter anderem die Bewachung des Großmeisterpalastes.
18) Ein Kavallerist vor der ursprünglich einbogigen Porte des Bombes in Floriana, im Hintergrund die Kuppel der Sarria-Kapelle von Architekt Lorenz Gafà.
19) Ein Soldat des Jägerregiments vor dem Verdala-Schloss, während im Hintergrund ein Kamerad einen Hasen-Wilderer gestellt hat.
20) Ein Artillerist bringt seinem Hund Kunststücke bei, was für die Eintönigkeit des Dienstes spricht. Im Hintergrund das 1588 gestiftete Kapuzinerkloster von Floriana.
Alle Bilder Sammlung Vinkhuizen, New York Public Library.

Links: Das maltesische Linieninfanterieregiment, wie die meisten europäischen Fußtruppen des 18. Jahrhunderts in weißen oder perlgrauen Uniformen, setzte sich aus Füsilieren und Musketieren zusammen. Sammlung Vinkhuizen, New York Public Library.
Rechts: Ferdinand Hompesch zu Bolheim war der erste und zugleich einzige Großmeister aus der Deutschen Zunge und der letzte, der auf Malta regierte. Kupferstich des 19. Jahrhunderts.

Kommenden in Frankreich 1792 und den Wegfall der Einnahmen aus „Responsionen" erhebliche Einbußen erlitten hatte. Die Revolution in Valletta explodierte aber erst, als sie in Frankreich bereits am Ausgehen war. Unter den mit der Revolution sympathisierenden Einheimischen ging eine Saat der Unzufriedenheit auf. Unverhohlen wurden der Sturz der Ordensherrschaft und die Eingliederung in die Französische Republik gefordert. Der Tod des 70. Großmeisters, Emmanuel de Rohan-Polduc, 1797 stellte Hompesch als unausweichlichen Nachfolger in die erste Reihe. Er wurde am 17. Juli 1797 nach dem althergebrachten Wahlzeremoniell vom Balkon der Konventskirche unter Salutschüssen der im Hafen liegenden Ordensschiffe als einundsiebzigster Großmeister proklamiert.

Zu den ersten Amtshandlungen des neuen Ordensoberen gehörte die von seinem Vorgänger übernommene Ratifizierung der Gründungsurkunde eines russischen Großpriorates, dessen Einrichtung Zar Paul I. ein besonderes Anliegen war und für den Orden, der 1795 damit begann, das Silbergeschirr der „Sacra Infermeria" auszumünzen, einen dringend notwendigen Kapitalzufluss bedeutete. Dahinter stand nicht allein die Begeisterung des russischen Monarchen für die johannitische Idee, sondern auch geopolitische Berechnung. Der Petersburger Hof war daran interessiert, mit den russisch-türkischen Kriegen ab 1787 seine Einflusssphäre vom Schwarzen Meer in das Mediterraneum auszudehnen, und hatte daher besonderes Interesse an der Insel Malta als Sprungbrett für künftige Operationen.

Dabei kam ihm allerdings Napoleon Bonaparte zuvor. Im Lauf seines erfolgreichen Italien-Feldzugs rückte Napoleon immer weiter auf der Apenninhalbinsel Richtung Süden vor. 1798 verließen der nominelle Lehensherr Maltas, König Ferdinand von Bourbon-Sizilien, und sein Hofstaat Hals über Kopf Neapel, wo auf französischen Bajonetten eine kurzlebige „Parthenopäische Republik" proklamiert wurde, und setzte nach Palermo über.

Unterdessen zog der Revolutionsgeneral Bonaparte in Toulon seine Ostarmee von dreißigtausend Soldaten für die Überfahrt nach Ägypten zusammen. Der fast fünfhundert Schiffe zählende Verband segelte die italienische Küste entlang, und die ersten Schiffe erschienen Anfang Juni in den Fern-

Französisches Guckkastenblatt mit der kampflosen Einnahme Maltas im Zuge der „Ägyptischen Expedition" der Revolutionsarmee 1798.

gläsern der maltesischen Küstenwache, darunter Napoleons Flaggschiff „L'Orient". Über den französischen Gesandten wurde Hompesch mit dem Ersuchen konfrontiert, der Flotte das Einlaufen in den Hafen zu gestatten, um Trinkwasser an Bord zu nehmen und Verwundete zu versorgen. Diesem Wunsch stand das seit 1768 gültige Dekret des Ordensrates entgegen, dass immer nur gleichzeitig vier Schiffe einer kriegführenden Macht im Hafen von Valletta liegen durften. Um die strikte politische Neutralität zu wahren, galt seit Oktober 1783 eine Sperre der Ordensgewässer für französische Schiffe.

Nach intensiven Beratungen wurde die abschlägige Antwort an den französischen Unterhändler übermittelt. Für Napoleon war die Verweigerung der Wasseraufnahme der willkommene Anlass, um militärische Aktionen gegen den Staat der Ritter befehlen zu können. Seine erdrückende Übermacht war dem korsischen General dabei ebenso bewusst wie die innere Verfassung des Ordens, von dem kaum Gegenwehr zu erwarten war, wofür neben der lauen Disziplin vor allem das starke französische Kontingent am Hof des Großmeisters sorgen würde. Zugleich stilisierte sich der Revolutionär in einer Erklärung als Befreier der maltesischen Bevölkerung von der drückenden Adelsherrschaft.

Dem französischen Angriff hatten die Ritter wenig entgegenzusetzen, und mit Ausnahme einiger weniger Schusswechsel setzte sich eine französische Landungstruppe kampflos auf der Hauptinsel und auf Gozo fest. Begleitet wurde die Kampagne von einer minutiös inszenierten Revolte in Valletta, die einen durchaus möglichen Widerstand in sich zusammenbrechen ließ. Weiße Fahnen im Fort St. Elmo signalisierten den Schiffen die freie Einfahrt in den Hafen, und am 11. Juni 1798 wurde der Waffenstillstand an Bord des Linienschiffs „L'Orient" unterzeichnet.

13.
VON MALTA NACH TRIEST

Mit dem Verlust der Territorialherrschaft auf Malta war der Orden auf seine europäischen Restbesitzungen zurückgeworfen. Die zahlreichen französischen Kommenden waren der Beschlagnahme verfallen, und an die Stelle der italienischen Monarchien sollte ein System französischer Satellitenstaaten treten, die ohne Rücksichtnahme auf bestehende Strukturen errichtet und durch Napoleon als 1805 ausgerufenem „König von Italien" an Familienmitglieder vergeben wurden. Auf der iberischen Halbinsel hatte sich König Karl IV. von Spanien kurzerhand selbst zum Großmeister ausgerufen.

Für die Räumung der Insel erhielten die Ritter nach einer demütigenden Vorsprache Hompeschs bei Napoleon am 15. Juni 1798 drei Tage Zeit. Der Großmeister konnte sich lediglich die Mitnahme dreier Reliquien ausbedingen: den Arm des Ordenspatrons, das Gnadenbild von Philermos und einen Splitter vom Kreuz Christi. Zurückgelassen werden mussten der Großteil des Ordensvermögens, 1.200 Geschütze, die unglaubliche Menge von mehr als fünfhundert Tonnen Schießpulver, vierzigtausend Gewehre, zwei Linienschiffe, eine Fregatte und vier Galeeren.

Der Großmeister und sein Gefolge von zweiunddreißig Personen musste sich auf dem wenig komfortablen Triestiner Handelssegler „S. Niccolò" einschiffen, der am 24. Juli 1798 nach 39-tägiger strapaziöser Überfahrt seinen Heimathafen erreichte. Der römisch-deutsche Kaiser Franz II. konnte Hompesch als langjährigem, kaiserlichem Gesandten das erbetene Asyl nicht versagen und hatte schon im Vorfeld den Gouverneur von Triest, Pompeo von Brigido, dahingehend instruiert. Der ehemalige russische „chargé d'affaires" auf Malta und Gratial-Ritter Antonio Psarò, ein in der Stadt sesshaft gewordener Grieche, stellte dem entthronten Staatsoberhaupt seine Sommersitz-Villa „Campo Marzio" als adäquate Residenz zur Verfügung. Beinahe zur selben Zeit erreichten die beiden älteren Schwestern König Louis XV., die

Als Quartier bezog der 71. Großmeister Hompesch ein vom ehemaligen russischen Geschäftsträger Antonio Psarò in Triest bereitgestelltes Landhaus. Lithographie, um 1835.

Prinzessinnen Victoire und Adélaïde de France, Triest, wo sie 1799 bzw. 1801 verstarben. In Psaròs Villa fand pikanterweise die Königin von Neapel, Caroline Bonaparte, nach dem Zusammenbruch der napoleonischen Vormachtstellung unter dem Inkognito einer Gräfin Liponia Zuflucht.

Das Gesetz des Handelns war unterdessen auf Zar Paul I. übergegangen, der, wie einige europäische Monarchen, den Titel eines „Protektors" des Ordens trug. In der Handlungsunfähigkeit Hompeschs, der im verschlafenen Triest als Gast eines russischen Diplomaten festsaß, sah er seine Chance, nach dem Orden und damit einem Besitztitel für die Insel Malta greifen zu können. Der russische Monarch hatte erkannt, dass ihm dabei weniger die Bestimmungen der Ordensverfassung als kühne Initiative hilfreich sein konnten. Gerade das von Hompesch errichtete russische Großpriorat und mehrere nach St. Petersburg geflüchtete Baillis, Großkreuzritter und Würdenträger erhoben schwere Vorwürfe gegen den 71. Großmeister, die in der Forderung nach dessen Absetzung gipfelten. Der in eine Protestnote geklei-

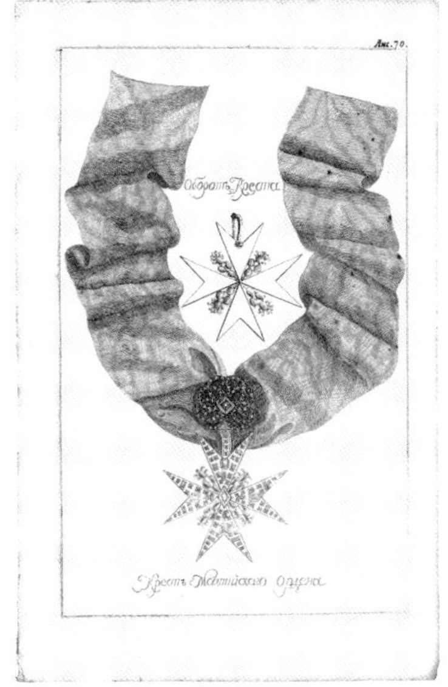

Links: Eine edelsteingefasste Ordensdekoration. Russischer Stich, um 1800. New York Public Library. **Rechts: Zar Paul I. verleiht 1799 dem russischen Generalissimus Alexander Graf Suworow das Großkreuz des Ordens.** Radierung von Boris Tschorikow, erstes Drittel des 19. Jahrhunderts.

dete Hilfeschrei aus Triest, der die Anschuldigungen entkräftete und an den neapolitanischen sowie weitere europäische Höfe adressiert war, fand auf Grund der Isolation Hompeschs in den Staatskanzleien wenig bis keine Beachtung mehr, zu wichtig war Russland im Kampf gegen Napoleon, sodass niemand ernsthaft in Erwägung zog, wegen der Insel Malta oder der Person Hompeschs einen Schatten auf dieses Bündnis zu werfen.

Unter diesem Gesichtspunkt war die Rolle des Großpriors von Böhmen-Österreich und kaiserlichen Generals Joseph Maria Graf Colloredo-Wallsee besonders unglücklich, da er durch sein Gehorsamsgelübde einerseits Hompesch verpflichtet war, andererseits die politischen Zwänge erkannte, denen die Wiener Regierung ausgeliefert war. Damit war die Anerkennung des Zaren Pauls I. als 72. Großmeister unausweichlich; eine Sichtweise, der sich auch die Bayerische und selbst die Deutsche Zunge, deren Spitzenfunktionär der Verfemte durch viele Jahre gewesen war, nach und nach anschlossen.

Der usurpatorische und nicht rechtmäßig gewählte 72. Großmeister, Zar Paul I., mit der russischen Zarenkrone, dazu die Kollane des Hausordens des Hl. Andreas des Erstberufenen und eine Supraweste mit dem Ordenskreuz. Auf dem Tisch die Krone des Malteserordens. Gemälde im Großmeisterpalast in Rom.

Am 7. November 1798 nahm der Zar den ihm in St. Petersburg durch eine Versammlung von Ordensmitgliedern angetragenen Titel eines Großmeisters an. Die Inthronisation nahm der apostolische Nuntius Erzbischof Lorenzo Litta vor, der Bruder des Ordensgesandten Giulio Renato Graf Litta, ohne sich daran zu stoßen, dass der nunmehrige Großmeister der russisch-orthodoxen Kirche angehörte und verheiratet war. Um seinen Einfluss auf den Orden nachhaltig abzusichern, stiftete der Zar ein orthodoxes Großpriorat, dessen kanonische Nicht-Existenz unzählige illegitime „Malteserorden" bis heute nicht davon abhält, sich auf diese ephemere Organisation zu berufen und sich damit ohne jedwede Legitimität der johannitischen Symbole in überaus nachteiliger Weise zu bedienen.

Zar Pauls I. Taktik ging vollends auf, als Wiener Hofkreise, durch den Wohnsitz des entmachteten Großmeisters in den Erblanden ohnedies in einer heiklen Situation, eine förmliche Abdankung Hompeschs forderten, um die österreichisch-russischen Beziehungen nicht zu belasten. Der völlig isolierte Großmeister hatte keine andere Möglichkeit, als dem Druck nachzugeben und am 6. Juli 1799 sein Amt aufzugeben. Mit der Nachricht über seine Demission sandte er die oben genannten Reliquien, die Ikone der Mutter Gottes von Philermos und die Ordensdekoration des 49. Großmeisters, Jean Parisot de la Valette, nach St. Petersburg, womit sich die bedeutendsten spirituellen Symbole des Ordens in der Obhut Zar Pauls I. befanden.

Der Zar wies dem Orden den Vorontsov-Palast in St. Petersburg zu, wo der zum Ordensritter ernannte italienische Hofarchitekt Giacomo Quarenghi zwischen 1798 und 1800 eine katholische Ordenskapelle errichtete. Im Schlosspark der Zarenresidenz Gatschina vor den Toren der Hauptstadt ließ Paul I. ein Palais samt einer orthodoxen Kirche als Schrein für die Ordensschätze und Sitz des Ende 1799 648 Ritter zählenden russischen Großpriorates errichten. Später kamen die Gegenstände ins Winterpalais der Hauptstadt. Nach der Oktoberrevolution brachten zaristische Offiziere die Ikone zur Mutter des Zaren Nikolaus II., der Kaiserinwitwe Maria Feodorovna, nach Dänemark. Diese übergab das Gnadenbild dem Vorsitzenden der russischen Bischofssynode im Exil, der es der Obhut König Alexanders I. von Jugoslawien anvertraute. Vor dem Vormarsch der Nazis wurde das Bild der Jungfrau 1941 ins Kloster Ostrog nach Montenegro in Sicherheit gebracht, wo sich seine Spur verliert. Erst 1993 wurde die Ikone

Das Schloss des russischen Großpriorates wurde 1799 nach Plänen des Architekten Nikolai Lwow im Park der Zarenresidenz Gatschina im neugotischen Stil errichtet. Heute ist hier ein Museum zur Geschichte des Malteserordens untergebracht.
Foto Igor Groshev.

wieder aufgefunden und dem Nationalmuseum in der historischen montenegrinischen Hauptstadt Cetinje übergeben, wo sie sich noch heute befindet.

Nur wenig später hatte sich das Blatt komplett gewendet: Zar Paul I. fiel im Frühjahr 1801 einem (aber nicht von Ordensmitgliedern verübten) Attentat zum Opfer, und schon im Jahr davor hatten die Engländer die Franzosen von den maltesischen Inseln vertrieben. Im französisch-britischen Vertrag von Amiens 1802 war ein Rückgabeangebot an den Orden unter der Bedingung der Wahl eines neuen Fürsten und Großmeisters enthalten. Mit dieser Klausel waren alle Pläne Hompeschs auf eine Rückkehr zunichte gemacht. Papst Pius VI. schuf an der Ordensspitze Fakten und ernannte zunächst den toskanischen Adeligen Bailli Bartolomeo dei Principi Ruspoli zum Großmeister, der aber das Amt nicht annahm. Am 3. Februar 1803 war mit dem damaligen Ratsmitglied und Hompesch bei der Wahl 1797 unterlegenen Mit-

Zar Paul I. ließ sich für Gatschina einen Großmeisterthron anfertigen. Das Möbel gelangte mit den abgebildeten Altarleuchtern später ins Volkskundemuseum der UdSSR und wird heute in der Eremitage in St. Petersburg aufbewahrt.
Foto Eugenio Pingo.

bewerber, Bailli Giovanni Battista Tommasi de Cortona, ein neuer, 73. Großmeister gefunden, der im Orden und seinen Strukturen verankert war und auf Sizilien Quartier nahm.

Doch es gelang Großmeister Cortona nicht, den Orden zurück nach Malta zu führen, da England den Wert der Inselgruppe als Flottenbasis zu schätzen gelernt hatte. Der frühe Tod des 73. Großmeisters, Giovanni Battista Tommasi de Cortona, am 13. Juni 1805 verhinderte die Entwicklung einer langfristigen Strategie, und das umso mehr, als kein Nachfolger bestimmt wurde. An die Spitze des Ordens wurde in der Funktion des „Luogotenente del Grande Maestro" ein Statthalter gesetzt, dem die gleiche Leitungsgewalt zukam. Das damit verbundene Signal für die internationale Gemeinschaft war allerdings verheerend, da der Eindruck entstehen musste, der Heilige Stuhl selbst habe den Orden auf den Aussterbeetat gesetzt. Das Angebot des schwedischen Königs Gustav IV. Adolf, die Insel Gotland

Links: Fürst Alexej Dolgoruky als Ordensritter sowie mit Großkreuzschärpe und Stern des kaiserlich-russischen St.-Annen-Ordens. Foto nach Gemälde von Wladimir Borovikovsky, 1811, in der Trtjakow-Galerie in Moskau, New York Public Library.
Rechts: Russische Ordensdekoration, gearbeitet in Gold und Email, vom Ende des 18. Jahrhunderts.

in der Ostsee zum Sitz des Ordens zu machen, scheiterte an den außenpolitischen Widerständen des Papstes, Russlands und des Königreichs beider Sizilien. Auf dem Wiener Kongress 1814/15 wurde auch von Korfu oder Elba gesprochen, doch blieb es bei leeren Ankündigungen. Auf der postnapoleonischen Europakarte war ein johannitischer Ordensstaat nicht mehr zu finden, der Friede von Paris 1814 sah die Inseln im Mittelmeer als Bestandteil der britischen Krone an.

Europas Monarchen betrachteten die Ordensgüter als herrenloses Gut, das sie sich nach Belieben einverleiben konnten. Das Deutsche Großpriorat endete mit der Beschlagnahme der Heitersheimer Kommenden durch die südwestdeutschen Höfe, in Preußen wurde die Balley Brandenburg aufgelöst, und die Bayerische Zunge hatte bereits 1806 zu bestehen aufgehört. Selbst am Wiener Hof wurden Stimmen laut, den Besitz der Malteser an den Maria-Theresien-Orden zu binden und mit den Erträgnissen die mit dem

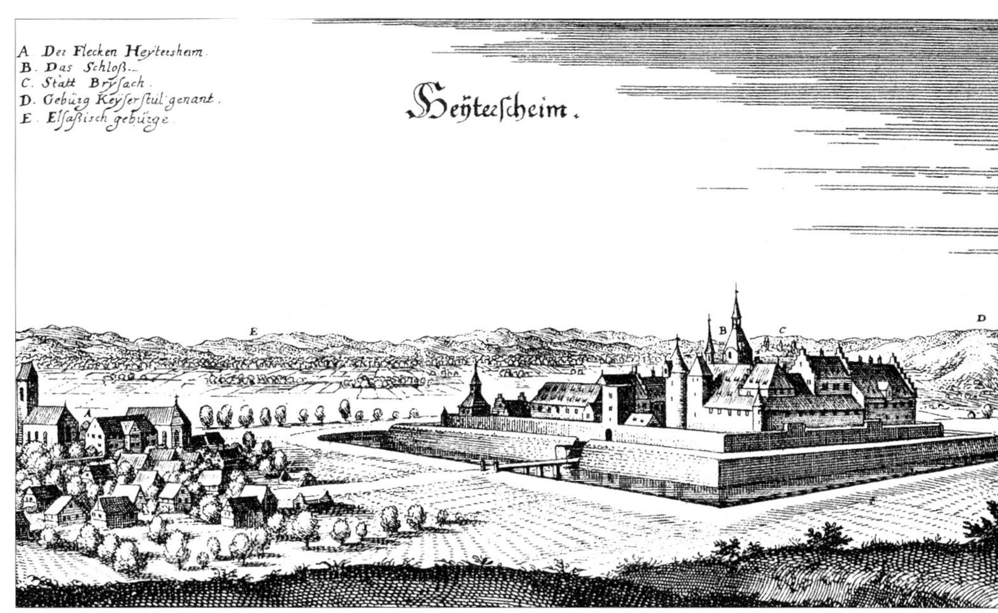

Der Sitz der Deutschen Ordenszunge und des Großpriorates befand sich von der Mitte des 15. Jahrhunderts bis zur Auflösung 1806 in der reichsfürstlichen Herrschaft Heitersheim.
1644 gestochene Ansicht des Herrschaftsschlosses von Matthäus Merian.

Tapferkeitsorden verbundenen Pensionszahlungen zu bestreiten. Ein diesbezüglicher Erlass war 1813 bereits ausgefertigt, doch konnte dessen Umsetzung in buchstäblich letzter Sekunde abgewendet werden. Somit waren die 22 Priorate und 18 Balleien in ganz Europa de facto auf das Großpriorat Böhmen-Österreich mit seinen beiden Zentren in Prag und Wien zusammengeschmolzen.

14. DAS „ÖSTERREICHISCHE JAHRHUNDERT“ DER ORDENSGESCHICHTE

Den kaiserlichen Vereinnahmungsversuchen stemmte sich der Großprior von Böhmen-Österreich, Joseph Maria Graf Colloredo-Wallsee, mit aller Kraft entgegen. Zu Hilfe kam ihm der Umstand, dass in Prag ein Priesterkonvent bestand, der auch nach Ansicht des Wiener Hofes erhalten bleiben sollte. Das Ordensvermögen in den habsburgischen Erblanden war nach einem Quellenfund Thomas Pohls im Wiener Hofkammerarchiv in vierzehn Kommenden organisiert, „von denen eine aber in Krain gelegen ist, deren Einkünfte des diesseitigen Besitzers von der illyrischen Regierung bisher verwaltet wurden. Von den 13 Kommenden sind 10 mit liegenden Gründen, und drey mit Geldkapitalien dotiert.“ Hinzu kamen der Prager Priesterkonvent mit Hausbesitz und zwei Erbkommenden der gräflichen Häuser Thun und Sinzendorf (Kommenden „*ius patronatus*“). Dabei wurden die dem Orden bei der Gründung überschriebenen Besitzungen in der Familie des Stifters in männlicher Linie erblich, sofern seine Nachkommen gewisse Voraussetzungen wie die Aufnahme in den Orden erfüllten. Waren keine männlichen Erben vorhanden, so fielen die Güter an den Orden zurück und konnten in freier Wahl des Titelinhabers neu vergeben werden.

Joseph Graf Colloredo war der zweite Angehörige seiner Familie an der Spitze des Großpriorates von Böhmen-Österreich. Sein Ahne, Feldmarschall Rudolf Graf Colloredo, Patenkind Kaiser Rudolfs II., hatte sein Amt 1637 angetreten und wurde ein Jahrzehnt darauf mit der Aufgabe des Ordensgesandten beim kaiserlichen Hof betraut. 1648 bewerkstelligte er die Verteidigung der Prager Kleinseite und der Altstadt gegen die Schweden, wobei ihm lediglich ein Regiment und eine Studentenkompanie zur Ver-

Links: Rudolf Graf Colloredo war ab 1637 Großprior von Böhmen, Ordensbotschafter am Kaiserhof und Kommandant der Verteidigung Prags 1648 gegen die Schweden. Kupferstich, Bildarchiv der Österreichischen Nationalbibliothek, Wien.
Rechts: Das Wappen des Bauherrn, Großpriors Gundacker Poppo von Dietrichstein, der für die Barockisierung des Prager Palais des Großpriorates verantwortlich zeichnete, auf dem Ordenskreuz. Plastik des Prager Barockbildhauers Matthias Braun. Foto Alexandra King.

fügung standen, um der Übermacht entgegenzutreten. Nach einem nächtlichen Überraschungsangriff der Schweden sei er, wie eine Legende erzählt, im Schlafrock aus einem Fenster seiner Wohnung im ersten Stock des Großprioratshauses gesprungen, durch den Garten gelaufen und über die Ufermauer geklettert, um mit einem Fischerboot die Moldau zu überqueren und von der Altstädter Flussseite aus die erfolgreiche Verteidigung und Rückeroberung zu übernehmen.

Das Grab des Großpriors findet sich in der Prager Ordenskirche vor dem Hochaltar, und 1857 wurde ihm zu Ehren ein Standbild aus Carraramarmor in der Kirche enthüllt. Der anschließende Gebäudekomplex des Großpriorates ist seit dem zweiten Viertel des 16. Jahrhunderts Zentrum der böhmisch-

Die unter Großprior Rudolf Graf Colloredo fertiggestellte Westfassade der Ordenskirche Hl. Maria „unter der Kette" auf der Pager Kleinseite. Foto Stefano Sansavini.

österreichischen Ordensorganisation, nachdem der Sitz von Großprior Johann von Rosenberg von der Kommende Strakonitz an den Priesterkonvent in der böhmischen Hauptstadt verlegt worden war. Die um zwei Innenhöfe gruppierte Anlage erhielt ab 1726 barocke Fassaden und bildet mit den angrenzenden Adelspalais einen der intimsten und stimmungsvollsten Plätze Prags. Eine besondere Attraktion ist die an einem Moldauarm situierte Großprioratsmühle, die seit 1400 nachweisbar ist, und deren Mahlwerk erst 1936 stillgelegt wurde.

Der Name Colloredo prangt in unübersehbaren Lettern auch am Portalgiebel der Kommende Mailberg. Die Jahreszahl 1752 weist auf den damaligen Inhaber der Kommende, Anton Graf Colloredo-Mansfeld, hin, der in der Inschrift als „*Restitutor*" bezeichnet wird. Damit wird die Vollendung der barocken Umgestaltung angesprochen, die unter einem von Colloredos Vorgängern, Leopold Karl von Kollonitsch, begonnen worden war. Der spätere Primas von Ungarn und Kardinal war 1651 als Ordenskarawanist an den Kämpfen gegen die Osmanen auf Kreta beteiligt und erhielt 1658 die Kommende Mailberg. Kurz darauf schlug er die geistliche Laufbahn ein und

Blick zum Hochaltar der Ordenskirche mit der Darstellung der Himmelfahrt Mariens und des Sieges in der Schlacht von Lepanto von Karel Škréta. Foto Stefano Sansavini, vor 1918.

nahm 1683, nach der zweiten Türkenbelagerung Wiens, an die fünfhundert christliche Waisenkinder im „Mailberger Hof", dem Wiener Stadthaus der Kommende, auf. Die Marmorplatte seines Grabmals wird in der von Colloredo umgestalteten Schloss- und Pfarrkirche St. Johannes aufbewahrt, deren Hochaltar aus Anlass der Errettung des 68. Großmeisters, Manuel Pinto de Fonseca, vor einem Mordanschlag 1749 gestiftet wurde, dessen Porträt in der Stuckeinrahmung überliefert ist.

Während die böhmischen Ordensgüter von der napoleonischen Expansion nicht direkt betroffen waren, quartierte sich 1809 eine französische Soldateska im Schloss Mailberg ein, ohne jedoch größere Zerstörungen zu hinterlassen. Zur selben Zeit wurde in Wien die Ordenskirche an der Kärntner Straße im Empirestil neu fassadiert und die Innenausstattung erneuert. Zugleich wurde an der linken Seitenwand ein Denkmal für den 49. Großmeister, Jean Parisot de la Valette, errichtet, als Mahnmal und Erinnerung für die Ordensritter, sich gerade in schwierigen Zeiten das Vorbild dieses Großmeisters vor Augen zu führen und in einer ausweglos scheinenden Situation Optimismus und Gottvertrauen zu bewahren.

N: Reg: 1048.

Frater Anto

Armeniae Bajulivus, Sacrae Domus Hospitalis, Sancti Joannis Hierosolimita
Commendatarii et Fratres Venerandum Concilium in Domino celebrantes.

Nobili Adamo Comiti de Mniszek nobis dilecto, salutem

Generosa tua Nobilitas, morum suavitas, tuique erga Ordinem nostrum a
personam tuam, singulari benevolentiae significatione complectamur. Votis itaque tuis, pra
receptione militum majoris aetatis praescripti, de nostra certa scientia, tenore praesentium
et deferre valeas indulgemus, plenamque licentiam et facultatem concedimus et elargimu
gratia, nulla, ipso facto intelligatur. Teque omnibus indulgentiis, et gratiis spiritualibu
concessorum, fratres nostri, aliique Ordini nostro addicti utuntur, fruuntur, et gaudent,
Hospitalis et Militiae pro Catholicae fidei tuitione, operum, quae in dies a fratribus n
esse volumus. Dummodo quod praesentes nostras concessionis, declarationis, et particip
Praecipientes universis et singulis dictae Domus nostrae fratribus, quacumque auctorita
easdem aliquatenus facere, vel venire praesumant, sed eas, studeant inviolabiliter obs

In cujus rei testimonium Bulla nostra Communis plumbea praesent
mo octingentesimo vigesimo octavo, ab Incarnatione juxta stylum nostrae Cancellariae

Reg.ta in Cancell.ria Comm.us frater Amabili

1829 am Ordenssitz in Ferrara ausgestelltes und mit Bleibulle gesiegeltes Diplom des Großmeister-Statthalters, Antonio Busca, über die Verleihung der Ehrenritterschaft im Großpriorat von Böhmen-Österreich an den polnischen Adeligen Adam Graf Mniszek-Buzenin. Biblioteka Narodowa, Warschau.

Busca

litaris Ordinis S.ti Sepulcri Dominici humilis Magisterii Locumtenens, et Nos

sempiternam

ensio, ac devotio, quibus apud Nos summopere commendaris, Nos hortantur, ut ornatissimam
pro parte tua Nobis porrectis, libenti animo annuentes, ac attenta solutione passagii pro
Crucem auream ad figuram habitus Ordinis nostri formatam, devotionis causa, gestare
n adjecta lege, quod si Uxorem habeas, vel duxeris, propria conditione inferiorem, praesens
rigore privilegiorum nostrorum, a sacrosancta Sede Apostolica Nobis, et Ordini nostro
t gaudere decernimus, et declaramus: nec non omnium Missarum, orationum, piorumque
, marique (Deo largiente) fiunt, participem in Domino facimus, et omni meliori modo
tteras, registrari facias in actis Archivii Vend: Nostri Prioratus Bohemiae. ——
, officioque fungentibus praesentibus, et futuris, in virtute sanctae obedientiae, ne contra

pensa. Datum Ferrariae in Conventu nostro die Sexta Mensis Martii anno Millesi-
vero cursum ordinarium 1829. ——

Vicecancell.us

Es gibt in der europäischen Geschichte wie auch innerhalb der katholischen Kirche nur sehr wenige Organisationen, die im Neubeginn und Wiederaufbau derartige Erfahrungen sammeln konnten wie die johannitische Gemeinschaft. Immer wieder war es im Längsschnitt der damals sieben Jahrhunderte umspannenden Ordensgeschichte gelungen, auf einschneidende Veränderungen adäquate inhaltliche wie organisatorische Antworten zu geben und den Identitätskern damit am Leben zu erhalten. Oft genug erfolgte die Erneuerung des Ordens nicht aus dem Zentrum, sondern von der Peripherie aus. Der Zerfall des „ancien régime" hatte die Idee der mönchischen Adelsgemeinschaft in eine tiefe Krise gestürzt, zudem hatten die seither in verschiedenen Ländern unternommenen republikanischen und konstitutionellen Versuche gezeigt, dass im Adel unterschiedliche politische Vorstellungen Platz gegriffen hatten und von einer sozial homogenen Gruppe keinesfalls mehr die Rede sein konnte. Ein Beispiel für diese Zerfaserung ist die Teilnahme einer nennenswerten Zahl von Ordensrittern am amerikanischen Unabhängigkeitskrieg auf Seiten der jungen Union.

Der österreichische Kaiserstaat bildete das geographische Rückzugsgebiet für Sammlung und Wiederaufbau des Ordens. Dies umso mehr, als die Habsburger in Oberitalien eine noch dominantere Stellung als vor den napoleonischen Kriegen einnahmen. Architekt der schrittweisen Aufwärtsentwicklung und bedeutendster Fürsprecher des johannitischen Fortbestandes war der österreichische Staatskanzler, Klemens Wenzel Fürst Metternich. Nicht ohne Grund schrieb der Luogotenente Antonio Busca 1829 in einem Brief an den Ordensgesandten in Wien: „Seine kaiserliche Majestät und der Fürst Metternich haben uns am Leben erhalten, und von ihnen erhoffen wir eine bessere Zukunft!"

Der österreichische Kaiser Ferdinand I. restituierte den Orden im nunmehr österreichischen Venedig und ermöglichte damit die Gründung des Großpriorates Lombardei und Venezien, das 1839 zwei Priester-, sechs Ritter- und vierundzwanzig Familienkommenden umfasste. Das von österreichischen Truppen besetzte bourbonische Königreich Neapel zog zwar 1825 den Besitz des 1815 untergegangenen Großpriorates Messina, eines der ältesten des Ordens, dauerhaft ein, Ferdinand II., König beider Sizilien, übergab dem Orden und dem historischen Großpriorat Capua 1839 aber acht Kommenden auf Sizilien zur Neugründung des Großpriorates von Neapel-Sizilien. Dem Beispiel schloss sich das habsburgische Herzogtum Modena 1841

Das Großmagisterium des Ordens domiziliert seit 1834 in Rom in der Via dei Condotti 68 (links im Bild).

Die Ordenskirche S. Maria del Priorato auf dem Aventin ist ein Werk von Giovanni Battista Piranesi, der in der Kirche beigesetzt ist.

an und bewidmete den Orden mit zwei Kommenden. Maria Louise von Parma, österreichische und zweite Ehefrau Napoleons I., stellte in ihrem Territorium drei Kommenden zur Wiederbestiftung bereit.

Im Kirchenstaat gelang 1816 der Neubeginn mit drei Priesterhäusern, zwölf Ritter- und elf Familienkommenden, wobei zahlreiche Güter des 1798 aufgelösten Großpriorates von Rom rückgestellt wurden. Nach einem Intermezzo in der oberitalienischen Stadt Ferrara, das mit dem Namen des Luogotenente Antonio Busca verknüpft ist, nahm die Ordensregierung ab 1834 in Rom im „Palazzo Malta“ in der Via dei Condotti 68 Quartier. Der Barockpalast war 1629 durch Schenkung erworben worden und diente seither als Gesandtschaft beim Heiligen Stuhl. Als zweite Liegenschaft stand in Rom die „Villa del Priorato“ auf dem Aventin zur Verfügung. Hier hatten die Johanniter nach 1300 eine Niederlassung der Templer übernommen und schrittweise umgebaut. Herzstück der Anlage ist die 1765 nach Entwürfen von Giovanni Battista Piranesi vollendete frühklassizistische Marienkirche als spirituelles Zentrum des Ordens.

Ansicht der Magistralvilla mit der ins Bild ragenden Apsis von S. Maria del Priorato. Foto MALTESER Austria

Die oben angesprochene Peripherie waren jene Mitglieder, die der johannitischen Gemeinschaft nicht als Professritter, sondern als Ehrenritter angehörten, die also keine religiösen Gelübde abgelegt hatten. Diese Gruppe war bis ins späte 18. Jahrhundert kaum von Bedeutung, doch hatte ihre Anzahl jene der Professritter bald überholt. Sie organisierten sich nicht mehr in dem mit der napoleonischen Zeit untergegangenen Zungensystem, sondern fanden sich in Assoziationen zusammen. Den Beginn machte die rheinisch-westfälische Genossenschaft 1857, der bald eine solche in Schlesien und weitere folgten. Statthalter Philipp Graf Colloredo-Mels, 1783 als Kind in den Orden aufgenommen und seit 1840 Professritter, fungierte dabei als Scharnier zwischen den Generationen und Mitgliedsarten. Er moderierte diesen Auf- und Ausbau und schuf Mitte des 19. Jahrhunderts zudem einen neuen Wahlmodus für das nach wie vor vakante Amt des Großmeisters.

Das weiße Kreuz auf rotem Grund wurde bald nach 1834 auf dem „Ospizio dei Cento Preti“ beim Ponte Sisto in Rom gehisst. Der Betrieb der 1587 von Papst Sixtus V. ins Leben gerufenen, ehemaligen franziskanischen Ein-

Die „Casa dei Cavalieri di Rodi“ am Augustusforum wurde ab 1230 errichtet und dient heute den italienischen Ordensrittern und -damen als Sitz des Großpriorats von Rom. 1466 ließ der Großprior Marco Kardinal Barbo, ein Neffe Papst Pauls II., die markante achtbogige Loggia errichten. Foto Boris P. Debat.

richtung wurde vom Orden übernommen und bald auf eine Kapazität von 500 Betten aufgestockt. Im Spital wurden vor allem Angehörige der päpstlichen Armee medizinisch versorgt und damit ein Engagement begründet, das 1877 in den heute noch bestehenden „Corpo speciale volontario ausiliario dell'Associazione dei Cavalieri Italiani del Sovrano Militare Ordine di Malta" („Spezielles freiwilliges Hilfswerk der Assoziation der italienischen Ritter des Souveränen militärischen Ordens von Malta" – ACISMOM) überführt wurde und bis heute als militärmedizinischer Truppenteil der italienischen Streitkräfte besteht. Das Kommando befindet sich in der im 13. Jahrhundert für die Ritter errichteten „Casa dei Cavalieri di Rodi" in der Nähe des Augustusforums.

In Österreich entspricht dem der „Malteser Hospitaldienst Austria" (MHDA), der aber nicht eine Einrichtung des Bundesheeres, sondern ein Werk des Großpriorates von Österreich des Malteserordens ist, dem die Rechtsstellung einer juridischen Person zukommt. In der Bundesrepublik Deutschland besteht der „Malteser Hilfsdienst" (MHD) als ein von der Deutschen Assoziation des Malteserordens seinerzeit zusammen mit der Caritas gegründeter Verein.

Unter der Prämisse der Wiederrichtung des lateinischen Patriarchats in Jerusalem gelang den Maltesern die Rückkehr zu ihren historischen Ursprüngen. Der kaiserliche Konsul Bernhard Graf Caboga erwarb 1869 in Abstimmung mit der Wiener Regierung ein karges, aber symbolträchtiges Stück Land bei Tantur an der Straße zwischen Jerusalem und Betlehem. Die Wahl fiel auf das hügelige Areal nicht zuletzt deswegen, weil es bereits 1110 von König Balduin I. dem johannitischen Spital in Jerusalem übertragen worden war.

Mehrere Habsburger des späten Mittelalters hatten bereits die mühsame – und auch gefährliche – Pilgerreise ins Heilige Land unternommen, so schon der Vater Rudolfs I., Graf Albrecht, der 1239 in Syrien starb, und Albrecht IV., der im Jahre 1398 eine solche Pilgerfahrt antrat und den Ritterschlag am Heiligen Grab empfing. Wenige Jahrzehnte später reisten auch Ernst der Eiserne im Jahr 1412 und sein Sohn, der spätere Kaiser Friedrich III., im Jahre 1436 an die Stätten des Lebens Christi.

Kaiser Franz Joseph I., der 1869 auf dem Weg zur Eröffnung des Suezkanals selbst das Heilige Land besuchte, erklärte sich bereit, das Protektorat über ein Ordenshospiz in Tantur bei Bethlehemzu übernehmen, das nach Überwin-

Philipp von Colloredo begleitete als Ordensstatthalter den Wiederaufbau funktionsfähiger Ordensstrukturen. Kupferstich des 19. Jahrhunderts.

dung einiger Schwierigkeiten 1877 seinen Betrieb mit zunächst sechs Betten aufnahm. Zwei Jahre später gelang es, die medizinische Leitung in die Hände des Ordens der Barmherzigen Brüder zu legen. Die Malteserritter betrieben das Spital bis 1939. Heute ist auf dem Areal ein ökumenisches theologisches Studienzentrum (Tantur Institute for Ecumenical Studies) untergebracht.

Der Malteserorden befand sich in einer dadurch gekrönten Aufwärtsentwicklung, dass Papst Leo XIII. am 28. März 1879 mit der Bulle „*Inclytum antiquitate originis*" das Großmeisteramt im Malteserorden wiederherstellte und Johann Baptist Ceschi a Santa Croce, seit 1872 „Luogotenente", mit dem seit dem Tod von Giovanni Battista Tommasi 1805 nicht mehr besetzten Amt des Großmeisters betraute, das er – allerdings nicht auf Grund einer Wahl – bis zu seinem Tod am 24. Jänner 1905 als 74. Großmeister ausübte. 1880 wurde der Großmeister vom österreichischen Kaiser in den (institutionellen) Fürstenstand erhoben und erhielt 1907 den Titel „Durchlaucht" verliehen. Als Großmeister initiierte er nationale Vereinigungen jener Ordensmitglieder, die nicht Professritter waren, also keine Gelübde abgelegt hatten, das sind

Der seit 1872 als Luogotenente wirkende Johann Baptist Ceschi a Santa Croce wurde 1879 zum 74. Großmeister erhoben. Ganzfiguriges Porträt Franz Xaver Winterhalters bzw. aus dessen Umfeld.

die heutigen Assoziationen. Zurzeit hat der Malteserorden weltweit 48 Assoziationen, als deren bisher letzte die von Hongkong im November 2018 gegründet wurde.

Die Wiedererrichtung des Großmeisteramtes war unausweichlich, da die Ordensidee mittlerweile in verschiedenen Zweigen blühte und nicht mehr nur auf die katholische Tradition beschränkt war. Die Balley Brandenburg trat seit 1811 als dynastischer Verdienstorden in der äußeren Form der alten Rittergemeinschaft auf und betonte ab 1852 wieder ihre auf Unabhängigkeit abzielende Identität. König Friedrich Wilhelm IV. berief seinen Bruder Karl als Herrenmeister und integrierte die letzten lebenden Mitglieder der alten Balley in den neu geschaffenen, evangelischen Johanniterorden. Im Bereich der englischsprachigen Länder wurde 1888 der Most Venerable Order of St. John mit königlicher Genehmigung versehen. Dabei handelte es sich zunächst um eine Gruppe nostalgisch eingestellter Briten, die Kontakt zu ehemaligen französischen Ordensmitgliedern aufgenommen hatten und in rückwärtsgewandter Utopisierung einen idealisierten Gegenpol zu einer als

In Preußen, das die ehemals zum böhmischen Großpriorat gehörigen schlesischen Kommenden eingezogen hatte, entstand der Johanniterorden als von der Krone abhängiges Institut. Uniform eines Rechtsritters und eines Ehrenritters, um 1890.

nüchternen und technisiert erlebten Gegenwart schaffen wollten. Im Prince of Wales und späteren König Edward VII. fand die Ritterromantik einen begeisterten Fürsprecher, der allerdings genauso viel Wert auf die Entwicklung der mit dem Most Venerable Order verbundenen Rettungsorganisationen St. John Ambulance Association und der 1887 gegründeten St. John Ambulance Brigade legte. Der Malteserorden anerkennt die in einer Allianz von 1961 zusammengeschlossenen evangelischen Johanniterorden in Deutschland, in den Niederlanden (Johanniter Orde in Nederland), in Schweden (Johanniterorden i Sverige) und in Großbritannien (Most Venerable Order of Saint John) als Ritterorden des heiligen Johannes mit „gemeinsamer Geschichte und gemeinsamem Auftrag", obschon sie kirchenrechtlich natürlich von ihm getrennt sind.

Im Sanitätswesen hatte die johannitische Gemeinschaft zu ihrer ureigensten Berufung zurückgefunden und den erzwungenermaßen militärischen Charakter zeitgemäß interpretiert. Die deutsche Assoziation hatte 1864 im

Die Schlachtfelder Europas im 19. Jahrhundert stellten die Wiederbelebung der johannitischen Hospitalstätigkeiten auf eine erste, erfolgreiche Bewährungsprobe. Lithographie, um 1880.

Zuge des deutsch-dänischen Krieges in Flensburg eine Sanitätskolonne betrieben, und das Großpriorat von Böhmen-Österreich hatte sich im Krieg von 1866 mit einem kleinen Feldspital sowie Geld- und Sachspenden eingebracht. Der österreichische Gratial-Ritter Jaromír Freiherr von Mundy (1822–1894) baute den freiwilligen Sanitätsdienst des Ordens auf und erkannte im Zuge der Technisierung und Mechanisierung bewaffneter Auseinandersetzungen die Notwendigkeit adäquater Lösungen für die Versorgung Verwundeter. Sein Zugang bestand in der Entwicklung eines rollenden Spitals auf Eisenbahnschienen, das im Herbst 1877 in Form einer ersten Zuggarnitur ausgeliefert wurde. Die Waggons waren mit dem Ordenskreuz sowie dem Signet des roten Kreuzes bemalt und wurden vom „Freiwilligen Sanitätsdienst im Großpriorat von Böhmen und Österreich" unter dem Kommando des Ordenschefarztes Mundy betrieben. Ihren ersten Einsatz absolvierten diese neuartigen Sanitätseinheiten während der Bosnienkampagne 1878 zur allerhöchsten Zufriedenheit: Kaiser Franz Joseph I. als oberster Kriegsherr stellte mit Handschreiben anerkennend fest: „Die vom Maltheser-Orden zur Verfügung gestellten Sanitätszüge haben eine wahrhaft hingebungsvolle und sehr ersprießliche Thätigkeit entwickelt, welche Meine vollste Anerkennung findet".

Der bei der Simmeringer Waggonfabrik konzipierte „Eisenbahn-Sanitätszug System Mundy" wurde von vielen Nationen übernommen und kontinuierlich weiterentwickelt. Mit Beginn des Ersten Weltkriegs rüstete das Großpriorat von Böhmen-Österreich vier Spitalszüge aus, die eine Belegstärke von bis zu 140 Mann aufwiesen. Bis Jänner 1917 wurden drei weitere Züge in Dienst gestellt, die nach einer Aufstellung von Georg Reichlin-Meldegg annähernd eine Viertelmillion Verwundete und Kranke transportierten. Dazu betrieb der Orden acht stationäre Sanitätseinrichtungen in Wien, etwa in der Zentralanstalt für Meteorologie und Erdmagnetismus (heute: Meteorologie und Geodynamik) auf der Hohen Warte, und anderen Orten der Monarchie sowie in der bulgarischen Hauptstadt Sofia. Besonders rührig war Otto Graf Harrach, Ehrenritter seit 1898 und Sub-Kommandant des Ordens-Reserve-Spitals für Offiziere in Wien-Pötzleinsdorf, der 1915 eine Spendenaktion unter den Ehrenrittern des Großpriorates von Böhmen-Österreich ins Leben gerufen hatte und selbst in Schloss Prugg in Bruck an der Leitha ein Genesungsheim unter Patronanz des Großpriorates betrieb. In der Zwischenkriegszeit war die Wiener Gesandtschaft des Ordens im Palais Harrach auf der Freyung untergebracht.

Deutsche und italienische Ordensgliederungen übernahmen das System der rollenden Spitäler, wobei letztere mit dem gecharterten Dampfer „Regina Margherita" im italienisch-libyschen Krieg 1912 die einstige Ordenstradition der Hospitalschiffe neu belebten.

Mit dem Unterhalt eines derartig leistungsfähigen Sanitätsapparates hatte das Großpriorat von Böhmen-Österreich eine gewaltige finanzielle Last geschultert. Der Orden hatte unter seinem am 6. März 1905 gewählten 75. Großmeister und Mitglied des Herrenhauses, Galeazzo Thun-Hohenstein, große Volumina von österreichisch-ungarischen Kriegsanleihen gezeichnet, die sich mit dem Zusammenbruch der Monarchie als wertlos herausstellten.

Hinzu kam, dass sich das Gebiet des Großpriorates von Böhmen-Österreich nunmehr in zwei Staaten befand. Ein wirtschaftliches Sanierungsprogramm machte den Verkauf mehrerer Herrschaften, darunter die alte Kommende Strakonitz, unausweichlich. 1933 musste sogar der Ordenssitz in

In Großbritannien wurde der Most Venerable Order of St. John 1888 mit königlicher Anerkennung ausgezeichnet. Ansicht des Clerkenwell Gate in London, des ersten Verwaltungssitzes und heutigen Ordensmuseums. Foto Chris Dorney.

Fürstgroßprior Rudolf Graf von Hardegg (Mitte) mit Heeres-Ordensangehörigen während des Ersten Weltkriegs. Foto Großpriorat von Österreich.

Wien, Kärntnerstraße 35 bis Johannesgasse 2, verkauft werden, um die Verbindlichkeiten des Ordens wenigstens teilweise abdecken zu können.

Dem 75. Großmeister, Galeazzo Thun-Hohenstein, gelang es aber verblüffend schnell, den Orden den neuen Voraussetzungen anzupassen. Diplomatische Beziehungen mit der Republik Österreich und dem Nachbarland Ungarn wurden unmittelbar nach Kriegsende aufgenommen, und 1928 formierte sich in Budapest eine nationale Assoziation von Ordensrittern. Das Königreich Italien bestätigte 1923 den Rechtsstatus des Ordens und die Extraterritorialität der römischen Ordensbesitzungen. Mit dem Tod Thun-Hohensteins und der Wahl seines Nachfolgers, Ludovico Chigi Albani della Rovere, 1931 zum 76. Großmeister endete das „österreichische Jahrhundert" der Ordensgeschichte, und der Schauplatz der Entscheidungen verlagerte sich an den Sitz des Großmagisteriums in Rom.

15.
VOM GESTERN INS MORGEN

Der am 30 Mai 1931 gewählte 76. Großmeister, Ludovico Chigi Albani della Rovere, setzte den unter seinem Vorgänger, Galeazzo Thun-Hohenstein, eingeschlagenen Kurs der Ausweitung der Mitgliederbasis fort, wobei die bereits von Letzterem ermöglichte Gründung einer Assoziation in den Vereinigten Staaten 1926 dazu einen besonderen Beitrag leistete. Eine besondere Schwerpunktsetzung bildete parallel dazu die Verankerung des Ordens auf internationaler Ebene. 1936 wurde der Großmeister zum zehnjährigen Bestandsjubiläum der ungarischen Ordensorganisation im Rahmen eines Staatsbesuchs in Budapest empfangen und im Jahr darauf kam es zu einem – wenngleich inoffiziellen – Besuch auf Malta, womit nach 139 Jahren seit der Vertreibung Ferdinand von Hompeschs wieder ein Großmeister seinen Fuß auf das vormalige Ordensterritorium setzte.

Die Aufwärtsentwicklung des Ordens, die auch durch die von einem 1933 nach Rom einberufenen Generalkapitel beschlossene Fokussierung auf hospitalische Aufgaben nicht in eine bewusst karitative Richtung gelenkt werden konnte, erfuhr durch die Vorgeschichte und den Verlauf des Zweiten Weltkriegs allerdings erhebliche Rückschläge. Mit dem „Anschluss" Österreichs an Hitler-Deutschland wurden die Besitzungen des Ordens in Österreich formal dem Reichsaußenministerium in Berlin unterstellt, eine ursprünglich beabsichtigte Enteignung unterblieb aber. Um das böhmische Ordensvermögen vor dem Zugriff der Nationalsozialisten zu schützen, wurde das Großpriorat Böhmen-Österreich im Sommer 1938 in zwei selbständige Großpriorate von Böhmen und von Österreich geteilt.

Nach 1945 konnte das heutige Großpriorat von Österreich die Rechtsnachfolge des Großpriorates von Böhmen-Österreich auf dem Gebiet der Republik Österreich antreten. Das Großpriorat von Böhmen wurde 1938 als kirchliche Körperschaft nach tschechoslowakischem Recht verfasst. Für den

Der 76. Großmeister, Ludovico Chigi Albani della Rovere, in der Uniform des Großmeisters mit dem päpstlichen Christusorden. Foto um 1935.

fortdauernden Bestand über den kommunistischen Putsch von 1948 hinaus sorgte Karl Fürst von Schwarzenberg, der 1956 von der Ordensregierung zum Regenten des Großpriorates von Böhmen berufen worden war.

Das Ableben des 76. Großmeisters, Ludovico Chigi Albano della Rovere, am 14. November 1951 löste eine vielschichtige Debatte über die Zukunft des Ordens aus. In seiner Nachfolge wurde zunächst kein Großmeister, sondern Antonio Hercolani Fava Simonetti (bis 1955), dann Ernesto Paternò (bis 1962) als „Luogotenente" (Statthalter des Großmeisters) gewählt.

Ebenfalls 1951 hatte Papst Pius XII. eine Kardinalskommission unter dem Vorsitz von Nicola Kardinal Canali eingesetzt, der zugleich Großprior von Rom und Kardinal-Großmeister der Grabesritter war. Dabei ging es um die Natur des Ordens als souveräne weltliche Körperschaft auf der einen und jener als ein dem Heiligen Stuhl untergeordnetes Subjekt des Kirchenrechts auf der anderen Seite, also letztlich um den Platz, den der Orden aus Sicht des Heiligen Stuhles in der europäischen und weltweiten Nachkriegsord-

Für den von 1988 bis 2008 an der Spitze des Ordens stehenden 78. Großmeister und Diener Gottes, Andrew Bertie, wurde 2015 ein Seligsprechungsprozess eröffnet. Foto Souveräner Malteser-Ritterorden.

nung einnehmen sollte. Eine weitere Frage bestand im Umgang mit der Tatsache, dass die Zahl an Professrittern innerhalb des Ordensgefüges immer geringer wurde, worauf man mit entsprechenden strukturellen Reorganisationen antwortete. Die formale Lösung dieser beiden Probleme erfolgte durch eine vom Heiligen Stuhl am 24. Juni 1961 genehmigte, neue Verfassung des Ordens. Sie brachte tiefgreifende Veränderungen wie z. B., dass ein „Zweiter Stand" geschaffen wurde, nämlich jener der Ritter und Damen in Oboedienz. Diese legen zwar keine Gelübde, aber ein besonderes Versprechen ab, die Promess. Sie können unter bestimmten Voraussetzungen leitende Positionen einnehmen, jedoch nicht die des Großmeisters bzw. seines Statthalters, des Großkomturs und der Großprioren, die den Professrittern vorbehalten sind.

Die Wahl des Mailänder Rechtsanwaltes Angelo de Mojana di Cologna zum 77. Großmeister am 8. Mai 1962 beendete diese Phase der Neuorientierung in einer veränderten Welt, die durchaus im Kontext der zeitgleichen ge-

Seit dem 19. Jahrhundert stehen die Damen des Ordens vor allem im karitativen Bereich an der Seite der Ritter. Ordensaufnahme 2012 in der Kommenden- und Pfarrkirche Fürstenfeld. Foto Großpriorat von Österreich.

samtkirchlichen Erneuerung einzuordnen ist. Die Internationalisierung der karitativen und hospitalischen Arbeit des Malteserordens ist unter der Regierung des 78. Großmeisters, des Schotten Andrew Willoughby Ninian Bertie (8. April 1988 bis 7. Februar 2008), konsequent vorangetrieben worden. Der Zusammenbruch des Kommunismus ermöglichte den Wiederaufbau der Ordensorganisation und -arbeit in Osteuropa. So konnte das Großpriorat von Böhmen in Prag am 20 April 1990, am Vorabend eines Besuchs der Stadt durch Papst Johannes Paul II., seine Tätigkeit wieder aufnehmen. Diesem ersten Briten als Großmeister seit 1798 gelang es zudem, mit der Überlassung des Forts St. Angelo im Hafen von Valletta als exterritoriales Gebiet den Orden wieder zurück nach Malta zu führen. In seine Amtszeit fällt auch die von einem Außerordentlichen Generalkapitel am 28. – 30. April 1997 beschlossene Änderung der Verfassung des Ordens. Am 20. Februar 2015 wurde in der Lateranbasilika in Rom das Seligsprechungsverfahren für den „Diener Gottes", Modernisierer und Reformer des Ordens eröffnet.

War der Malteserorden seit seiner Gründung im Heiligen Land eine supranationale Institution, so wurde er in den Jahrzehnten seit dem Zweiten Weltkrieg zu einer der bedeutendsten internationalen Organisationen. Dies hat mit seiner spezifischen Eigenschaft als „Subjekt des internationalen Völkerrechtes“ zu tun, die ihn zu einem gleichberechtigten Partner und, neben dem Heiligen Stuhl, zum ältesten unverändert bestehenden, kirchlichen Akteur der Staatengemeinschaft macht. Der Souveräne Malteser-Ritter-Orden unterhält volle diplomatische Beziehungen mit derzeit 109 Staaten (Stand November 2019) auf der ganzen Welt und ist bei den Vereinten Nationen und in internationalen Organisationen vertreten.

Die Anerkennung auf zwischenstaatlicher Ebene ermöglicht dem Orden eine weite Tätigkeit im Bereich der „humanitären Diplomatie“. Dabei geht es nicht um die Vertretung einer einzelstaatlichen Interessenslage, sondern – auf der Grundlage strikter außenpolitischer Neutralität – darum, humanitäre Aktivitäten zu erleichtern und einen uneingeschränkten und sicheren Zugang in Krisengebiete zu erhalten. Ebenso bedeutsam, aber öffentlich weniger wahrnehmbar, ist die Rolle des Ordens im internationalen Krisenmanagement und der bilateralen Mediation. Das diplomatische Vertretungswesen des Ordens stärkt darüber hinaus die Beziehungen zu den einzelnen Staatsverwaltungen, in deren Ländern der Orden vertreten ist oder Hilfsprojekte durchführt. Das Netzwerk ermöglicht zudem die Integration medizinischer Programme in nationale und regionale Gesundheitssysteme und erleichtert den Transfer von medizinischer und technischer Infrastruktur, um Menschen in Not schnelle und effektive Hilfeleistung bieten zu können.

Hinzu tritt die Berufung im Hilfs- und Krankenwesen mit eigenen Krankenhäusern, Kliniken, Alten- und Behindertenheimen, Betreuungseinrichtungen für Flüchtlinge und Obdachlose sowie Erste-Hilfe- und Sozialzentren. Diese Leistungen werden rund um den Globus durch die 13.500 Ordensritter und –damen sowie knapp 100.000 freiwillige Helfer und Angestellte erbracht. Als globale Plattform dient seit 1992 Malteser International als länderübergreifendes Hilfswerk und aktiver Arm der ordensseitig betriebenen „humanitären Diplomatie“. Das Ziel dieser Ordenstätigkeit besteht darin, Menschen, die unter Krisen, Naturkatastrophen, militärischen Konflikten, Krankheit und Armut leiden, unabhängig von ihrer Herkunft, politischen Meinung oder Religion zu unterstützen und an einer Verbesserung der Le-

Der verstorbene achtzigste Großmeister des Ordens, Frà Giacomo Dalla Torre del Tempio di Sanguinetto. Foto Souveräner Malteser-Ritterorden.

bensumstände mitzuwirken. Derzeit ist Malteser International in mehr als zwanzig Staaten in Europa, Asien, Amerika und Afrika und in über einhundert konkreten Projekten vor Ort engagiert.

Das in der Reformation untergegangene und 1993 vom 78. Großmeister Frà Andrew Bertie wieder errichtete Großpriorat England wurde von Bailli Frà Matthew Festing als erstem Großprior geleitet, ehe dieser am 11. März 2008 zum 79. Großmeister gewählt wurde. Unüberbrückbare persönliche Differenzen und ordensinterne Probleme sowie ein Eingreifen des Heiligen Stuhles führten zu seinem Rücktritt als Großmeister am 24. Jänner 2017, der vom Souveränen Rat vier Tage später verfassungskonform angenommen wurde. Dieser Konflikt, der sich an der unterschiedlichen Wahrnehmung von Kompetenzen und Verantwortungsbereichen entzündet hatte, wurde auch zum Anlass für einen gerade laufenden Erneuerungsprozess der Regelwerke des Ordens.

Seit 2. Mai 2018 war Frà Giacomo dalla Torre del Tempio di Sanguinetto – nach einem vorangehenden Jahr als „Luogotenente“ – als 80. und vor-

Der seit 8. November 2020 im Amt befindliche Stadthalter des Großmeisters Frà Marco Luzzago. Foto Souveräner Malteser-Ritterorden.

läufig letzter Großmeister des Malteserordens im Amt. Er ist leider an den Folgen einer viel zu spät diagnostizierten Krankheit am 29. April 2020 verstorben.

Auf Grund der durch die Corona-Pandemie verursachten Einschränkungen konnte der Italiener Frà Marco Luzzago erst am 8. November 2020 zum Ordensoberhaupt als Statthalter des Großmeisters für ein Jahr gewählt werden.

In Österreich betreibt der Orden seit 1956 den aus der anlässlich des Ungarn-Aufstandes ins Leben gerufenen „Malteser Einsatzstaffel" entstandenen „Malteser Hospitaldienst Austria" als bekanntestes und größtes Hilfswerk, das zudem die österreichweit größte, rein ehrenamtlich tätige Organisation im Rettungswesen und der Betreuung von Menschen mit besonderen Bedürfnissen darstellt. Weiters das „Haus Malta"– das Ende 2021 in das im Bereich des Privatspitals der Elisabethinen im 3. Bezirk neu errichtete „Malteser Ordenshaus" übersiedeln wird – als Altenheim und die „Malteser Kinderhilfe". Insgesamt neun Organisationen mit mehr als 2.000 Helferinnen und Helfern sind bundesweit aktiv und treten seit kurzem unter der gemeinsamen Dachmarke MALTESER auf. Im böhmischen Großpriorat dient „Maltétská Pomoc“ als Instrument der unter der Ordensmaxime *„obsequium pauperum“* praktizierten Nächstenliebe.

Die vergangenen neunhundert Jahre Ordensgeschichte haben auf dem Gebiet der heutigen Republik Österreich ein großes religiöses und historisches Erbe hinterlassen. Dem Malteserorden sind in Österreich derzeit acht Kirchen anvertraut: die Rektoratskirche Hl. Johannes der Täufer in der Kärntner Straße und die Kirche St. Johann zu Unterlaa (Wien), die inkorporierten Pfarrkirchen in der Kommende Mailberg und in Groß-Harras (Niederösterreich), die steirischen Kommenden und Kirchen in Fürstenfeld und Altenmarkt, die Patronatskirche Ligist sowie die Kommende und Kirche Maria Pulst in Kärnten mit der Filialkirche in Lebmach.

Während in den Hilfsdiensten und den Ordenswerken Schnelligkeit und Modernität zur Tagesverfassung gehören, konnte sich der Malteserorden in seiner Binnenstruktur das Gepräge einer Wahlmonarchie erhalten. Die Verantwortung für den Orden in seiner Gesamtheit trägt der Fürst und Großmeister oder sein Statthalter bzw. – während einer Sedisvakanz des Großmeisteramtes (wie vom 28. Jänner bis 30. April 2017 und vom 29. April bis 7. November 2020) - der Großkomtur als Statthalter *„ad interim“*. Der Großmeister leitet, unterstützt von der Ordensregierung, dem Souveränen Rat, die Amtsgeschäfte. Ihm kommt der protokollarische Status eines Staatsoberhaupts zu, und er hat seit 1489 den Ehrenrang eines Kardinals der römisch-katholischen Kirche inne, der durch die Anrede „Hoheit und Eminenz“ zum Ausdruck gebracht wird.

Der Großmeister bzw. der Statthalter des Großmeisters wird gemäß der zuletzt 1997 geänderten Ordensverfassung vom Großen Staatsrat auf Lebenszeit bzw. für jeweils ein Jahr gewählt. Zum Großmeister oder zum Statthalter des Großmeisters wählbar sind nur Professritter, die je nach Lebensalter mindestens drei (nach Vollendung des 50. Lebensjahres) bzw. mindestens zehn Jahre (wenn vor dem 50. Lebensjahr) in Ewigen Gelübden sind und die Voraussetzungen erfüllen, die zur Aufnahme in die höchste Adelskategorie als „Ehren- und Devotions-Ritter“ vorgeschrieben sind.

Dem Großen Staatsrat gehören der Statthalter des Großmeisters am Ende seiner Amtsperiode oder der Interimistische Statthalter (das ist nach dem Tod oder Rücktritt des Großmeisters der amtierende Großkomtur), die Mit-

Der im Rettungswesen tätige Malteser Hospitaldienst Austria ist seit 1956 das bekannteste Hilfswerk des Ordens in Österreich. Foto MALTESER Austria.

glieder des Souveränen Rates, der Ordensprälat, die Prioren bzw. Prokuratoren, die Professbaillis an. Hinzu kommen zwei von jedem der derzeit sechs Priorate und Großpriorate delegierte Professritter, ein Professritter als Vertreter der Ritter „*in gremio religionis*“ (frei übersetzt: „im Schoß der Kirche“; die keiner Ordensgliederung zugeordnet sind), ein Ritter in Oboedienz, fünf Regenten von Subprioraten (derzeit gibt es sechs Subpriorate) sowie fünfzehn Vertretern der gegenwärtig achtundvierzig Assoziationen.

Einzelne Bereiche des Ordens werden von den Inhabern der nachstehend angeführten „Vier Hohen Ämter“ geleitet, die auch Mitglieder des Souveränen Rates sind und wie diese vom Generalkapitel – das mit zwei kleinen Abweichungen identisch zusammengesetzt ist wie der Große Staatsrat – auf jeweils fünf Jahre gewählt werden.

Der Großkomtur, der ebenfalls ein Professritter in Ewigen Gelübden sein muss, unterstützt als Stellvertreter des Großmeisters diesen bei der Verwirklichung der Charismen des Ordens, bei der Verbreitung und Verteidigung des Glaubens und bei der Beaufsichtigung der (Groß-) Priorate und Subpriorate sowie der durch Gelübde bzw. Promess dem Orden angehörenden Mitglieder des Ersten und des Zweiten Standes. Diese verantwortungsvolle Aufgabe lag von 1994 bis 2004 und von 2014 bis 2019 in den Händen des österreichischen Ordensritters Professbailli Frà Ludwig Hoffmann von Rumerstein. Ab dem Rücktritt des 79. Großmeisters Matthew Festing leitete er für rund ein Vierteljahr den Orden als interimistischer Statthalter. Beim Generalkapitel am 1./2. Mai 2019 wurde der Portugiese Frà Ruy Gonçalo do Valle Peixoto de Villas Boas zum Großkomtur gewählt.

Der Großkanzler steht der Ordenskanzlei und den ihr nachgeordneten Behörden vor. Zu seinen Obliegenheiten zählen die diplomatischen Beziehungen, die Nationalen Assoziationen und die Administration sowie innere Verwaltung. In staatliche Begriffe übersetzt, kombiniert er die Aufgaben eines Außen- und Innenministers. Überdies ist er für die zahlenmäßig größte Gruppe der Mitglieder des Dritten Standes verantwortlich. Amtsinhaber ist seit 2014 Bailli Albrecht Freiherr von Boeselager.

Der Großhospitalier ist für die karitativen Einrichtungen und Ordenswerke verantwortlich. Seit 2014 bekleidet Dominique Prinz und Graf de La Rochefoucauld-Montbel dieses Amt. Die Erfüllung seiner Aufgaben ist vor allem mit einer umfangreichen Reisetätigkeit in alle Welt verbunden.

Der Großrezeptor ist für die finanziellen Angelegenheiten zuständig, insbesondere die Erstellung der jährlichen Budgets und der Bilanzen. Er überwacht den Postdienst des Ordens und die Sicherheit des Großmagisteriums. Bis 2011 gehörte auch das Münzwesen des Ordens zu den Obliegenheiten des Großrezeptors. Als Währung des Ordens fungierte bis dahin der im Duodezimalsystem organisierte Scudo. Ein Scudo entsprach zwölf Tari, die ihrerseits in 240 Grani zerfielen. Heute ist der Euro das gesetzliche Zahlungsmittel auch des Malteserordens. Nicht nur in Philatelistenkreisen, sondern weltweit großer Beliebtheit erfreuen sich heute noch die vom Orden herausgegebenen Briefmarken, die durch Postverträge mit anderen Staaten auch im internationalen Postverkehr Gültigkeit haben. Seit 2014 ist János Graf Esterházy de Galántha der aktuelle Großrezeptor.

Der Souveräne Rat besteht aus dem Großmeister bzw. seinem Statthalter, den Inhabern der vier „Hohen Ämter" und weiteren sechs Mitgliedern – von denen mindestens vier Professritter sein müssen – und unterstützt als Kollegialorgan den Großmeister bei der Leitung des Ordens. Ihm gehört seit 2. Mai 2019 als österreichisches Mitglied Frà Gottfried von Kühnelt-Leddihn an. Mit Ausnahme des Großmeisters werden die oben angeführten

„Hohen Ämter" und die weiteren Mitglieder des Souveränen Rates vom Generalkapitel gewählt. Es wird alle fünf Jahre einberufen sowie wann immer es der Großmeister nach Anhörung des Souveränen Rates für opportun erachtet oder die Mehrheit der Großpriorate, Subpriorate und Assoziationen den Großmeister darum ersucht.
Zurzeit bestehen sechs Großpriorate, nämlich die von Böhmen, England, Lombardei und Venezien, Neapel und Sizilien, Österreich und Rom. Alle 6 Großpriorate werden derzeit – mangels jeweils dreier wählbarer Professritter – nicht von einem Großprior, sondern von einem Prokurator geleitet.

Die Probleme, die zum Rücktritt des 79. Großmeisters, Frà Matthew Festing, am 24. Jänner 2017 geführt hatten, machten aber auch einen gewissen Reformstau sichtbar, der Anlass für einen gerade laufenden Erneuerungsprozess der Regelwerke des Ordens ist. Seitdem beschäftigt sich der Orden mit der Erneuerung von Verfassung und Codex und seines Erscheinungsbildes unter Beibehaltung jener Prinzipien, die seine Gründung und sein Wirken über beinahe tausend Jahre hinweg inspiriert haben. Im Rahmen einer Verfassungsdebatte wird ein ganzes Bündel an Erwartungshaltungen formuliert, die seit Frühjahr 2017 intensiv diskutiert und bearbeitet werden. Dabei geht es vor allem darum, wie die Professritter als Mitglieder eines Ordens im Sinne des Kirchenrechts in Zukunft ihr Leben zu gestalten haben – z.B. ob und in welchem Ausmaß sie in Gemeinschaft leben – und ihr Gelübde der Armut verwirklichen, aber auch um eine erweiterte Basis in der Entscheidungsfindung bei strategischen Frage oder um einen höheren Frauenanteil in Führungspositionen des Ordens. Das Ziel dabei ist aber nicht die Erneuerung und die Schaffung von Strukturen als Selbstzweck, sondern die Prüfung darauf, ob sie die seit den Tagen des seligen Gerhard unverändert aufrechte Berufung, christlich inspirierten Dienst an den „Herren Kranken" zu leisten, erfüllen helfen.

Zunächst wurden zu verschiedenen Teilaspekten zehn weltweit beschickte Arbeitsgruppen gebildet, die eine Meinungserkundung durchführen und Vorschläge zur Änderung von Verfassung und Codex erarbeiten sollten. Deren Ergebnisse wurden im Februar 2018 in einem Internationalen Strategieseminar mit 150 Beteiligten aus aller Welt breit diskutiert und zusammengefasst. Der Souveräne Rat hat Anfang April 2021 diesbezügliche, allerdings noch geheim gehaltene Vorschläge beschlossen und dem Hei-

Die achtfache Mission des Ordens ist so aktuell wie je: Der Kampf gegen Krankheit, Verlassenheit, Heimatlosigkeit, Hunger, Lieblosigkeit, Schuld, Gleichgültigkeit und Unglaube. Foto Kira Yan.

ligen Stuhl übermittelt, der ja zu allen den Ersten Stand, also die Professritter und Professkapläne, betreffenden Fragen seine Zustimmung geben muss, sich aber bisher noch nicht dazu geäußert hat. Einer der Gründe dafür ist, dass der am 4. Februar 2017 unter Entmachtung des – nominell immer noch amtierenden, aber seitdem nicht mehr in Erscheinung getretenen – Kardinalpatrons des Ordens, Raymond Kardinal Burke, als „Sonderdelegat" des Papstes zum Orden ernannte Giovanni Angelo Becciu wegen ihm vorgeworfener, von ihm aber dementierter finanzieller Verfehlungen am 24. September 2020 auf Drängen von Papst Franziskus alle Ämter zurückgelegt und auch seinen Kardinalsrang verloren hat. Als neuer „Sonderdelegat" für den Orden wurde am 1. November 2020 Silvano Tomasi berufen, der am 28. November 2020 zum Kardinal kreiert worden ist und der schon seit Langem Ordensmitglied ist und daher den Orden gut kennt.

16.
DIE LEBENSFORMEN IM ORDEN HEUTE UND IHRE ERKENNBARKEIT

Die Ritter und Damen des Malteserordens – der im Sinne des Kirchenrechts ein religiöser und traditionsgemäß zugleich militärischer, ritterlicher und adeliger Laienorden ist – sind drei Ständen zugeordnet, wozu im Zweiten Stand und im Dritten Stand noch die Gliederung in je drei Adelskategorien kommt.

Die Aufnahme als Mitglied in den Malteserorden erfolgt in jedem Falle in den Dritten Stand. Um die Aufnahme kann man sich nicht selbst bewerben, vielmehr muss man von Ordensmitgliedern, die eine bestimmte Leitungsfunktion innehaben, gefragt werden, ob man Mitglied werden möchte. Ausschlaggebend für eine allfällige Mitgliedschaft im Orden sind die bisherige Lebensführung als aktiver Katholik und, in den meisten Fällen, eine vorangehende Tätigkeit in einem der Hilfswerke des Ordens.

Das einzige formale Aufnahmekriterium ist neben der zu absolvierenden Vorbereitungs- und Ausbildungszeit der im Rahmen des Antrags zu erbringende Nachweis, katholisch getauft zu sein. Keine Voraussetzung jedoch ist Ehelosigkeit (diese ist nur zum Zeitpunkt eines Übertrittes in den Ersten Stand erforderlich), im Gegenteil: dem Orden gehören zahlreiche Ehepaare an. Der Aufnahme in den Orden muss mindestens ein Jahr intensiver Vorbereitung unter Begleitung durch andere Ordensmitglieder vorangehen. Anlässlich der Aufnahme wird auch festgelegt, in welche Adelskategorie man auf Grund der vorgelegten Ahnenproben eingereiht wird. Die Adelsproben sind, historisch bedingt in den einzelnen Gliederungen des Ordens unterschiedlich. Werden verheiratete Damen in den Orden aufgenommen, so ist im Großpriorat von Österreich seit einigen Jahren wieder das Adelsrecht maßgeblich. Sie werden also in die Adelskategorie ihres Gatten aufgenommen, auch wenn dieser selbst nicht Ordensmitglied ist. Über die Aufnahme eines neuen Mitglieds entscheidet auf Vorschlag des lokalen Oberen unter Zustimmung des zuständigen Kapitels letztlich in jedem einzelnen Fall der Großmeister bzw. der Statthalter des Großmeisters mit Zustimmung des Souveränen Rates. Anlässlich der Aufnahme ist an das Großmagisterium eine „Passagegebühr" zu entrichten.

Die Mitglieder des Dritten Standes legen bei ihrer Aufnahme in den Orden weder ein Gelübde noch ein besonderes, der Promess vergleichbares Versprechen ab, verpflichten sich aber dem lokalen Ordensoberen (Großprior, Prokurator, Präsident) gegenüber, gemäß den Normen der Kirche zu leben, den Armen und Kranken zu helfen und mit wiederkehrenden Beiträgen die Werke des Ordens zu unterstützen. Sie sollen regelmäßig an den Veranstaltungen des Ordens und seiner Hilfswerke und jährlich an Exerzitien oder Einkehrwochenenden teilnehmen. Die Mitglieder des Zweiten und des Dritten Standes mit Ausnahme der Ordenskapläne haben jährlich über die lokale Organisation – die einen Teil für sich einbehält – einen Beitrag an das Großmagisterium zu entrichten.

Diese weltweit zahlenmäßig bei weitem größte Gruppe von Rittern und Damen des Ordens gliedert sich auf der Grundlage unterschiedlicher Adelsränge in drei Kategorien.

Die oberste Kategorie des Dritten Standes bilden die Ehren- und Devotions-Ritter und -Damen. Nach Verdiensten können diese zu Ehren- und Devotions-Großkreuzrittern bzw. zu Ehren- und Devotions-Großkreuzdamen

Die Großmeisterkette des 75. Großmeisters, Galeazzo Thun-Hohenstein. Fertigung des Wiener Hofjuweliers Rothe & Neffe in Wien.

Aquarellierte Darstellung der im Fürstgroßpriorat Böhmen-Österreich üblichen Dekorationen aus dem letzten Viertel des 19. Jahrhunderts. Sammlung Vinkhuizen, New York Public Library.

Schematisierte Malerei der außerhalb des böhmisch-österreichischen Ordensbereiches üblichen Dekorationen mit Lilien anstelle von Doppeladlern in den Kreuzwinkeln. Sammlung Vinkhuizen, New York Public Library.

im Rang erhöht werden oder den Ehrentitel eines „Bailli“ erhalten. Für die Einreihung in diese Kategorie sind historisch bedingt länderweise unterschiedliche Anforderungen an das Alter des Adels der Familie erforderlich. Wird ein Kardinal in den Orden aufgenommen oder ein Ordenskaplan zum Kardinal kreiert, so ist für ihn als Mitglied des Dritten Standes der Rang eines Bailli Ehren- und Devotions-Großkreuzritters vorgesehen.

Die zweite Adelskategorie des Dritten Standes umfasst die Gratial- und Devotions-Großkreuzritter und -damen, und Gratial- und Devotions-Ritter und -Damen. Ritter und Damen dieser Kategorie müssen erleichterte Adelsproben nachweisen. Als dritte Kategorie des Dritten Standes erbringen Magistral-Ritter und Magistral-Damen keine Adelsprobe. Für Verdienste können auch hier Rangerhöhungen erfolgen, als höchste Auszeichnung wird das Schulterband verliehen.

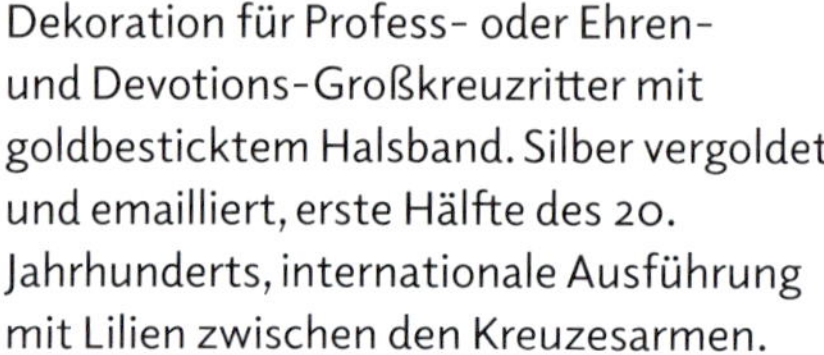

Dekoration für Profess- oder Ehren- und Devotions-Großkreuzritter mit goldbesticktem Halsband. Silber vergoldet und emailliert, erste Hälfte des 20. Jahrhunderts, internationale Ausführung mit Lilien zwischen den Kreuzesarmen.

Halskreuz für Profess- oder Ehren- und Devotions-Ritter in der Ausführung für das böhmisch-österreichische Großpriorat. Ausgeführt in emailliertem und vergoldetem Silber, Ende des 19. Jahrhunderts.

Eine gewisse Sonderstellung nehmen bzw. nahmen die ausschließlich männlichen Donaten ein, die zwar Angehörige des Ordens, aber keine Ritter sind bzw. waren. Auch dieses Institut hat seinen Ursprung schon in der Kreuzfahrerzeit. Diese Herren legten keine Gelübde ab und schenkten ihren Besitz dem Orden, genossen aber bis zu ihrem Lebensende bzw. bis zu jenem des Ehegatten den Nießbrauch daraus. Heute wird darunter eine Form der affiliierten Mitgliedschaft verstanden, ähnlich einer Oblation (Verpflichtung eines Laien, nach einer Klosterregel zu leben), wobei eher der religiöse Charakter im Vordergrund steht. Die Aufrückung in die Kategorie eines Ritters ist grundsätzlich möglich. In manchen Gliederungen dient diese Kategorie

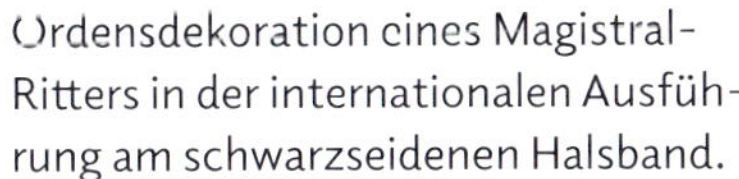

Ordensdekoration eines Magistral-Ritters in der internationalen Ausführung am schwarzseidenen Halsband.

Donatenhalskreuz mit in poliertem Metall gearbeitetem oberstem Kreuzarm im böhmisch-österreichischen Großpriorat, Rothe & Neffe in Wien.

als Anwartschaft zur Aufnahme als Ritter. Gegenwärtig ist diese Kategorie im Großpriorat von Österreich nicht vertreten.

Priester werden je nach Ihrer Stellung in der kirchlichen Hierarchie als Konventualkaplan „*ad honorem*" oder als Magistralkaplan in den Dritten Stand aufgenommen. Auch hier gibt es jeweils eine Großkreuzklasse.

Ordensritter des Dritten Standes bevorzugen seit dem Zweiten Vatikanischen Konzil als liturgische Bekleidung die Kukulle, einen schwarzen, bodenlangen Überwurf mit breiten Ärmelöffnungen, die, wie der Kragen, mit weißem Stoff abgesetzt sind. Der Ursprung dieses Gewandes liegt in der monastischen Chorkleidung etwa der Benediktiner. Auf der Brust findet sich das

Miniaturengruppe der Verdienstauszeichnung „Pro Merito Melitensi“ in der zwischen 1916 und 1928 verliehenen Form sowie der affiliierten Verdienstmedaille. Oben die Auszeichnung *„Pro Piis Meritis“* für Angehörige des geistlichen Standes mit verlängertem unterem Kreuzarm. Links oben ein Donatkreuz zweiter Klasse.

weiße, achtspitzige Ordenskreuz, das bei gleichem Durchmesser adelsrangspezifische Unterschiede aufweist. Beim Kreuz der Donaten wiederum fehlt der oberste Kreuzesarm. Über der Kukulle wird das Ordenskreuz als Halsdekoration getragen.

Ordensdamen des Dritten Standes tragen einen der Schwesterntracht entnommenen Ordensmantel („Cape“) und einen schwarzen Kommunionsschleier sowie das Kleinod an der Damenmasche auf dem Umhang. Die Mitglieder der Hilfswerke tragen im Dienst Uniform bzw. Dienstbekleidung. Für die liturgische Kleidung der Konventualkapläne *„ad honorem“* und der Magistralkapläne gilt das weiter unten für Profess-Konventualkapläne Gesagte.

Die Ritter und Damen des Zweiten Standes legen ein lebenslang geltendes Gehorsamsversprechen (Oboedienz; Promess[e]) ab und verpflichten sich neben einem intensiven Engagement für die Anliegen des Ordens unter anderem auch zur jährlichen Teilnahme an drei volle Tage dauernden Exerzitien. Ursprünglich war dieser Stand Ehren- und Devotions-Rittern und

Ordensuniform eines Ehren- und Devotions-Großkreuzritters, Kirchenmantel und Kukulle (von rechts), ausgestellt im Museum des Großmeisterpalasts in Rhodos. Foto Wiesław Jarek.

-Damen sowie Gratial- und Devotions-Rittern und -Damen vorbehalten, die mit Ablegung der Promess vom Dritten Stand in den Zweiten Stand übertraten. Wie Florian Schwetz in seiner rezenten kirchen- und staatsrechtlichen Untersuchung des Ordens schreibt, ist diese Mitgliederkategorie durch das Motu Proprio *„Praecipuam Curam"* vom 21. 12. 1956 durch Papst Pius XII. angeregt und mit der Ordensreform 1961 implementiert worden. Der Hintergrund bestand, wie Schwetz weiter ausführt, im Rückgang der Professritter, deren Anzahl sich im Zeitraum von 1880 bis 1949 von 171 auf 84 mehr als halbiert hatte und den damit einhergehenden Schwierigkeiten in der Übernahme von Leitungsverantwortung im Orden. Derzeit umfasst der Zweite Stand weltweit rund 750 Personen. Die Verfassungsreform 1997 führte dazu, dass der vor der Überstellung innegehabte Rang als Mitglied des Dritten Standes weiterbehalten wird.

Die liturgische Kleidung der Mitglieder des Zweiten Standes unterscheidet sich von jener des Dritten Standes nur dadurch, dass die Ritter über der

Professritter im Kirchenmantel mit der Stola oder Passionsschnur. Kolorierter Kupferstich, erste Hälfte des 19. Jahrhunderts.

Kukulle einen schwarzen, rot passepoilierten Umhang (Skapulier) tragen, während bei den Damen das achtspitzige weiße Kreuz am linken Ärmel des Capes rot eingesäumt ist.

Der Erste Stand ist Rittern vorbehalten und umfasst die Novizen, die Professritter in Zeitlichen Gelübden und in Ewigen Gelübden, die beide auch als Justizritter oder – verkürzt – als Professen bezeichnet werden. Außerdem gehören dem Ersten Stand die Profess-Konventualkapläne an, das sind Priester, die durch Ablegung auch der Ordensgelübde Ordensmitglieder des Ersten Standes im Sinne der kanonischen Bestimmungen werden.

Die Zulassung eines dem Orden mindestens ein Jahr angehörenden Ritters oder eines Priesters zum Ersten Stand bedarf der Beurteilung und Zustimmung des lokalen Oberen und des Kapitels, sowie hierauf jener der dem Souveränen Rat angehörenden Professritter und des Großmeisters. Auf eine Aspirantenzeit von mindestens drei Monaten und maximal einem Jahr folgt die Zulassung zum Noviziat. Dieses beginnt und endet mit achttägigen Ex-

Uniform eines Bailli Großkreuzprofessritters mit weißen Aufschlägen und doppelter Goldborte, Schulterband (ohne Ordenskreuz) und Professkreuz als Steckdekoration. Museum des Großmeisterpalastes in Rhodos. Foto Wiesław Jarek.

erzitien und dauert mindestens ein, aber höchstens zwei Jahre. Erst danach darf der Ritter zu den Zeitlichen oder Einfachen Gelübden für ein Jahr zugelassen werden. Er gelobt hierbei lebenslang Armut, Keuschheit und Gehorsam. Während der ersten drei Jahre sind die Zeitlichen Gelübde alljährlich, unmittelbar nach Ablauf, zu erneuern, danach können sie noch zweimal auf je drei Jahre abgelegt werden. Die Dauer der Zeitlichen Gelübde darf also neun Jahre nicht überschreiten. Die Ewigen oder Feierlichen Gelübde dürfen frühestens nach drei und müssen längstens nach neun Jahren in Zeitlichen Gelübden abgelegt werden.

Die Zulassung zum Noviziat und zur Ablegung der Gelübde ist heute völlig unabhängig von der anlässlich der Aufnahme als Ordensmitglied zugeordneten Adelskategorie. Mit der Ablegung der Ewigen Gelübde erlischt die vorherige Zuordnung zu einer Adelskategorie (das als Bestandteil des Namens geltende Prädikat bleibt jedoch erhalten), dafür wird dem Taufnamen die Bezeichnung „Frà" als Verkürzung von „*Frater*" vorangestellt.

Durch die Ablegung der Gelübde verpflichtet sich der Professritter (bzw. der Profess-Konventualkaplan) zu einem intensiven, christlichen Leben nach den Evangelischen Räten. Das findet seinen Ausdruck z. B. im möglichst täglichen Besuch der Heiligen Messe, im täglichen Stundengebet (zumindest Laudes, Vesper und Komplet) und anderer geistlicher Lektüre, in der verpflichtenden, jährlichen Teilnahme an mindestens fünftägigen Exerzitien, in einem bewusst einfachen Lebensstil, in einer generösen Spendentätigkeit und vor allem in Werken der Barmherzigkeit und tätigen Nächstenliebe, besonders in den Ordenswerken. Angesichts der Tatsache, dass die Professritter selbst für ihren Lebensunterhalt zu sorgen haben und daher häufig auch nach Ablegung der Gelübde noch beruflich tätig sind, sind die Professritter nach der derzeit gültigen Verfassung (1961 und 1997) nicht zu einem Leben in Gemeinschaft, z. B. in einem Kloster, verpflichtet. Dies bedeutet auch, dass jeder Professritter seinen eigenen Weg zur Verwirklichung der Gelübde, insbesondere des der Armut finden muss. Derzeit umfasst der Orden 39 Professritter, davon 34 in Ewigen Gelübden, und sechs Profess-Konventualkapläne.

Auch Professritter können in den Rang eines Justiz-Großkreuzritters oder Bailli-Justiz-Großkreuzritters erhoben werden, Ordenskapläne in den Rang eines Großkreuzkaplans.

Professritter tragen im Gottesdienst und zu anderen liturgischen Anlässen (etwa Prozessionen oder Begräbnissen) den überkommenen „Manto di Punta“, dessen Wurzeln bis zu statutarischen Vorschriften von 1278 zurückzuverfolgen sind. Der bodenlange, schwarze Mantel mit sehr weiten Ärmeln zeigt am linken Ärmel ein großes, einfaches, weißes, achtspitziges Ordenskreuz. Professritter tragen dieselbe Halsdekoration wie die Ehren- und Devotions-Ritter bzw. Großkreuz-Ehren- und Devotions-Ritter des Dritten Standes. Für Professritter in Ewigen Gelübden ist die 1663 eingeführte Passionsschnur oder Stola ein wichtiger Bestandteil ihrer liturgischen Kleidung. Hierbei handelt es sich um einen langen, goldgewirkten Textilkörper, der in Fransen ausläuft. In der Stickerei sind in fünfzehn Feldern Leidenswerkzeuge Christi dargestellt und die Worte Christi am Kreuz „*Sitio*“ und „*Consumatum est*“ wiedergegeben, außerdem sind Ordenssymbole und dekorative Elemente eingearbeitet. Die Stola verjüngt sich oben zu einem Kreuz, wird unter den Kragen des Ordensmantels eingehängt und über dem angewinkelten linken Unterarm getragen.

Darstellung der aktuellen Insignien des Großmeisters und des Ersten Standes (Professritter und Professkapläne) in internationaler Ausführung, Grafik Mario Volpe.

Sovrano Militare Ordine di Malta
Insegne del Secondo Ceto
(Cavalieri di Onore e Devozione in Obbedienza)

Cavaliere di Gran Croce di Onore e Devozione in Obbedienza

Bali, Cavaliere di Gran Croce di Onore e Devozione in Obbedienza

Cavaliere di Onore e Devozione in Obbedienza

Die Dekorationen der Ehren- und Devotions-Ritter sowie -Damen in Oboedienz. Grafik Mario Volpe.

Profess-Konventualkapläne tragen zu ihrer Ordensdekoration eine schwarze Soutane mit roten Knöpfen, die an den Rändern und Knopflöchern rot eingefasst ist. Das weiße Rochett ist aus Spitze über roter Seide. Die violette Mozzetta mit rot eingefassten Knopflöchern und Knöpfen ziert am linken Ärmel das weiße Professkreuz. Konventualkapläne *„ad honorem"* unterscheiden sich von den Profess-Konventualkaplänen nur dadurch, dass ihre ebenfalls violette Mozzetta mit rot eingefassten Knopflöchern und Knöpfen nicht das weiße Professkreuz ziert.

Magistralkapläne tragen eine schwarze Soutane, die an den Rändern und Knopflöchern violett passepoiliert ist mit ebensolchen Knöpfen. Das weiße Rochett ist aus Spitze über roter Seide. Die schwarze Mozzetta hat violett eingefasste Knopflöcher und Knöpfe. Die Ordensdekoration wird am Dreiecksband an der linken Brustseite der Mozzetta dekoriert.

Als Ordenskleinod tragen Ritter und Damen des Ordens das weiß emaillierte, goldgefasste achtspitzige Ordenskreuz. Zwischen den Kreuzarmen sind goldene Lilien angebracht, während in den Nachfolgeorganisationen des böhmisch-österreichischen Großpriorates ein goldener Doppeladler erscheint. 1999 haben diese Unterscheidung auch die Mitglieder der deutschen Assoziation übernommen. Das Ordenskreuz ist von einer goldenen geschlossenen Lilienkrone überhöht; in Österreich, Böhmen und der (ehemaligen) schlesischen Ritterassoziation ist stattdessen eine stark ausgestellte Bügelkrone in Verwendung. Ordensritter führen als Zeugnis ihrer Berufung zum Anzug eine ihrem Rang entsprechende Ordensrosette im Alltag und bei passenden, würdigen Gelegenheiten. Die Damen tragen stattdessen ihre Ordensminiatur, wobei ebenfalls dunkle Kleidung vorgesehen ist.

Der Großmeister trägt bei offiziellen Anlässen eine Collane, zwischen deren glatten Gliedern sieben rotemaillierte Medaillons mit dem weißen achtspitzigen Kreuz eingearbeitet sind. An Stelle des achten Medaillons erscheint ein Wappenschild mit dem weißen Balkenkreuz auf rotem Grund, an dem das sechzig Millimeter große Ordenskreuz (ohne Ornamente zwischen den Armen und ohne Krone) befestigt ist. Dieses Wappenschild findet sich seit 1877 auch an den Dekorationen der Mitglieder und wurde als „Distinktion von Jerusalem" 1873 im böhmisch-österreichischen Großpriorat eingeführt. Ursprünglich war es Ordensrittern vorbehalten, die mindestens 500 Gulden oder 1000 Kronen zum Unterhalt des Ordenshospitals in Tantur gespendet hatten.

Ritter aller Rangstufen sowie Konventualkapläne tragen die Ordensinsignie als Halsdekoration, Damen dekorieren an einer Masche auf der linken Brust. Mit Ausnahme der Großkreuzritter ist die Halsdekoration der Ritter an einem möglichst nicht sichtbar, sondern unter der weißgeränderten Halsstulpe der Kukulle verborgen anzulegenden, schmucklosen schwarzen Seidenband befestigt. Für Professritter sowie Ehren- und Devotions-Ritter ist das kronenüberhöhte Ordenskreuz an einer militärischen Waffentrophäe in Gold befestigt. Gratial- und Devotions-Ritter verfügen über ein einfacher gestaltetes Motiv mit einem antiken Helm auf gekreuzten Schwertern hinter dem Wappenschild. Magistral-Ritter und Konventualkapläne zeigen den Wappenschild an einer goldenen Schleife. Dieses Ornament erhöht auch das bekrönte Ordenskreuz der Ehren- und Devotions-Damen, jenes der Gratial- und Devotions-Damen trägt nur ein Wappenschild, während die Magistral-Damen nur das bekrönte Ordenskreuz an der schwarzen Schleife tragen. Die Dekoration für Donaten gleicht jener der Magistralkategorie, allerdings ist der oberste Kreuzarm nicht emailliert, sondern in glattem Metall ausgeführt. Bis 1997 existierte die Kategorie der Justizdonaten, die ein dreiarmiges Steckkreuz unter Weglassung des obersten Balkens trugen. Wiederholt wurde darauf hingewiesen, dass die Kreuzarme nicht im Dreipass angeordnet werden durften.

Professritter können zusätzlich zum Halskreuz ein 52 Millimeter großes Professkreuz (ohne Ornamente zwischen den Armen) als Steckdekoration tragen. Professritter in Zeitlichen Gelübden sowie Novizen führen anstelle des Professkreuzes ein vierzig Millimeter großes Steckkreuz, das von einem goldenen Ring umgeben ist.

Das Halskreuz für Großkreuzritter ist ebenfalls 52 Millimeter im Durchmesser und wird an einem schwarzseidenen, gerafften, mit Goldstickerei in Form der Dornenkrone Christi verzierten Halsband getragen. Bailli Großkreuzritter dekorieren dazu ein schwarzes Schulterband; über der Zusammenfassung an der linken Hüfte ist eine Rosette angenäht, die ein aufgelegtes, 67 Millimeter großes Ordenskreuz zeigt. Die Ordensbänder der Großkreuzkapläne weisen eine einfachere goldene Bestickung in gezackter Linienführung auf.

Die Ritter und Damen in Oboedienz tragen zusätzlich zu ihrer aus dem Dritten Stand übernommenen Dekoration ein 50 Millimeter großes Promesskreuz, das jeweils Lilien bzw. Doppeladler zwischen den Kreuzarmen zeigt.

Sovrano Militare Ordine di Malta

Insegne del Secondo Ceto

(Cavalieri di Grazia e Devozione in Obbedienza)

Cavaliere di Gran Croce di Grazia e Devozione in

Cavaliere di Gran Croce di Grazia e Devozione in Obbedienza con Fascia

Cavaliere di Grazia e Devozione in Obbedienza

Gratial- und Devotions-Ritter sowie -Damen in Oboedienz.
Grafik Mario Volpe.

Sovrano Militare Ordine di Malta
Insegne del Secondo Ceto
(Cavalieri di Grazia Magistrale in Obbedienza)

Cavaliere di Gran Croce di Grazia Magistrale in Obbedienza

Cavaliere di Gran Croce di Grazia Magistrale in Obbedienza con Fascia

Cavaliere di Grazia Magistrale in Obbedienza

Der Zweite Stand wird abgerundet durch Magistral-Ritter- und -Damen in Oboedienz. Grafik Mario Volpe.

Im Dritten Stand sind die Bailli Ehren- und Devotions-Großkreuzritter wiederum am zusätzlichen schwarzen Schulterband erkennbar, allerdings wird hier ein kronenüberhöhtes Kreuz an einer Schleife an der linken Hüfte gezeigt. Zusätzlich kann in diesem Rang das Professkreuz *„ad honorem"* verliehen werden. Das Schulterband für die Gratial- und Devotions-Großkreuzritter ist mit einem weißen Mittelstreifen versehen, ebenso kommt die vereinfachte Zackenbestickung am Ordensband zum Einsatz. Bei den Schulterbändern der Großkreuz-Magistral-Ritter ist der Mittelstreifen rot, auch hier ist das Ordensband mit der Zackenbestickung belegt.

Magistralkapläne tragen ein fünfundvierzig Millimeter großes Ordenskreuz mit Krone am gefalteten Dreiecksband als Brustkreuz. Die Kreuze der Donaten waren bis zur Reform 1997 in drei Klassen unterteilt, wobei die Dekoration der Zweiten Klasse jener der Magistralkapläne glich und die Dritte Klasse keine Kronenüberhöhung zeigte. Im Laufe der Jahrhunderte hat sich für den Orden eine spezifische Tracht herausgebildet, die sich aus mehreren, für verschiedene Situationen gedachten Kleidungsstücken zusammensetzte. Bis heute besteht eine Ausdifferenzierung der Mitgliedschaft im Orden auch über die Bekleidung, wobei neben dem bereits genannten „Manto di Punta" eine Kirchentracht und eine rote Uniform in Verwendung stehen.

Bis zum Ende der Amtszeit des 79. Großmeisters, Frà Matthew Festing, wurde am Ordenssitz in Rom zu zeremoniellen Anlässen die aus der höfischen Repräsentationstracht im 19. Jahrhundert stammende Ordensuniform getragen. Diese besteht aus einem zweireihigen, hochroten Waffenrock mit Aufschlägen und Kragen in je nach Rang und Stand weißer oder schwarzer Kontrastfarbe. Eine Differenzierung erfolgt auch über den Umfang der Goldstickerei, die aus bis zu zwei wellenförmigen Bordüren bestehen kann. Der Rock des Großmeisters ist gänzlich in roter Farbe mit elaborierter Stickerei ausgeführt. Für Ordensritter sind Schulterklappen mit Fransen obligatorisch, die Donatenuniform ist gänzlich unbestickt und weist keine Schulterklappen auf. Dazu wird eine schwarzblaue Hose mit breiten goldenen Lampassen und roter Biese getragen. An einem schwarzen Schwertgurt mit aufgestickten goldenen Dornenornamenten wird ein Schwert mit goldenem Griff und weißemailliertem Ordenskreuz geführt. Als Kopfbedeckung dient ein Zweispitz mit Bestickung und rangabhängigem Federschmuck.

Seit 1916 bestand für Böhmen-Österreich eine Verdienstauszeichnung, die 1920 vom 75. Großmeister, Galeazzo Thun-Hohenstein, für den Gesamtorden übernommen und 1928 als mehrstufiger Verdienstorden „*Pro Merito Melitensi*" neu organisiert wurde. Die an das System der französischen Ehrenlegion angelehnten üblichen fünf Ränge wurden im Laufe des Bestandes durch weitere Unterteilungen im Bereich der Großkreuz-Träger ausdifferenziert. Daneben besteht für Geistliche die zweistufige Kategorie „*Pro Piis Meritis*". Mit der Zuerkennung einer der Stufen des Verdienstordens ist jedoch nicht die Mitgliedschaft im Malteserorden verbunden.

Sovrano Militare Ordine di Malta

Insegne del Terzo Ceto

Prima e Seconda Categoria

(Cavalieri di Onore e Devozione – Cappellani Conventuali "ad Honorem")

Cavaliere di Gran Croce di Onore e Devozione

Balì, Cavaliere di Gran Croce di Onore e Devozione

Balì, Cavaliere di Gran Croce di Onore e Devozione con Croce di Professione "ad Honorem"

Commendatore di Giuspatronato Familiare Cavaliere di Onore e Devozione

Cappellano di Gran Croce Conventuale "ad Honorem"

Cappellano Conventuale "ad Honorem"

Der Dritte Stand wird angeführt von den Ehren- und Devotions-Rittern, -Damen und Konventualkaplänen „ad honorem“, wobei das Professkreuz „*ad honorem*“ auch den Bailli-Ehren- und Devotions-Großkreuzrittern zuerkannt werden kann.
Grafik Mario Volpe.

Sovrano Militare Ordine di Malta

Insegne del Terzo Ceto

Terza e Quarta Categoria

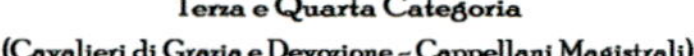

(Cavalieri di Grazia e Devozione – Cappellani Magistrali)

Cavaliere di Gran Croce di Grazia e Devozione

Cavaliere di Gran Croce di Grazia e Devozione con Fascia

Cavaliere di Grazia e Devozione

Cappellano Magistrale

Die Ordensdekorationen für Gratial- und Devotions-Ritter und -Damen sowie Magistralkapläne.
Grafik Mario Volpe.

Sovrano Militare Ordine di Malta
Insegne del Terzo Ceto
Quinta e Sesta Categoria
(Cavalieri di Grazia Magistrale – Donati di Devozione)

Cavaliere di Gran Croce di Grazia Magistrale

Cavaliere di Grazia Magistrale

Cavaliere di Gran Croce di Grazia Magistrale con Fascia

Donato di Devozione

Die unterschiedlichen Stufen für Magistral-Ritter und -Damen sowie die heute einklassige Kategorie der Devotionsdonaten.
Grafik Mario Volpe.

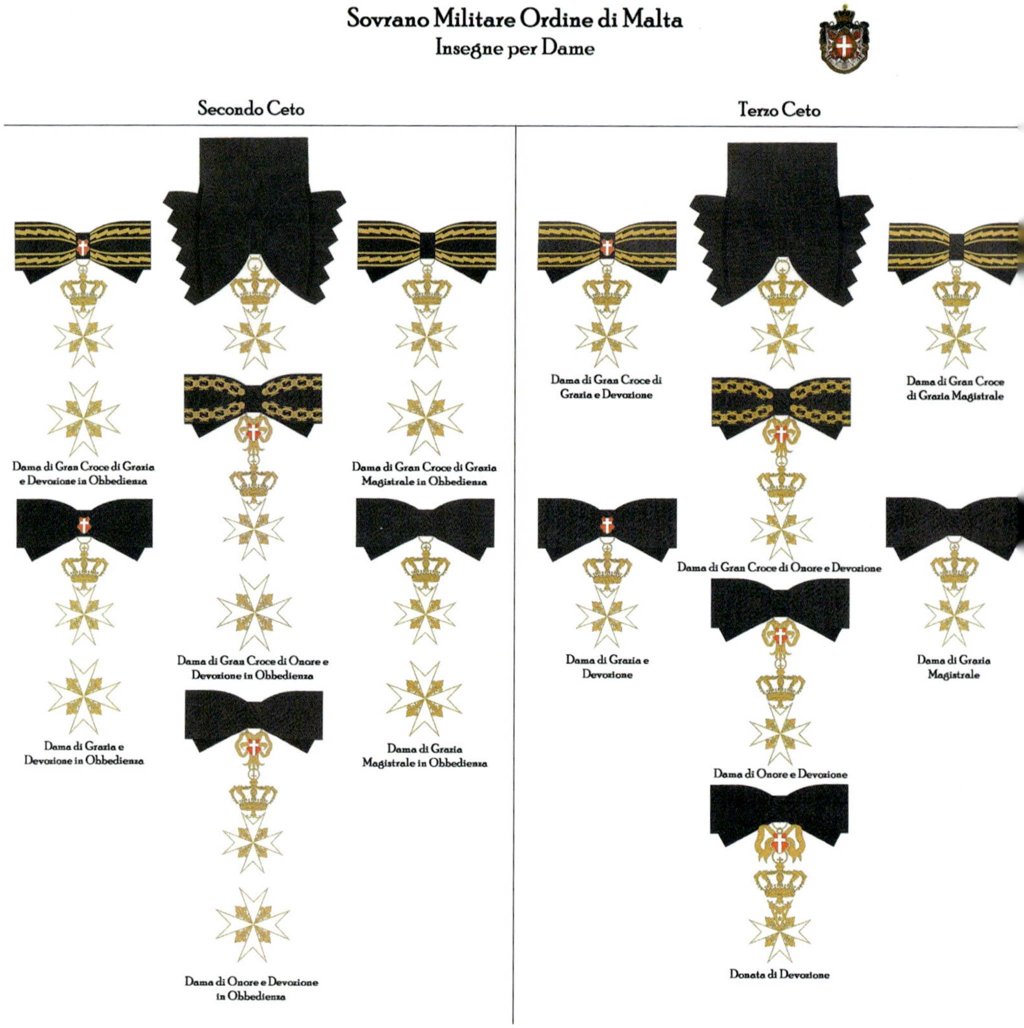

Sovrano Militare Ordine di Malta
Insegne per Dame

Secondo Ceto

Dama di Gran Croce di Grazia e Devozione in Obbedienza

Dama di Gran Croce di Onore e Devozione in Obbedienza

Dama di Gran Croce di Grazia Magistrale in Obbedienza

Dama di Grazia e Devozione in Obbedienza

Dama di Onore e Devozione in Obbedienza

Dama di Grazia Magistrale in Obbedienza

Terzo Ceto

Dama di Gran Croce di Grazia e Devozione

Dama di Gran Croce di Onore e Devozione

Dama di Gran Croce di Grazia Magistrale

Dama di Grazia e Devozione

Dama di Onore e Devozione

Dama di Grazia Magistrale

Donata di Devozione

Überblick über die Trageweise der Ordensdekorationen für Damen der verschiedenen Stände und Kategorien.
Grafik Mario Volpe.

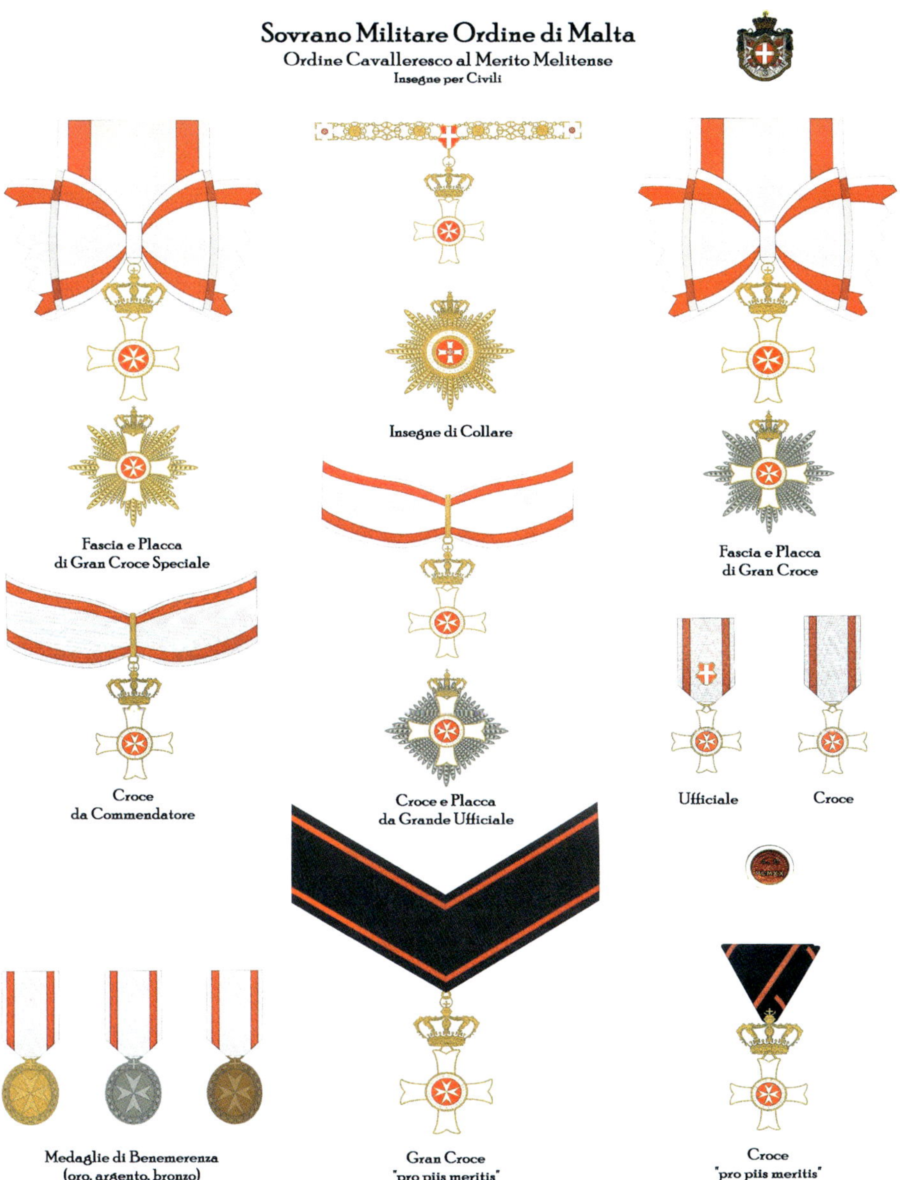

Der Verdienstorden *„Pro Merito Melitensi"* samt den Medaillen werden in einer Zivil- und Militärklasse verliehen, die durch gekreuzte Schwerter und vertauschte Bandfarben identifiziert ist. Die Dekoration der zweistufigen Kategorie *„Pro Piis Meritis"* wurde dem Verdienstorden angeglichen. Grafik Mario Volpe.

Sovrano Militare Ordine di Malta

Ordine Cavalleresco al Merito Melitense

Insegne per Militari

Fascia e Placca
di Gran Croce Speciale con Spade

Croce
da Commendatore con Spade

Insegne di Collare
con Spade

Croce e Placca
da Grande Ufficiale con Spade

Fascia e Placca
di Gran Croce con Spade

Ufficiale
con Spade

Croce
con Spade

Medaglie di Benemerenza con Spade
(oro, argento, bronzo)

Die (Groß)meister und Statthalter

1.	1100	Seliger Gerhard
2.	1120	Raymond du Puy
3.	1158/60	Auger de Balben
4.	1162	Arnaud de Comps
5.	1163	Gilbert de Aissailly
6.	1169	Gaston de Murols
7.	1169	Joubert von Syrien
8.	1177	Roger de Moulins
9.	1187	Hermangard d'Aspe
10.	1190	Garnier de Naplouse
11.	1193	Geoffroy de Donjon de Duisson
12.	1203	Alfonso von Portugal
13.	1206	Geoffrey le Rat
14.	1207	Garin de Montaigu
15.	1228	Bertrand de Thessy
16.	1231	Guérin Lebrun
17.	1236	Bertrand de Comps
18.	1239/40	Pierre de Vielle-Bride
19.	1242	Guillaume de Chateauneuf
20.	1258	Hugues de Revel
21.	1277	Nicolas de Lorgue
22.	1284	Jean de Villiers
23.	1294	Odon de Pins
24.	1296	Guillaume de Villaret
25.	1305	Foulques de Villaret, Bruder des Vorigen
26.	1319	Hélion de Villeneuve
27.	1346	Dieudonné de Gozon
28.	1353	Pierre de Corneillan
29.	1355	Roger de Pins
30.	1365	Raymond Bérenger
31.	1374	Robert de Juliac
32.	1376	Juan Fernández de Héredia
33.	1383	Riccardo Caracciolo, „Gegen-Großmeister" des Vorigen

34.	1396	Philibert de Naillac
35.	1421	Antonio Fluvian de la Riviere
36.	1437	Jean Bompar de Lastic
37.	1454	Jacques de Milly
38.	1461	Piero Raimondo Zacosta
39.	1467	Giovanni Battista Orsini
40.	1476	Pierre d'Aubusson
41.	1503	Emery d'Amboise
42.	1512	Guy de Blanchefort
43.	1513	Fabrizio del Carretto
44.	1521	Philippe de Villiers de l'Isle-Adam
45.	1534	Piero de Ponte
46.	1535	Didier de Saint-Jaille
47.	1536	Juan de Homedes y Coscón
48.	1553	Claude de la Sengle
49.	1557	Jean Parisot de la Valette
50.	1568	Pietro del Monte
51.	1572	Jean l'Evesque de la Cassière
52.	1581	Hugues Loubenx de Verdale
53.	1595	Martin Garzes
54.	1601	Alof de Wignacourt
55.	1622	Luis Mendez de Vasconcellos
56.	1623	Antoine de Paule
57.	1636	Jean de Lascaris-Castellar
58.	1657	Martin de Redin y Cruzat
59.	1660	Annet de Clermont-Gessant
60.	1660	Raphael Cotoner y de Oleza
61.	1663	Nicolas Cotoner y de Oleza, Bruder des Vorigen
62.	1680	Gregorio Carafa della Roccella
63.	1690	Adrien de Wignacourt
64.	1697	Ramón Perellos y Roccafùl
65.	1720	Marc'Antonio Zondadari
66.	1722	Antonio Manoel de Vilhena
67.	1736	Ramón Despuig y Martinez
68.	1741	Manuel Pinto de Fonseca
69.	1773	Francisco Ximenes de Texada

70.	1775	Emmanuel de Rohan-Polduc
71.	1797	Ferdinand von Hompesch zu Bolheim
72.	1799	Paul I., Zar von Russland (Großmeister *de facto*, aber nicht *de iure*)
73.	1803	Giovanni Battista Tommasi de Cortona
	1805	Innico Maria Guevara Suardo (Statthalter)
	1814	Andrea de Giovanni y Centelles (Statthalter)
	1821	Antonio Busca (Statthalter)
	1834	Carlo Candida (Statthalter)
	1845	Phillip Colloredo-Mels (Statthalter)
	1865	Alessandro Ponziano Borgia (Statthalter)
	1872	Johann Baptist Ceschi a Santa Croce (Statthalter)
74.	1879	Johann Baptist Ceschi a Santa Croce
75.	1905	Galeazzo Thun-Hohenstein
76.	1931	Ludovico Chigi Albani della Rovere
	1951	Antonio Hercolani Fava Simonetti (Statthalter)
	1955	Ernesto Paternò Castello (Statthalter)
77.	1962	Angelo de Mojana di Cologna
78.	1988	Andrew Willoughby Ninian Bertie
79.	2008	Frà Matthew Festing
	2017	Giacomo Dalla Torre del Tempio di Sanguinetto (Statthalter)
80.	2018	Frà Giacomo Dalla Torre del Tempio di Sanguinetto
	2020	Frà Marco Luzzago (Statthalter)

Die Großbaillis (Piliers) der Deutschen Zunge

1435	Johann von Schlegelholz
1440	Johann Loesel
1466	Johannes von Ow zu Wachendorf
1467	Johann Schenk von Stauffenberg
1478	Betz von Lichtenberg
1480	Rudolf Graf von Werdenberg-Sargans
1491	Peter von Schwalbach
1493	Peter Stolz von Gaubickelheim
1534	Georg Schilling von Cannstatt
1546	Philipp Schilling von Cannstatt
1548	Georg Bombast von Hohenheim
1554	Adam von Schwalbach
1567	Konrad von Schwalbach
1568	Joachim von Sparr
157	Philipp Flach von Schwarzenberg
1573	Johann Georg von Schönborn
1587	Philipp Riedesel von Camberg
1594	Bernhard von Angeloch
1598	Johann Philipp Lesch von Mülheim
1599	Wiprecht von Rosenbach
1601	Arbogast von Andlau
1607	Wilhelm von Cronberg
1609	Johann Friedrich Hund von Saulheim
1612	Georg Christoph von Weitingen
1634	Nikolaus von Fleckenstein
1635	Mathias Jakob von Pfirt zu Liebenstein
1635	Jakob Christoph von Andlau
1638	Maximilian Schilderer von Lachen
1643	Wilhelm Heinrich von Wartberg zu Wartenstein
1645	Walfraf Scheiffart von Merode
1646	Wilhelm Hermann von Metternich
1650	Franz von Sonnenberg
1656	Wilhelm Leopold Graf von Reinstein und Tattenbach
1657	Adam Graf von Wratislaw

1662 Franz Sebastian Graf von Wratislaw
1666 Ferdinand Ludwig Graf von Kolowrat-Liebsteinský
1676 Johann Joseph von Herberstein
1682 Gottfried Droste von Vischering
1682 Hermann von Wachtendonck
1683 Karl Philipp Freytag von Loringhoven
1690 Wolfgang Sebastian Graf von Pötting und Persing
1698 Johann Philipp von Schönborn
1702 Bernhard Ernst von Reede zu Brandlicht
1703 Ferdinand Leopold Dubský von Třebomyslice
1703 Johann Ferdinand Graf von Herberstein
1711 Goswin Hermann Otto von Merveld
1717 Franz Anton Josef Graf von Königsegg zu Rothenfels
1721 Philipp Wilhelm Graf von Nesselrode
1727 Hermann von Bevern
1728 Johann Ignaz Wilhelm von Gymnich
1733 Karl Josef Graf von Dietrichstein
1737 Wenzel Joachim Czejka von Olbramowitz
1738 Philipp Joachim Vogt von Altsummerau und Prassberg
1744 Nikolaus Anton von Enzberg
1752 Johann Baptist Reinhard von Schauenburg
1755 Franz Christoph Sebastian von Remchingen
1758 Oktavian Karl Nikolaus Graf von Sinzendorf-Friedau
1767 Johann Reinhard von Baden zu Liel
1771 Johann Kaspar Fidelis von und zu Schönau
1771 Johann Josef Benedikt Graf von Reinach-Fuchsmänningen
1774 Karl von und zu Schauenburg
1775 Anton Graf von Colloredo-Wallsee
1775 Anton Graf von Hamilton
1776 Philipp Josef Franz Rochus Graf von Sinzendorf-Ernstbrunn
1778 Ignaz Balthasar Willibald Rink von Baldenstein
1785 Franz Heinrich Truchsess von Rheinfelden
1787 Franz Philipp Morand von Schönau zu Saasen
1796 Ferdinand von Hompesch zu Bolheim
1797 Johann Baptist von Pfirt zu Karsbach
1797 Johann Jakob Josef von Pfirt zu Blumberg

Die Großprioren (ab 1881 Fürstgroßprioren) von Böhmen-Österreich

1183 Bernhard
1186/89 Martin
1194 Meinhard
1234 Hugo
1245 Peter von Strasnitz
1249 Clemens
1255 Heinrich von Fürstenberg
1273 Heinrich von Boxberg
1278 Hermann von Braunshorn
1282 Berengar von Lauffen (erste Amtszeit)
1282 Hermann von Hohenlohe (erste Amtszeit)
1283 Friedrich von Kindhausen (erste Amtszeit)
1284 Hermann von Hohenlohe (zweite Amtszeit)
1285 Friedrich von Kindhausen (zweite Amtszeit)
1286 Hermann von Hohenlohe (dritte Amtszeit)
1287 Berengar von Lauffen (zweite Amtszeit)
1289 Hermann von Hohenlohe (vierte Amtszeit)
1290 Gottfried von Klingenfels
1293 Hermann von Hohenlohe (fünfte Amtszeit)
1296 Heinrich von Fürstenberg
1298 Heinrich von Kindhausen (erste Amtszeit)
1301 Helfrich von Rüdigheim (erste Amtszeit)
1302 Heinrich von Kindhausen (zweite Amtszeit)
1305 Helfrich von Rüdigheim (zweite Amtszeit)
1313 Berthold d. Ä. von Henneberg zu Schleusingen
1325 Michael von Tynz (erste Amtszeit)
1328 Berthold d. J. von Henneberg zu Schleusingen
1330 Michael von Tynz (zweite Amtszeit)
1338 Gallus von Löwenberg
1367 Johann von Zwierzetitz-Wartemberg
1372 Simon Herzog von Teschen
1391 Markold von Wrutitz

1398 Hermann von Zwierzetitz-Wartemberg
1401 Heinrich von Neuhaus-Rosenberg
1416 Peter von Sternberg
1423 Ruprecht Herzog von Schlesien-Hainau-Lüben-Ohlau
1434 Wenzel von Michelsberg
1451 Jodok von Rosenberg
1460 Heinrich von Straz
1468 Zdenko von Waldstein
1472 Johann von Schwanberg
1517 Johann von Rosenberg
1534 Johann von Wartenberg
1543 Zbinko von Duba und Lipa
1555 Wenzel Haas von Hasenburg
1578 Christoph von Wartenberg
1590 Mathias Leopold Poppel von Lobkowitz
1620 Heinrich von Logau und Olbersdorf
1626 Rudolf von Paar
1626 Wilhelm Zdenko von Wratislaw zu Mniszek und Wrani
1637 Rudolf von Colloredo-Wallsee
1657 Wilhelm Leopold von Reinstein und Tattenbach
1662 Adam Wilhelm von Wratislaw
1666 Franz Sebastian von Wratislaw
1676 Ferdinand Ludwig von Kolowrat-Liebsteinsky
1701 Franz Sigismund von Thun und Hohenstein
1702 Wolfgang Sebastian von Pötting und Preysing
1709 Ferdinand Leopold Dubsky von Trzembomislitz
1711 Johann Wenzel Wratislaw von Mittrowitz
1721 Karl Leopold von Herberstein
1726 Gundakar Poppo von Dietrichstein
1737 Franz Anton Joseph von Königseck zu Rothenfels
1744 Wenzel Joachim Czeyka von Olbramowitz
1754 Emanuel Wenzel Kajetan von Kolowrat-Krakowsky
1769 Michael Ferdinand von Althann
1789 Joseph Maria von Colloredo-Wallsee
1819 Karl Vinzenz von Kolowrat-Liebsteinsky
1826 Karl Vincenz Hieronymus von Neipperg

1835	Karl Joseph von Morzin
1847	Franz von Khevenhüller-Metsch
1867	Franz von Kolowrat-Liebsteinsky
1874	Othenio von Lichnowsky-Werdenberg, ab 1881 erster Fürstgroßprior
1887	Guidobald von Thun und Hohenstein
1904	Heinrich von und zu Liechtenstein
1904	Rudolf von Hardegg
1927	Carl von Ludwigstorff (bis 1938)

Die Großprioren und Prokuratoren von Österreich

1938 Carl von Ludwigstorff
1955 Johannes Trapp, Graf von Matsch (Vikar)
1961 Johannes Trapp, Graf von Matsch
1964 Gottfried Erwein von Gudenus
1970 Friedrich Adolf von Kinsky
1984 Bailli Gordian Freiherr von Gudenus (Prokurator)
1990 Bailli Wilhelm von und zu Liechtenstein
2006 Bailli Norbert Graf von Salburg-Falkenstein (Prokurator)

Die Großprioren, Regenten und Prokuratoren von Böhmen

1938 Karel Kardinal Kašpar, Erzbischof von Prag
1941 Karl Fürst Schwarzenberg (Regent)
1981 Bailli Karel von Paar (erste Amtszeit, Sitz in Wien)
1988 Cyrill Toumanoff (Sitz in Rom)
1996 Bailli Jindřich von Schlick zu Bassano und Weißenkirchen
2002 Bailli Norbert von Kinsky
2004 Bailli Karel von Paar (zweite Amtszeit, Sitz in Prag)
2011 Bailli Norbert Graf von Salburg-Falkenstein (Prokurator)
2013 Johannes Prinz Lobkowicz (Prokurator)

Literatur

David ABULAFIA, Das Mittelmeer. Eine Biographie, (Frankfurt a. Main [5]2013).

Karl Otmar von ARETIN, Italien im 18. Jahrhundert. In: Fritz WAGNER (Hg.), Europa im Zeitalter des Absolutismus und der Aufklärung, (= Theodor SCHIEDER [Hg.], Handbuch der europäischen Geschichte, Bd. 4, Stuttgart ffl1996).

Christoph AUFFAHRT, Irdische Wege und himmlischer Lohn. Kreuzzug, Jerusalem und Fegefeuer in religionswissenschaftlicher Perspektive, (= Veröffentlichungen des Max-Planck-Instituts für Geschichte, Bd. 144, Göttingen 2002).

Josef BADER, Meine Fahrten und Wanderungen im Heimatland, (= Das badische Land und Volk, Bd. 1, Freiburg i. Br. 1853).

Wolf-Dieter BARZ, Das Wesen des Malteserordens und die Person des Christian von Osterhausen. Eine Einführung in das Lehrbuch Osterhausens von 1644 zum Recht dieses Ordens, (=Wolf-Dieter BARZ, Andreas ROTH, Stefan Chr. SAAR [Hg.], *Ius vivens*. Quellentexte zur Rechtsgeschichte, Bd. 1, Tl. 1, Münster 1995).

Rolf BAUER, Harald KNOLL, Österreich. Ein Jahrtausend Geschichte im Herzen Europas, (München 1994).

Ludwig BELLERMANN, Schiller, (Leipzig-Berlin-Wien 1901).

Alain BELTJENS, Aux origines de l'Ordre de Malte de la Fondation de l'Hopital de Jerusalem à sa Transformation en Ordre Militaire, (Brüssel 1995).

Roland BENN, Samariter auf Kaperfahrt. In: Merian, hg. von Manfred BISSINGER, 59. Jg., H. 7, (Hamburg, Juli 2006).

Klaus BIEBERSTEIN, Sancta Maria Latina. Ein Erbe, das verpflichtet. In: Karl-Heinz RONECKER, Jens NIEPER und Thorsten NEUBERT-PREINE (Hg.), Dem Erlöser der Welt zur Ehre. Festschrift zum hundertjährigen Jubiläum der Einweihung der evangelischen Erlöserkirche in Jerusalem, (Leipzig 1998).

Otto BITSCHNAU, Das Leben der Heiligen Gottes, nach den besten Quellen bearbeitet, (Einsiedeln [20]1881).

Giovanni BONELLO, Do Mysteries still hang over the History of the Great Siege? In: Journal of the Monastic Military Orders, hg. von George Gregory BUTTIGIEG, Jg. 1, H. 1, (Malta, Oktober 2008).

Pierre BONNEAUD, Negotiation and warfare: The Hospitallers of Rhodes around and after the Fall of Constantinople (1426–1480). In: Ordines Militares. Colloquia Torunensia Historica. Yearbook for the Study of the Military Orders, hg. von Roman CZAJA u. Jürgen SANOWSKY, Bd. XVII., Torún 2012).

Salvatore BONO, Piraten und Korsaren im Mittelmeer. Seekrieg, Handel und Sklaverei vom 16. bis zum 19. Jahrhundert, (Stuttgart 2009).

Egon BOSHOF, Armenfürsorge im Frühmittelalter: Xenodochium, matricula, hospitale pauperum. In: VSWG. Vierteljahrschrift für Sozial- und Wirtschaftsgeschichte, 71. Jg., H. 2, (Stuttgart 1984).

Ernle BRADFORD, Johanniter und Malteser. Die Geschichte des Ritterordens, (München [3]1996).

Ernle BRADFORD, Kreuz und Schwert. Der Johanniter/Malteser-Ritterorden, (Frankfurt/Main-Berlin [2]1995).

Ernle BRADFORD, The Great Siege Malta 1565. Clash of cultures: Christian Knights defend Western Civilization against the Moslem Tide, (New York 1961).

Fernand BRAUDEL, Das Mittelmeer und die mediterrane Welt in der Epoche Philipps II., Bd. 2, (Hamburg 1998).

Jochen BRENNECKE, Geschichte der Schifffahrt, (Künzelsau [2]1986).

Arthur BREYCHA-VAUTHIER de BAILLAMONT, Das Großpriorat Böhmen-Österreich. In: Adam WIENAND (Hg.), Der Johanniter-Orden. Der Malteser-Orden. Der ritterliche Orden des Hl. Johannes vom Spital zu Jerusalem. Seine Aufgaben, seine Geschichte, (Köln [2]1977).

Milan BUBEN, Christoph CALICE, Gerhard FEUCHT, Johannes LOBKOWICZ, Richard STEEB, Martina ZIKMUNDOVÀ, Das Großpriorat Böhmen des Malteser-Ritterordens im Zeitraum 1938–1948, (Prag 2017).

Raymond Leo Kardinal BURKE, Chaplains and the Liturgical Life of the Order. In: In: Service to Neighbour as a Testimony of Faith, (=Jean LAFFITTE [Hg.], Journal of Spirituality, Bd. 16, Rom 2017).

Carl BUSLEY, Geschichte der Segelschiffe. Die Entwicklung des Segelschiffes vom Altertum bis zum 20. Jahrhundert, (Berlin 1920 [Reprint Leipzig 2008]).

Emanuel BUTTIGIEG, Early Modern Valletta: Beyond the Renaissance City. In: Humillima Civitas Vallettae. From Mount Xebb-er-ras to European Capital of Culture, (San Ġwann 2018).

Emanuel BUTTIGIEG, Nobility, Faith and Masculinity. The Hospitaller Knights of Malta, c.1580–c.1700, (London-New York 2011).

Emanuel BUTTIGIEG, The Sovereign Military Hospitaller Order of St. John of Jerusalem of Rhodes and of Malta – A General History of the Order of Malta, In: Przemsław DELES and Przemsław MROZOWSKI (Hg.), The Orders of St John and Their Ties With Polish Territories, (Warschau 2014).

George Gregory BUTTIGIEG, Hospital Practice and Socio-Medical Administration under the Knights of St. John in Rhodes (1310–1522) and Malta (1530–1798). In: Journal of the Monastic Military Orders, hg. von George Gregory BUTTIGIEG, Jg. 1, H. 1, (Malta, 10/2008).

George Gregory BUTTIGIEG, The Hospitaller component of the standing army of the Latin Kingdom 1099-1291. In: George CASSAR (Hg.), The Order of St. John from Jerusalem to Malta. Some aspects and considerations, (Malta 2007).

Richard CACHIA CARUANA, The Auberge de Castille et Portugal. In: Giovanni BONELLO, Petra CARUANA DINGLI, DENIS DE LUCCA, Encounters with Valletta. A Baroque City through the Ages, (San Ġwann 2018).

Niccolò CAPPONI, Victory of the West. The great Christian-Muslim clash at the Battle of Lepanto, (Cambridge 2007)

George CASSAR, Malta and the Order of St John: Life on an Island Home. In: Emanuel BUTTIGIEG, Simon PHILLIPS (Hg.), Islands and Military Orders, c.1291–c.1798, (Farnham, 2013).

Paul CASSAR, Early Relations between Malta and the United States of America, (= Maltese Social Studies Series, Bd. 2, Valletta 1976).

Paul CASSAR, Medical History of Malta, (= Wellcome Historical Medical Library, London 1965).

Dennis CASTILLO, The Maltese Cross. A Strategic History of Malta, (= Contributions in Military Studies, Bd. 229, Westport-London. 2006).

Charles DALLI, Behind the walls, beyond the shores: the urbanization of Malta. In: Enrico IACHELLO, Paolo MILLITELLO, Il Mediterraneo delle città. Temi di storia, (Mailand 2011).

Antonella DARGENIO, La spiritualità giovannita antica e moderna. In: Studi Melitensi. Rivista del Centro Studi Melitensi, Jg. XXIV, (Taranto 2016).

Robert L. DAUBER, Die Johanniter in der Levante, (= Classis et castra. Marine und Seefestungen der Johanniter von Rhodos 1306–1523, Bd. 1, Gnas 2013).

Robert L. DAUBER, Die Marine, (= Classis et castra. Marine und Seefestungen der Johanniter von Rhodos 1306–1523, Bd. 2, Gnas 2012).

Robert L. DAUBER, Die Marine des Johanniter-Malteser-Ritter-Ordens. 500 Jahre Seekrieg zur Verteidigung Europas, (Graz 1989).

Robert L. DAUBER, Die steirischen Malteser-Ritter Frà Johann Joseph, Frà Ferdinand und Frà Karl Leopold Grafen von Herberstein. Seekapitäne und kaiserliche Offiziere, (Wien 2004).

Robert L. DAUBER, Knights of Rhodes and Malta in the national navies of Europe from the 14th to the 19th century. In: George CASSAR (Hg.), The Order of St. John from Jerusalem to Malta. Some aspects and considerations, (Malta 2007).

Robert L. DAUBER, Militia und Türkenabwehr der Johanniter/Malteser-Ritter zu Lande und zu Wasser. In: Christian STEEB, Brigitte STRIMITZER (Hg.), Der Souveräne Malteser-Ritter-Orden in Österreich, (Graz 1999).

Robert L. DAUBER, Religious and Hospitaller Aspects in the Navy of the Order in Rhodes and in Malta (1453-1699). In: George CASSAR, Dane MUNRO, Noel BUTTIGIEG (Hg.), The Struggle for Supremacy. The Mediterranean World in 1453 and beyond, (San Ġwann 2018).

Robert L. DAUBER, Spätmittelalter und frühe Neuzeit (1291-1618), (= Der Johanniter/Malteser Orden in Österreich und Mitteleuropa. 850 Jahre gemeinsame Geschichte, Bd. 2, Wien 1998).

Robert L. DAUBER, Michael GALEA, Austrian Knights of Malta. Relations Malta-Austria 1530–1798, (San Ġwann 2006)

Alain DEMURGER, Les Hospitaliers, de Jérusalem à Rhodes 1050–1317, (Paris 2013).

Carmen DEPASQUALE, Eighteenth-Century Valletta as seen by French and Francophone Visitors. In: Humillima Civitas Vallettae. From Mount Xebb-er-ras to European Capital of Culture, (San Ġwann 2018).

Herbert DONNER, Pilgerfahrt ins Heilige Land. Die ältesten Berichte christlicher Palästinapilger (4.–7. Jahrhundert), (Stuttgart ²2002).

John DOTSON, Venice, Genoa and the Control of the Seas in the Thirteenth and Fourteenth Centuries. In: John B. HATTENDORF, Richard W. UNGER (Hg.), War at Sea in the Middle Ages and Renaissance, (Woodbridge 2003).

Gisela DROSSBACH, Hospitalstatuten im Spiegel von Norm und Wirklichkeit. In: Gisela DROSSBACH (Hg.), Hospitäler in Mittelalter und früher Neuzeit. Frankreich, Deutschland und Italien. Eine vergleichende Geschichte. Hôpitaux au Moyen Âge et aux Temps modernes. France, Allemagne et Italie. Une histoire comparée, (= Pariser Historische Studien, hg. v. Werner PARAVICINI, Bd. 75, München 2007).

Herwig EBNER, Von der Gründung des Johanniterordens bis zum Ende des Ordensstaates auf Rhodos 1522. In: In: Christian STEEB, Brigitte STRIMITZER (Hg.), Der Souveräne Malteser-Ritter-Orden in Österrreich, (Graz 1999).

Lothar EICH, Ernest HENRIOT, Luise LANGENDORF (Hg.), Die große Zeit der Galeeren und Galeassen, (Bielefeld 1973).

Jakob EISLER, Das deutsche Johanniter-Hospiz in Jerusalem, (Köln-Weimar-Wien 2008).

Gerhardt ELLERT, Die Johanniter. Es begann in Jerusalem, (München 1999).

Michael ELLUL, The Valletta Holy Infirmary. The building and the institution. In: George CASSAR (Hg.), The Order of St. John from Jerusalem to Malta. Some aspects and considerations, (Malta 2007).

Roger ELLUL-MICALEFF, The Sacra Infermeria. In: In: Giovanni BONELLO, Petra CARUANA DINGLI, DENIS DE LUCCA, Encounters with Valletta. A Baroque City through the Ages, (San Ġwann 2018).

Marie Christine ENGELS, Merchants, Interlopers, Seamen and Corsairs. The Flemish Community in Livorno and Genoa, (Hilversum 1997).

Michael F. FELDKAMP, Vom Jerusalempilger zum Grabesritter. Geschichte des Ritterordens vom Heiligen Grab, (= Propyläen des christlichen Abendlandes, Bd. 1, Heimbach / Eifel 2016).

Giovannella FERRARIS di CELLE, Die Madonna vom Berg Philermos. Geschichte, künstlerische Darstellungen, Geschichte der Verehrung der Muttergottes-Ikone, Schutzherrin des Souveränen Malteser-Ritterordens, (Innsbruck 1988).

Alan FOREY, Women and the Military Orders in the Twelfth and Thirteenth Centuries. In: Anthony LUTTRELL, Helen J. NICHOLSON (Hg.), Hospitaller Women in the Middle Ages, (Hants 2006).

Charles A. FRAZEE, Catholics and Sultans. The Church and the Ottoman Empire, 1453-1923, (Cambridge 1983).

Thomas FRELLER, Die Geschichte Maltas. Eine Insel zwischen Orient und Okzident, (Ostfildern 2008).

Thomas FRELLER, Großmeister – Fürst – Exilant: Ferdinand von Hompesch – eine politische Biographie, (St. Ottilien 2019).

Thomas FRELLER, Malta and the Grand Tour, (= Maltese Social Studies Series, Bd. 18, Valletta 2009).

Thomas FRELLER, The Anglo-Bavarian Langue of the Order of Malta, (Malta 2001).

Thomas FRELLER, The epitome of Europe. Das Bild Maltas und des Ordensstaats der

Johanniter in der Reiseliteratur der frühen Neuzeit, (= Mainzer Studien zur neueren Geschichte, Bd. 8, Frankfurt a. Main 2002).
Thomas FRELLER, The German Langue of the Order of Malta. A concise History, (Malta 2010).
Johannes FRIED, Der Pakt von Canossa. Schritte zur Wirklichkeit durch Erinnerungsanalyse. In: Wilfried HARTMANN, Klaus HERBERS, Die Faszination der Papstgeschichte. Neue Zugänge zum frühen und hohen Mittelalter, (Köln-Weimar-Wien 2008).
Joseph FURTTENBACH, *Architectura navalis*. Das ist von dem Schiffgebäw, auff dem Meer und Seekusten zu gebrauchen, (Ulm 1629).
Michael GALEA, Die deutschen Ordensritter von Malta. Eine Portraitgalerie. Die Geschichte der Ritter des Hl.Johannes zu Jerusalem, zu Rhodos und zu Malta, (San Gwann 1996).
Michael GALEA, Samariter mit Kreuz und Schwert. In: Merian. Das Monatsheft der Städte und Landschaften, hg. v. Will KELLER, 42. Jg., H. 1, (Hamburg, Jänner 1989).
Gregor GATSCHER-RIEDL, In hoc signo vinces! Zwischen religiösem Mythos und politischem Anspruch. Von Byzanz nach Neapel. Die Geschichte des Heiligen Konstantinischen Ordens vom Hl.Georg, hg. v. Birol KILIC, (Wien 2012).
Gregor GATSCHER-RIEDL, Triest. k. u. k. Sehnsuchtsort und Alt-Österreichs Hafen zur Welt, (Berndorf [2]2017).
Gregor GATSCHER-RIEDL, Mario STRIGL, Die roten Ritter. Zwischen Medici, Habsburgern und den Osmanen: Die Orden und Auszeichnungen des Großherzogtums Toskana, (= Forschungen zu Orient und Okzident 2, hg. v. Birol KILIC, Wien 2014).
Paul GEYER (Bearb.), Itinera hierosolymitana saeculi IIII–VIII, (= Corpus Scriptorum Ecclesiasticorum Latinorum, Bd. 39, Prag-Wien-Leipzig 1898).
August Anton GLÜCKSELIG, Denkwürdigkeiten des Grafenhauses Thun-Hohenstein, (Prag 1866).
Friedrich GOTTSCHALCK, Almanach der Ritterorden, 2. Abtheilung: Die Ritter-Orden ausser den deutschen, (Leipzig 1818).
Desmond GREGORY, Malta, Britain, and the European Powers 1793–1815, (Cranbury 1996).
Joseph F. GRIMA, The Rowers on the Order's Galleys (ca. 1600–1650). In: Melita Historica. Journal of the Maltese Historical Society, Jg. 13, H. 2, (Malta 2001).
Edward GRIMSTONE, The Estates, Empires and Principalities of the World, (London 1615).
Maximilian GRITZNER, Handbuch der Haus- und Verdienstorden aller Kulturstaaten der Welt, (Leipzig 1893 [Reprint Leipzig o. J.]).
John F. GUILMARTIN, Gunpowder and Galleys. Changing Technology and Mediterranean Warfare at Sea in the Sixteenth Century, (London 1974).
Georg Bernhard HAFKEMEYER, Der Malteser-Ritter-Orden, (= Abhandlungen der Forschungsstelle für Völkerrecht und Ausländisches Öffentliches Recht an der Universität Hamburg, Bd. 7, Hamburg 1956).
Wolfgang HAIDER-BERKY, Die Spitalskirche zum heiligen Ägidius und das Spital der Jo-

hanniter am Hartberg, Gemeinde Schäffern, Steiermark, (=Schriften des Berkyseums, Bd. 17, Neunkirchen 2006).

Jyri HASECKER, Die Johanniter und die Wallfahrt nach Jerusalem (1480–1522), (= Nikolaus HENKEL, Jürgen SARNOWSKY [Hg.], Nova Mediaevalia. Quellen und Studien zum europäischen Mittelalter, Bd. 5, Göttingen 2008).

Michael HEBERER, Aegyptiaca Servitvs. Das ist Warhafte Beschreibung einer Dreyjährigen Dienstbarkeit So zu Alexandrien in Egypten ihren Anfang vnd zu Constantinopel ihr Endschafft genommen. (Heidelberg 1610).

Paul A. HEROLD, Die Herren von Seefeld-Feldsberg. Geschichte eines (nieder-)österreichischen Adelsgeschlechts im Mittelalter, (= Anton EGGENDORFER, Willibald ROSNER [Hg.], Studien und Forschungen aus dem NÖ Institut für Landeskunde, Bd. 27, zgl. NÖ Schriften Wissenschaft, Bd. 119, St. Pölten 2000)

Friedrich HEYER, 2.000 Jahre Kirchengeschichte des Heiligen Landes. Märtyrer, Mönche, Kirchenväter, Kreuzfahrer, Ausgräber und Pilger, (= Martin TAMCKE [Hg.], Studien zur Orientalischen Kirchengeschichte, Bd. 11, Hamburg 2000).

Rudolf HIESTAND, Die Anfänge der Johanniter. In: Josef FLECKENSTEIN, Manfred HELLMANN (Hg.), Die geistlichen Ritterorden Europas, (= Vorträge und Forschungen, hg. v. Konstanzer Arbeitskreis für mittelalterliche Geschichte, Bd. XXVI, Sigmaringen 1980).

Georg HINTERLEITNER, Die militärische Kultur der geistlichen Ritterorden, (Wien 2016).

Alois HUDAL, Die österreichische Vatikanbotschaft 1806-1918, (München 1952).

Jean Baptiste HUMBERT, Excavations at Saint John Prodromos, Jerusalem. In: David AMIT, Guy D. STIEBEL, Orit PELEG-BARKAT (Hg.), New Studies in the Archaeology of Jerusalem and its Region, (= Collected Papers, Bd. 5, Jerusalem 2011).

Shirley JACKEWICZ JOHNSTON, Marquess Anthony CASSAR de SAIN, Splendor of Malta, (New York 2001).

Libor JAN, Böhmische und mährische Adelige als Förderer und Mitglieder der geistlichen Ritterorden. In: Zsolt HUNYADI, József LASZLOVSKY (Hg.), The Crusades and the Military Orders. Expanding the Frontiers of Medieval Latin Christianity, (= CEU Medievalia, Budapest 2001).

Nikolas JASPERT, Von Karl dem Großen bis Kaiser Wilhelm. Die Erinnerung an vermeintliche und tatsächliche Kreuzzüge in Mittelalter und Moderne. In: Heinz GAUBE, Bernd SCHNEIDMÜLLER, Stefan WEINFURTER (Hg.), Konfrontation der Kulturen? Saladin und die Kreuzfahrer, (= Schriftenreihe des Landesmuseums für Natur und Mensch, Bd. 34, Mainz 2005).

Yehuda KARMON, Die Johanniter und Malteser. Ritter und Samariter. Die Wandlungen des Ordens vom Heiligen Johannes, (München 1987).

Katja KLEMENT, Gottes Gastgeber. Die Ritter des Hospitals von Jerusalem. Die vatikanische Handschrift Vat. Lat. 4852, (Norderstedt 2011).

Angus KONSTAM, Lepanto 1571. The greatest naval battle of the Renaissance, (= Osprey Campaign, Botley 2003).

Emil KRAUS, The Adventures of Count George Albert of Erbach. A true story, translated by H. R. H. Beatrice, Princess of BATTENBERG, (London 1890).

Gerhard Tonque LAGLEDER, Die Ordensregel der Johanniter/Malteser. Die geistlichen Grundlagen des Johanniter/Malteserordens, mit einer Edition und Übersetzung der ältesten Regelhandschriften, (St. Ottilien 1983).

Werner LAMM, Ferdinand von Hompesch, letzter Großmeister des Johanniterordens/Malteserordens auf Malta. In: Heinrich SCHLIK, Werner LAMM (Hg.), Ferdinand von Hompesch, der letzte Großmeister auf Malta, (= Schriftenreihe des Maltesermuseums Mailberg, Bd. 9, Mailberg o. J. [1988]).

Rudolf LILL, Geschichte Italiens in der Neuzeit, (Darmstadt [4]1988).

Anthony LUTTRELL, The hospitals privilege of 1113 – text and contexts. In: Jochen SCHENK, Mike CARR (Hg.), Culture and conflict in the Mediterranean World, (= The Military Orders, Bd. 6, Tl. 1, Abingdon-New York 2017).

Anthony LUTTRELL, The Hospitaller State on Rhodes and its Western Provinces 1306–146, (= Variorum Collected Studies Series, Bd. 655, London 1999).

Michael E. MALLET, The Florentine Galleys in the fifteenth century. With the Diary of Luca di Maso degli Albizzi, Captain of the Galleys 1429-1430, (London 1967).

Victor MALLIA-MILANES, The Birgu phase of Hospitaller history. In: Lino BUGEJA, Mario BUHAGIAR, Stanley FIORINI (Hg.), Birgu: A Maltese maritime city, Bd. 1, (Malta, 1993).

Malta und die Belagerung desselben durch Mustapha und Piali im Jahre 1565. In: Berlinisches Archiv der Zeit und ihres Geschmacks, Bd. 2, (Berlin 1798).

Katerina MANOUSSOU-NTELLA, The development of the early fortifications of the Hospitaller Town of Rhodes (1309-1480). In: George CASSAR, Dane MUNRO, Noel BUTTIGIEG (Hg.), The Struggle for Supremacy. The Mediterranean World in 1453 and beyond, (San Ġwann 2018).

Christoph MARKSCHIES, Das antike Christentum. Frömmigkeit, Lebensformen, Institutionen, (Beck'sche Reihe, München 2006).

Václav MĚŘIČKA, Orden und Auszeichnungen, (Prag 1966).

Patricia MICALLEF, The Vision of the Island of Malta and its Role in the Transformation of the Order's Mission as seen by the Seventeenth and Eighteenth Century Traveller. In: Emanuel BUTTIGIEG, Simon PHILLIPS (Hg.), Islands and Military Orders, c.1291–c.1798, (Farnham, 2013).

Klaus MILITZER, Die Rolle der Spitäler bei den Ritterorden. In: Michael MATHEUS (Hg.), Funktions- und Strukturwandel mittelalterlicher Hospitäler im Vergleich, (= Franz J. FELTEN [Hg.], Geschichtliche Landeskunde, Bd. 56, Stuttgart 2005).

Joseph MUSCAT, The Maltese Galley, (Pietà 1998).

Annette NIEDERHELLMANN, Arzt und Heilkunde in den frühmittelalterlichen Leges. Eine wort- und sachkundliche Untersuchung, (= Ruth SCHMIDT-WIEGAND [Hg.], Die volkssprachigen Wörther der Leges barbarorum, Tl. 3; zgl. Karl HAUCK, [Hg.] Arbeiten zur Frühmittelalterforschung, Schriftenreihe des Instituts für Frühmittelalterforschung der Univ. Münster, Bd. 12, Berlin-New York 1983).

Silvia ORVIETANI BUSCH, Mediaeval Mediterranean Ports: The Catalan and the Tuscan coasts 1100-1235, (= The medieval Mediterranean, Bd. 32, Leiden-Boston-Köln 2001).

Christian von OSTERHAUSEN, Eigentliche vnd gruendliche Bericht dessen, was zu einer vollkommenen Erkantnuß vnd Wissenschaft deß Hochloeblichen Ritterlichen Ordens S. Johannis von Jerusalem zu Malta Vonnoethen ist, (Augsburg [2]1650).

Luigi Michele de PALMA, Un ordine militare torna al fronte. L'Ordine di Malta nella Grande Guerra. In: Studi Melitensi. Rivista del Centro Studi Melitensi, Jg. XXII-XXIII, (Taranto 2015).

Joseph PATRICH, Sabas, Leader of Palestinian Monasticism. A Comparative Study in Eastern Monasticism, (= Dumbarton Oaks Research Library and Collections Studies, Bd. 32, Washington 1995).

Richard PERGER, Walther BRAUNEIS, Die mittelalterlichen Kirchen und Klöster Wiens, (= Peter PÖTSCHNER [Hg.], Wiener Geschichtsbücher, Bd. 19/20, Wien-Hamburg 1977).

Guido PERATHONER, Gastfreundschaft im Tourismus. Eine Tugendethik aus der Sicht des Gastgebers, (= Studien der Moraltheologie, Bd. 16, Münster 2000).

Yaron PERRY, Efraim LEV, Modern Medicine in the Holy Land. Pioneering British Medical Services in late Ottoman Palestine, (= International Library of Colonial History, Bd. 8, London-New York 2007).

Franz PESENDORFER, Österreich – Großmacht im Mittelmeer? Das Königreich Neapel-Sizilien unter Kaiser Karl VI. (1707/20–1734/35), (Wien-Köln-Weimar 1998).

Eckart PETERICH, Apulien – Kalabrien – Sizilien – Sardinien – Malta, (= Italien. Ein Führer, Bd. 3, München 31972).

Thomas POHL, Der Verlust von Malta 1798 und die daraus resultierenden Folgen für den Orden in Böhmen und Österreich. In: Christian STEEB, Brigitte STRIMITZER (Hg.), Der Souveräne Malteser-Ritter-Orden in Österrreich, (Graz 1999).

Roman Freiherr von PROCHÁZKA, Österreichisches Ordenshandbuch, Große Ausgabe, Bd. 4, (München 1979).

Hans PRUTZ, Die Geistlichen Ritterorden. Ihre Stellung zu kirchlichen, politischen, gesellschaftlichen und wirtschaftlichen Entwicklung des Mittelalters, (Berlin 1908 [Reprint 1977]).

Konstantinos RAPTIS, Die Grafen Harrach und ihre Welt 1884–1945, (Wien-Köln-Weimar 2017).

Julius RED, Die Krankenfürsorge des Malteserordens vor und im Weltkriege, in Wiener Zeitung, Nr. 130, (Wien, 7.6.1916).

Georg REICHLIN-MELDEGG, Das Sanitätswesen des Ordens im 19. Jahrhundert und die Entwicklung der Hilfszüge unter Dr. Jaromir Freiherr von Mundy. In: Christian STEEB, Brigitte STRIMITZER (Hg.), Der Souveräne Malteser-Ritter-Orden in Österrreich, (Graz 1999).

Jean RICHARD, Hospitals and hospital congregations in the Latin kingdom during the first period of the Frankish Conquest. In: Jean RICHARD (Hg.), Croisés, missionnaires et voyageurs. Les perspectives orientales du monde latin medieval, (= Variorum Collected Studies Series, Bd. 182, London 1983).

Jonathan RILEY-SMITH, The Knights of St. John in Jerusalem and Cyprus c. 1050–1310, (= Lionel BUTLER [Hg.], A History of the Order of the Hospital of St. John of Jerusalem, Bd. 1, London 1967).

Andreas RIEGER, Die Seeaktivitäten der muslimischen Beutefahrer als Bestandteil der staatlichen Flotte während der osmanischen Expansion im Mittelmeer im 15. und 16. Jahrhundert, (= Gerd WINKELHANE [Hg.], Islamkundliche Untersuchungen, Bd. 174, Berlin 1994).

Félix de SALLES, Annales de l'Ordre de Malte ou des Hospitaliers de Saint-Jean de Jérusalem. Chevaliers de Rhodes et de Malte. Depuis son origine jusqu'à nos jours et du Grand-Prieuré de Bohème-Autriche et du service de Santé volontaire, (= Ordres Religieux de Chevalerie, Wien 1889).

Jürgen SARNOWSKY, Die Johanniter. Ein geistlicher Ritterorden in Mittelalter und Neuzeit, (= Beck'sche Reihe Wissen, München 2011).

Jürgen SARNOWSKY, Macht und Herrschaft im Johanniterorden des 15. Jahrhunderts. Verfassung und Verwaltung der Johanniter auf Rhodos (1421–1522), (= Vita Regularis. Ordnungen und Deutungen religiösen Lebens im Mittelalter, Bd. 14, Münster 2001)

Charles SAVONA-VENTURA, Knight Hospitaller Medicine in Malta 1530–1798, (Malta 2004).

Charles SAVONA-VENTURA, The Medical Establishments in Valletta throughout the Centuries. In: Humillima Civitas Vallettae. From Mount Xebb-er-ras to European Capital of Culture, (San Ġwann 2018).

Elizabeth SCHERMERHORN, Malta of the Knights, (Surrey, 1929).

Thomas R. SCHMITT, Der Reichsdeputationshauptschluss 1803 und der Malteserorden in Deutschland. In: Annette BROCKMÖLLER, Ulf DOMGÖRGEN (Hg.), Liber Auxiliorum. Festgabe für Dieter Hömig zum Ausscheiden vom Richteramt, (Stuttgart 2006).

Ludwig SCHMUGGE, Zu den Anfängen des organisierten Pilgerverkehrs und zur Unterbringung und Verpflegung von Pilgern im Mittelalter. In: Hans Conrad PEYER (Hg.), Gastfreundschaft, Taverne und Gasthaus im Mittelalter, (= Schriften des Historischen Kollegs, Bd. 3, München-Wien 1983).

Karin SCHNEIDER-FERBER, Ritter im Exil. Die Geschichte der Johanniter, (Darmstadt 2016).

Walter SCHNEIDER, Die Hospitäler im Raum Alt-Tirol. Probleme einer Pass- und Übergangsregion. In: Michael MATHEUS (Hg.), Funktions- und Strukturwandel mittelalterlicher Hospitäler im Vergleich, (= Franz J. FELTEN (Hg.), (Geschichtliche Landeskunde, Bd. 56, Stuttgart 2005).

Desanka SCHWARA, Kaufleute, Seefahrer und Piraten im Mittelmeerraum der Neuzeit. Entgrenzende Diaspora – Verbindende Imaginationen, (München 2011).

Ulrich SCHWARZ, Amalfi im frühen Mittelalter (9.–11. Jahrhundert), (Tübingen 1978).

Bernd SCHWENK, Aus der Frühzeit der geistlichen Ritterorden in Spanien. In: Josef FLECKENSTEIN, Manfred HELLMANN (Hg.), Die geistlichen Ritterorden Europas, (= Konstanzer Arbeitskreis für mittelalterliche Geschichte, Vorträge und Forschungen, Bd. 26, Sigmaringen 1980).

Florian SCHWETZ, Der Souveräne Malteser-Ritter-Orden. Eine kirchen- und staatsrechtliche Betrachtung, (Wien 2019).

Kenneth M. SETTON, The Fifteenth Century, (= The Papacy and the Levant [1204–1571], Bd. 2, Philadelphia 1978).

Olgerd P. SHERBOWITZ-WETZOR, Cyrill TOUMANOFF, The Order of Malta and the Russian Empire, (Rom 1969).

Henry J. A. SIRE, The Knights of Malta, (New Haven 1994).

Michael SKOPAL, Založení komendy johanitů na Malé Straně příspěvek k otázce příchodu řádu do Čech. In: Pražský sborník historický, 26. Jg., (Prag 1993).

Ernst STAEHLE, Die Johanniter und Malteser der deutschen und bayerischen Zunge, (= Geschichte der Johanniter und Malteser, Bd. 4, Graz 2002).

Ernst STAEHLE, Die Malteserrritter, (= Geschichte der Johanniter und Malteser, Bd. 3, Gnas 2003).

Guy STAIR SAINTY, The Orders of St. John. The History, Structure, Membership and modern Role of the five Hospitaller Orders of St. John, (New York 1991).

Guy STAIR SAINTY, The Sovereign Military Hospitaller Order of Malta. In: Guy STAIR SAINTY, Rafal HEYDEL-MANKOO (Hg.), Burke's World Orders of Knighthood and Merit, Bd. 1, (Wilmington 2006).

Giuseppe STEFANI, I Greci a Trieste nel Settecento, (Triest 1960).

Thomas SZABÓ, *Xenodochia*, Hospitäler und Herbergen. Kirchliche und kommerzielle Gastung im mittelalterlichen Italien 7. bis 14. Jahrhundert. In: Hans Conrad PEYER (Hg.), Gastfreundschaft, Taverne und Gasthaus im Mittelalter, (= Schriften des Historischen Kollegs, Bd. 3, München-Wien 1983).

Christian STEEB, Richard STEEB, Von der historischen Entwicklung der Aufnahmeerfordernisse im Johanniter/Malteser-Ritterorden bis zu den heute im Großpriorat Österreich gültigen Bestimmungen. In: Christian STEEB, Brigitte STRIMITZER (Hg.), Der Souveräne Malteser-Ritter-Orden in Österrreich, (Graz 1999).

John TAAFE, The history of the Holy, Military, Sovereign Order of St. John of Jerusalem or Knights Hospitallers, Knights Templars, Knights of Rhodes,,Knights of Malta, (London 1852).

Henry TEONGE, The Diary of Henry Teonge, Chaplain on Board His Majesty's ships „Assistance", „Bristol" and „Royal Oak", anno 1675-1679, (London 1825).

Ingeborg TETZLAFF, Malta und Gozo. Die goldenen Felseninseln – Urzeittempel und Malteserburgen, (Köln [7]1988).

Conrad THAKE, Valletta – A case-study in Renaissance city planning. In: George CASSAR (Hg.), From the Great Siege to the Battle of Lepanto, 1565–1571, (= Sacra Militia Foundation, Bd. 4, Malta 2011).

Christof THÖNY, Klösterle – ehemalige Johanniterkommende. In: Die Malteser. Der Souveräne Malteser-Ritter-Orden und seine Werke in Österreich, Ausgabe 3–4/18, (Wien 2018)

Helmut TIEFENTHALER, Der Alpenübergang Arlberg-Reschen als alte Pilgerroute nach Jerusalem und Rom. In: Bludenzer Geschichsblätter, Heft 94, (Bludenz 2009).

Marian TUMLER, Der Deutsche Orden. Von seinem Ursprung bis zur Gegenwart, unter Mitarbeit von Udo ARNOLD, (Bad Münstereifel [4]1986).

Leza M. UFFER (Bearb.), Peter Füesslis Jerusalemfahrt 1523 und Brief über den Fall von Rhodos 1522, (= Mitteilungen der Antiquarischen Gesellschaft in Zürich, 50. Jg., Folge 3, Zürich 1982).

Luciano VALENTINI di LAVIANO, Abiti, Uniformi e Decorazioni dell'Ordine di Malta. Robes, Uniforms and Decorations of the Order of Malta, (Rom 2010).

Theresa M. VANN, Donald J. KAGAY, Hospitaller Piety and Crusader Propaganda. Guillaume Caoursin's Description of the Ottoman Siege of Rhodes, 1480, (Farnham 2015).

Alessio VARISCO, I segni dei Cavalieri. Templari, Givanniti e Stefaniani a Bibbiona e in Alta Maremma, (= Domus Templi, Bd. 5, Arcidosso 2014).

Alessio VARISCO, La Madonna Profuga. Devozionalità alla Madre di Dio di Monte Phileremo, Patrona del Sovrano Militare Ordine di Malta, (= Domus Templi, Bd. 10, Arcidosso 2017).

Theresa VELLA, The Palace of the Grand Masters. In: Giovanni BONELLO, Petra CARUANA DINGLI, DENIS DE LUCCA, Encounters with Valletta. A Baroque City through the Ages, (San Ġwann 2018).

Roger VELLA BONAVITA, Francesco Laparelli's Vision for the New City on Mount Xiberras February 1566. In: Humillima Civitas Vallettae. From Mount Xebb-er-ras to European Capital of Culture, (San Ġwann 2018).

René Aubert de VERTÔT, History of the Knights of Malta, 2 Bde., (London 1728).

Karl VOCELKA, Lynne HELLER, Die private Welt der Habsburger. Leben und Alltag einer Familie, (Graz-Wien-Köln 1998).

Christian VOGEL, Das Recht der Templer. Ausgewählte Aspekte des Templerrechts unter besonderer Berücksichtigung der Statutenhandschriften aus Paris, Rom, Baltimore und Barcelona, (= Vita Regularis. Ordnungen und Deutungen religiösen Lebens im Mittelalter, Abhandlungen, Bd. 33, Berlin-Münster 2007).

Christian VOGEL, Meisterwahlen in den mittelalterlichen Ritterorden. Johanniter, Templer und Deutscher Orden im Vergleich. In: Ordines Militares. Colloquia Torunensia Historica. Yearbook for the Study of the Military Orders, hg. von Roman CZAJA u. Jürgen SANOWSKY, Bd. XVII., Torún 2012).

Berthold WALDSTEIN-WARTENBERG, Die Vasallen Christi. Kulturgeschichte des Johanniterordens im Mittelalter, (Wien-Köln-Graz 1988).

Berthold WALDSTEIN-WARTENBERG, Rechtsgeschichte des Malteserordens, (Wien 1969).

Josef WEINGARTNER, Bozen mit Umgebung, Unterland, Burggrafenamt, Vintschgau, (=Die Kunstdenkmäler Südtirols, Bd. 2, Innsbruck-Wien-München-Bozen [6]1977).

Dagmar WELTIN, Studien zur Geschichte der Johanniterkommende Mailberg. Ungedr. Phil. Dipl-Arb., (Wien 2007).

Henry M. WILLARD, Abbot Desiderius of Montecassino and the ties between Montecassino and Amalfi in the eleventh Century, (= Miscellanea Cassinense, Bd. 37, Montecassino 1973).

Pamela WILLIS, Jamieson ELEY, Museum of the Order of St. John, (London 2012)

Johannes WILMS, Napoleon. Eine Biographie, (= Beck's historische Bibliothek, München 2009).

Christoph WURM, Alonso de Contreras – Mein Leben: Erste ungekürzte und unzensierte Übersetzung ins Deutsche. Mit Kommentar, (München 2012).

Vincent ZAMNIT, Defending Malta 1530–1565: First preoccupations of the Knights of Malta. Some considerations. In: George CASSAR (Hg.), The Order of St. John from Jerusalem to Malta. Some aspects and considerations, (Malta 2007).

Johann Wilhelm ZINKEISEN, Zunehmender Verfall und neuer Aufschwung des Reiches bis zu dem Frieden von Vasvar und dem Falle von Candia in den Jahren 1664 und 1669, (= Geschichte des osmanischen Reiches in Europa, Bd. 4, Gotha 1856).

Bildnachweis

Murat An, Arenaphoto_UK, Roman Babakin, Dimitry Bajurin, Biblioteka Narodowa (Warschau), Bibliothèque nationale de France / Gallica (Paris), Bildarchiv der Österreichischen Nationalbibliothek (Wien), Lenise Calleja, Matthieu Chaine, Dmytri Chulov, Michael Czytko, Pablo B. Debat, Robert L. Dauber, Chris Dorney, Dreamboxstudio, Pavel Dudek, Stefan Ember, Steve Estvanik, Siegbert Feistle, Ievgenii Fesenko, Gregor Gatscher-Riedl, Igor Groshev, Großpriorat von Österreich des Souveränen Malteser-Ritterordens (Wien), Anton Ivanov, Wiesław Jarek, Marcin Jucha, Marek Kačír, Panagiotis Karapanagiotis, Pavel Kavalenkau, Nikolay Korzshov. Alexandra King, Hans Krist, Ingus Kruklitis, Olga Lipatova, Malteser Austria, Sue Martin, Giuseppe Masci, Alberto Masnovo, New York Public Library (Vinkhuizen Collection), Sergey Novikov, Andrey Omelyanchuk, Isa Özdere, Eugenio Pingo, Alex Postovski, Rijksmuseum Amsterdam, Oleksandr Rybitskyi, Stefano Sansavini, Richard Semik, Souveräner Malteser-Ritterorden (Rom), Mikhail Starodubov, Michał Szymański. Anibal Trejo, Victoria and Albert Museum (London), Hydra Viridis, Vojtech Vlk, Mario Volpe, Lilyana Vynogradova, Wellcome Collection (London), Kira Yan.

Elektronische Quellen

A Knight of the White Cross - The Hospitaller Carrack Santa Anna: http://tuitiofidei.blogspot.com/2014/07/the-hospitaller-carrack-santa-anna.html

Gerhart FEUCHT, Bemerkungen zur Geschichte der Johanniter-Malteserkommende St. Johannes in Wien, (Wien 2016):

https://www.malteserorden.at/wp-content/uploads/2017/08/Johanniter-Malteser-kommende_2.pdf

Fighting vessel, Galley, Maltese Galley. Modell im National Maritime Museum, Greenwich, London: http://collections.rmg.co.uk/collections/objects/66489.html

Susanne FRODL, Die Entwicklung des Souveränen Malteser-Ritterordens von der Hospitalbruderschaft zum Völkerrechtssubjekt. Diplomandenseminar aus Rechtsgeschichte, (Wien 2002): https://www.univie.ac.at/rechtsgeschichte/seminararbeiten/susannefrodl.pdf

Ordensleitspruch „Bezeugung des Glaubens - Hilfe den Bedürftigen":

https://www.malteser-geistlicheszentrum.de/spiritualitaet-der-malteser/ordensleitspruch.html

Pressemappe des Großpriorates von Österreich des Souveränen Malteser-Ritterordens:

https://www.malteserorden.at/wp-content/uploads/2017/11/Pressemappe-Deutsch.pdf

The Siege and the Taking of Malta:

www.napoleon.org/en/history-of-the-two-empires/articles/the-taking-and-the-siege-of-malta/

Ross Kenneth URKEN, The last true Knight on Malta, (BBC Travel, 30.1 November 2018):

http://www.bbc.com/travel/story/20181129-the-last-true-knight-on-malta

Namensregister

Ortsregister

Die Autoren

Gregor Gatscher-Riedl wurde am 25. November 1974 in Mödling geboren. Studium in Wien und Nitra (Slowakei). 1996/1997 Projektmitarbeiter des Archivs der Stadt Linz, 2000 bis 2001 beim Institut Österreichisches Biographisches Lexikon der Österreichischen Akademie der Wissenschaften. Seit 1999 betreut er das Archiv der Marktgemeinde Perchtoldsdorf, 2011 Theodor Körner-Preis für Wissenschaft. Mitglied der Accademia di Marina dei Cavalieri di S. Stefano in Pisa. Ordenskundliche Veröffentlichungen (Auswahl): In hoc signo vinces! Zwischen religiösem Mythos und politischem Anspruch. Von Byzanz nach Neapel. Die Geschichte des Heiligen Konstantinischen Ordens vom Hl.Georg, (Wien 2012); (Gemeinsam mit Mario Strigl) Die roten Ritter. Zwischen Medici, Habsburgern und den Osmanen: Die Orden und Auszeichnungen des Großherzogtums Toskana. (= Forschungen zu Orient und Okzident 2, hg. v. Birol Kilic, Wien 2014).

Ludwig Call wurde am 25. Jänner 1940 in Innsbruck geboren. Studium der Chemie (Dissertation aus Organischer Chemie) an der Universität Innsbruck, 1967 *promotio sub auspiciis praesidentis rei publicae*. An der Universität Innsbruck ab 1967 als Universitätsassistent, ab 1982 bis Ende 2005 als Assistenzprofessor tätig. 1969/1970 Aufenthalt als postdoc am SynVar-Research Institute in Palo Alto, Kalifornien. Am 27. Juni 1992 Aufnahme in den Souveränen Malteser-Ritter-Orden als Ehren- und Devotions-Ritter. Am 24. Jänner 2010 Ablegung der Zeitlichen, am 22. Juni 2013 der Ewigen Gelübde der Armut, des Gehorsams und der Keuschheit als Professritter des Malteserordens. Seit 2017 nicht mehr hauptberuflich tätig.

Die Drucklegung dieses Werkes wurde unterstützt durch die Abteilung Kultur im Amt der Tiroler Landesregierung.

Nachhaltige Produktion ist uns ein Anliegen; wir möchten die Belastung unserer Mitwelt so gering wie möglich halten. Über unsere Druckereien garantieren wir ein hohes Maß an Umweltverträglichkeit: Wir lassen ausschließlich auf FSC®-Papieren aus verantwortungsvollen Quellen drucken, verwenden Farben auf Pflanzenölbasis und Klebestoffe ohne Lösungsmittel. Wir produzieren in Österreich und im nahen europäischen Ausland, auf Produktionen in Fernost verzichten wir ganz.

Mitglied der Verlagsgruppe „engagement"

2021

Umschlaggestaltung: Tyrolia-Verlag, Innsbruck
Layout und digitale Gestaltung: Tyrolia-Verlag, Innsbruck
Druck und Bindung: Florjancic-Tisk, Maribor
ISBN 978-3-7022-3877-3
E-Mail: buchverlag@tyrolia.at
Internet: www.tyrolia-verlag.at